明义士和他的藏品

（修订版）

方辉——著

山东大学出版社
SHANDONG UNIVERSITY PRESS
·济南·

图书在版编目（CIP）数据

明义士和他的藏品 / 方辉著. -- 2版, 修订版.
济南：山东大学出版社, 2025. 2. -- ISBN 978-7
-5607-8451-9

Ⅰ. K837.115.81； K871.34

中国国家版本馆CIP数据核字第202428UG09号

责任编辑　李　淼
封面设计　艺友设计

明义士和他的藏品（修订版）

MINGYISHI HE TADE CANGPIN (XIUDINGBAN)

出版发行　山东大学出版社
社　　址　山东省济南市山大南路20号
邮政编码　250100
发行热线　（0531）88363008
经　　销　新华书店
印　　刷　山东蓝海文化科技有限公司
规　　格　890毫米 × 1280毫米　1/32
　　　　　10.625印张　263千字
版　　次　2000年6月第1版　2025年2月第2版
印　　次　2025年2月第1次印刷
定　　价　59. 80元

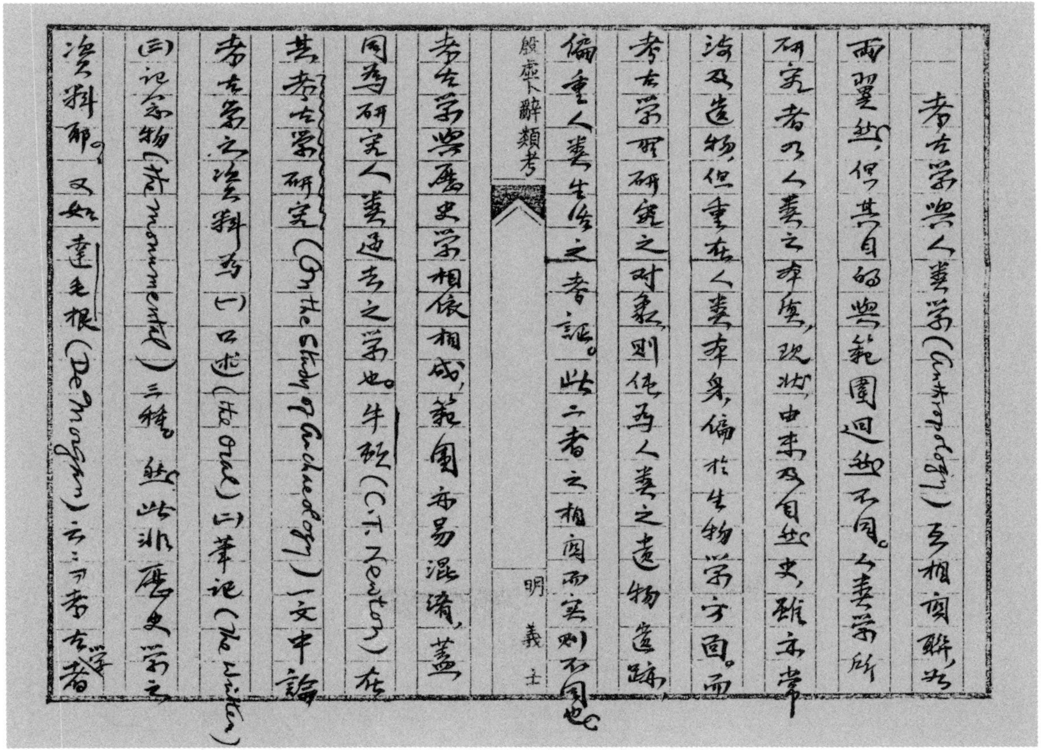

明义士在齐鲁大学教授“考古学概论”的讲义。这应是眷抄者曾毅公手迹

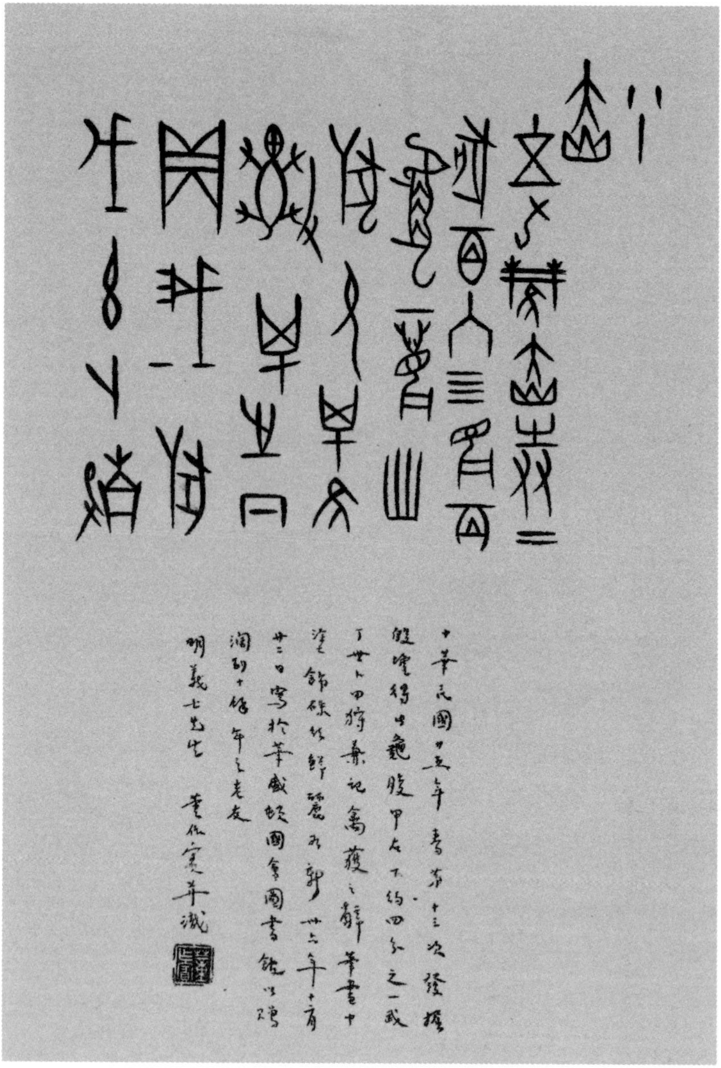

董作宾书赠明义士（1947 年于华盛顿）。原件现藏山东大学博物馆

序一

受加拿大长老会的委派，我的父亲明义士于1910年前往豫北地区传教。在结束了一段时间的汉语培训后，他幸运地被派驻安阳。之所以说“幸运”，是因为安阳靠近一个叫小屯的村子，商王朝的最后一个帝都——殷墟，就坐落在这里。当时，加拿大传教士们的工作主要是向教徒宣教，并兴办学校和医院。父亲早年曾系统地接受过土木工程学的训练，因此，对于那些保存在地面上的各种古代建筑物给予了更多的关注。而且，他也越来越清楚地认识到，要取得传教的成功，就必须对中国悠久的历史和文化有更多的认识和了解。

在当时的西方，考古学作为一门学科诞生也才不过只有三十来年的时间。在安阳，得到有关考古学的书籍和杂志是不可能的，因为其他传教士对此并不感兴趣。父亲从北京和上海买来一些中国学者所写的书籍，这些图书大多是关于甲骨文方面的。自1899年甲骨文被发现后，学术界认为这些甲骨的出土地就在豫北地区。但对于这位偏处乡村的西方人来讲，他考虑更多的则是如何用科学考古学的方法来研究豫北地区发现的各类商周时期的文物。

围绕谁是殷墟的发现者，学者们已经费了不少的笔墨。我想说的是，父亲于1914年在洹河岸边的小屯村识别出刻有文字的甲骨片，纯粹出于偶然。此后，他频繁地来往于小屯和驻地之间，记录自己所能看到的一切。到1917年春，父亲随"中国劳工团"赴法国前线参加"一战"的前夕，他在上海出版了《殷虚卜辞》一书。书中的甲骨是他从自己的藏品中选出后亲自临摹的，并附有一篇自序。这时，他已经是一位具有一定水平的业余考古学者了。

1917~1920年的三年间，父亲在法国服役。其间，他曾利用休假的机会，到伦敦大英博物馆等地参观访问，学习有关古代艺术和考古学的知识。

1921年，父亲回到安阳，继续他的传教和对商周遗物的收藏、研究工作。1922年起，我进入卫辉的海外学校读书。学校放假的时候，我经常跟随父亲踏访殷墟遗址，他还常给我讲解采集的遗物的重要性，哪怕采集品只是一块农民田地里的碎陶片，在父亲眼里也有意义。

1927年春，国民革命军北伐挺进河南。豫北地区英属侨民被迫撤往天津。我们也在撤退之列。这年的秋天，父亲被委派到设在北京的华北联合语言学校，教授中国历史和文化方面的课程。这是一所专为那些来华年轻传教士和学习汉语的外国人开设的学校，学制为两年。在这里，他一边做研究工作，一边拓制从安阳带出的甲骨。此后，他的这些甲骨藏品便留在了该校。

1928 年 9 月初，我们一家从天津出发，开始了一次环球旅行。这次的旅行费用全部是祖父提供的。我们在印度参观了一些佛教胜迹，然后辗转伊拉克，访问了乌尔、基什和巴比伦等考古圣地。从巴格达乘车穿越沙漠，到达大马士革；之后南下巴勒斯坦的拿撒勒和耶路撒冷。在那里，父亲应邀参加了由美国考古学家威廉·弗雷德里克·贝德博士主持的考古调查与发掘，发掘地点是一处靠近耶路撒冷、名字叫作 Tell en-Nasbeh 的遗址。他在那里工作了四个月，获得了科学发掘和记录所必需的工作经验。

1930 年秋，父母把我们三个孩子安置在日本神户的加拿大海外寄宿学校，他们二人回到安阳。在我们离开中国的两年间，中央研究院历史语言研究所考古组于 1928 年至 1929 年在殷墟小屯进行了考古发掘。这可能是在中国境内进行的第一次大规模的考古发掘。待父亲回到安阳时，发掘工作已经结束，探方也已回填，但他后来对发掘报告给予了很多的关注。

1932 年，父亲被齐鲁大学聘为考古学教授。他将自己在安阳的藏品用船载车拉，运到济南，并在校内办起了一个博物馆。齐鲁大学的教学都需用汉语。父亲先是开设了一门关于中国历史和文化的课程，博物馆的藏品便发挥了作用。他还充分利用在济南附近发现的古代遗址和古迹，教给学生们有关鉴定、断代和记录的方法。当然，甲骨学仍然是他研究和讲授的重点。他完成于 1933 年的讲义《甲骨研究》已于近年由齐鲁书社再版。

我相信，父亲在齐鲁大学四年多的教学生涯是他一生中生活最为充实、最为惬意的时期。那时的他刚刚 50 岁初头，在学术上风头正劲。如果在这个位置上再工作上 10 年或 15 年，我想他会在学术上有更大的造诣。这期间，他发表了《中国早期的上帝观》一文，指出商代的人们相信上帝为至上神。

父亲于1936年夏回国度假，本打算于第二年9月份开学前返校。回国之前，他将自己的藏品收拾好，集中存放在麦克卢尔医生的房子里。没有想到，1937年卢沟桥事变爆发，使一切发生了改变。加拿大联合教会海外传教协会面临变化了的新形势，推迟了回国休假传教士重返中国的计划，我的父母不得不继续滞留在国内。此前，父亲于1936年秋在多伦多大学注册攻读博士学位，并完成了必修课的选修，只等着回到齐鲁大学完成毕业论文的写作。在重返中国无望的情况下，他选择了留在多伦多，应聘到皇家安大略博物馆做助理研究员，一边为该博物馆鉴定中国藏品，一边准备自己的毕业论文。

这里，我不准备历数父亲因为与博物馆东亚部负责人关系不睦而遭受的种种不快和挫折。1942年，经过修订的毕业论文《商戈》（“The Shang Ko”）终获通过，父亲获得博士学位。1941年12月，日军偷袭珍珠港，太平洋战争爆发，父亲被美国国务院战时新闻局聘为中国问题专家赴旧金山任职，并于1945年转到华盛顿工作。不幸的是，1946年6月父亲两度遭受心脏病的打击，这使他战后重返中国的计划再次受挫。

在中国国内，此时则仍然处于战争状态。1947年夏，豫北差会被迫解散。我的二姐弗朗西斯和姐夫埃尔文从安阳转移到四川成都，我的大姐玛丽莲在上海服务于联合国世界学生救援组织，我则在首都渥太华担任加拿大外交部远东司司长。当时父亲仍在华盛顿养病。他几次给我写信，说起他是多么地希望回到中国，将自己的藏品郑重地捐赠给齐鲁大学。

但是这已经是不可能的了。因为他的健康状况已经不允许他回到中国。父亲的藏品被他的同事们重新装箱。其中的一箱有 2390 片甲骨，是他于 1914 年至 1916 年间在小屯收集的。这些甲骨的摹本曾发表于 1917 年出版的《殷虚卜辞》一书。但父亲认为当时的临摹存在不少错误，一直希望拓制后重新出版拓本。他让我设法将这箱甲骨运到设在上海的加拿大总领事馆，以避免因济南方面政权更迭而很容易出现的损毁。在我和尚在上海的姐姐玛丽莲的安排下，这箱甲骨后来被运到南京加拿大大使馆。1951 年，由当时任加拿大临时代办的切斯特·朗宁在回国前交予南京博物院。

1948 年春，解放军加强了对济南的包围。留在济南齐鲁大学校园内的百余箱文物藏品，一时竟不知如何处理。父亲写信给玛丽莲，让她告知学校当局，除了上文提到的那箱运往上海途中被转运到南京的甲骨外，其他藏品均交予校方处理。这些藏品后来被存放在外籍教师的地下室里。1948 年 9 月 25 日，济南解放。1950 年至 1951 年，在齐鲁大学的外籍教职工被勒令回国。1951 年夏，时任齐鲁大学文学院院长的林仰山先生向当局交出了一份关于藏品埋藏地点的地图。

在北京的华北联合语言学校也于 1949 年 10 月宣告关闭。父亲存放在学校地下室内的 20000 余片甲骨和其他文物，共有两大箱，被转交到故宫博物院，直到 1974 年才在故宫的仓库内被意外发现。

我们在北戴河的家中，也存放有 1927 年以前从安阳运来的甲骨等藏品。后来，部分藏品被存放在天津英国租界内加拿大长老会的大本营中，因为这里被认为是最安全的地方，很多传教士都喜欢将自己的物品寄存在此。1947 年，豫北差会被迫解散，传教士们被告知尽快清理他们留在天津大本营中的个人物品。因为父亲身在美国，未能及时得到这份通知。当获知这一消息后，他只要求将那个装有家信的红盒子带回加拿大，因为里面装有他们一家人的美好回忆。他请求将包括甲骨在内的文物藏品留在中国，并通过可靠的人士运到济南齐鲁大学。但是，阴差阳错，因为通信不畅，1948 年 5 月，装有甲骨等藏品的六个箱子从天津港装船，于 9 月运抵多伦多。父亲从华盛顿指示我，这些箱子应当寄存在路灵森货仓内，因为他仍在期待着重返中国，并希望将这些藏品一同带往本该拥有它们的地方。

父母二人于 1949 年回到多伦多。父亲在顶楼特意辟出一间书房，里面堆满了有关考古学和甲骨文研究的书籍和期刊。他还经常查看存放在路灵森货仓里的藏品。

遗憾的是，随着朝鲜战争的爆发和此后出现的中西方的严重对立，西方传教士在中国的活动就此终止。父亲重返中国的希望彻底破灭了。

我于 1950 年 12 月至 1953 年 7 月被派往日本工作。当我回国休假探望父母时，我发现父亲的身体每况愈下。他已经不能像以前那样花很多的时间在学术研究上。尽管如此，他仍然尽最大努力，让自己赶上中国学术前进的步伐。1957 年 3 月 16 日，父亲心脏病复发，永远离开了我们。如果有现在的医疗条件，他应该会活得更长些。

父亲没有留下对自己藏品的处理意见。1957 年 8 月 31 日，马来西亚宣布独立。我被加拿大政府任命为高级特派员赴马来西亚上任。1958 年初就任前夕，我写信给父亲在美国的几位志同道合的朋友，就如何处理父亲留下的藏品征求他们的意见。他们建议我卖给美国的博物馆。当时，中国正值“大跃进”。我想，既然父亲的这一部分藏品已经来到了加拿大，最好的办法就是把它们保存在加拿大。接下来，母亲和我就捐赠事宜同多伦多大学和皇家安大略博物馆达成协议，我们将藏品捐赠给该博物馆，由博物馆方面出资设立“明义士基金”，金额为 40000 加元，主要用于以下各项任务：1. 出版父亲的博士论文

《商戈》；2. 从台湾邀请学者对明义士藏品中未经著录的甲骨进行整理并出版；3. 对明义士的甲骨拓片进行整理并出版。母亲和我未从捐赠中获得任何经济上的利益。

1976 年至 1980 年，我有幸出任加拿大驻中国大使。考虑到当时中国国内的境况，为了不给父亲当年的好友添麻烦，我从未尝试与他们建立任何联系。我曾两次访问齐鲁大学的旧址，现在是山东医科大学的校园，但并没有提起父亲早年在此供职的事。我也曾两次到过安阳和小屯村，但当地的干部说他们对从前的外国传教士一无所知。

幸运的是，近年来，随着中加两国的外交关系和学术交往的日益密切，两国间的相互认识与了解得到了加强。对于山东大学宋家珩教授和其他学者为促进中加学术交流和相互理解所做出的贡献，我感到钦佩，并表示祝贺。

我要特别感谢方辉博士。近年来他致力于明义士及其文物藏品的研究，这次又以《明义士和他的藏品》一书，向读者全面介绍明义士由福音传教士成长为一名汉学家的过程。

1999 年 6 月，我将父亲生前收集的三箱有关中国考古学的研究资料和图书捐赠给山东大学，以表示我个人对他们所做贡献的敬仰，并祝愿他们取得更大成绩。

明明德

2000 年 6 月 30 日

（梁艳秋译，方辉校）

序二

加拿大汉学家 James Mellon Menzies 博士，汉名明义士，字子宜。他的名字，几乎所有关心殷墟考古和甲骨文的人都是知道的。他在 1914 年初春，“乘其羸老白马”，考察甲骨出土地点的故事，也在人们中间广泛流传。然而实际上，明义士博士的生平事迹，包括其学术活动及所做贡献的详情，真正详细了解的人不多。

明义士博士关于殷商文化与甲骨文的作品，在中国很不容易见到。他手摹的甲骨著录《殷虚卜辞》，1917 年于上海出版，久已成为珍本。只有书的序言，有译文登在 1928 年《东方杂志》上，为人辗转引用。他的甲骨拓本著录《殷虚卜辞后编》，虽在 1928 年编成，但长期未能付印，直到 1972 年才由台湾艺文印书馆出版。1933 年他在齐鲁大学的石印讲义《甲骨研究》，传世极罕，1996年始有影印本正式发行。至于明义士归国后，1942年取得多伦多大学博士学位的论文《商戈》，中国学者读过的便更少了。无怪乎有关他的传闻，每每有误解失实之处。

我在50年代初读过《殷虚卜辞》，并在北京图书馆见到当时管理馆藏金石书籍的曾毅公先生。曾先生自20年代末任明义士的助手，直至抗日战争全面爆发，明氏回加拿大，始自齐鲁大学奔走返京。我从曾先生那里听到过不少明义士的轶事，又曾合作将《殷虚卜辞后编》编入拟议中的《甲骨文捃》。此后，我一直注意明义士博士的论著。1996年，访问加拿大皇家安大略博物馆，终于有机会目见明氏的主要珍藏。

明义士博士是外国最重要的甲骨藏家之一。他收藏甲骨，是在他作为长老会传教士驻理安阳（当时称彰德府）的时期。从其哲嗣前任驻华大使明明德（Arthur Menzies）先生为《甲骨研究》影印版所撰序言知道，明氏在安阳的时间共有三段，即1914年至1916年、1921年至1927年和1930年至1932年。由于1928年殷墟发掘业已开始，他对甲骨的收集应主要在前两段期间。《甲骨研究》自述："1924年，余有疾一月，才好了。小屯人打墙，发现一坑甲骨，为余所得，其中有大的。1927、1928二年间拓本成，即《殷虚卜辞后编》。"这一坑甲骨，是明氏藏品中最有价值的部分。

1936年，明义士博士返国休假，后因战火而不能重返中国。现在我们知道，现藏加拿大的明义士藏品，包括甲骨、拓片和其他文物，是其原藏于天津的部分，于1948年秋被运抵多伦多。他去世后，由他的家人捐赠皇家安大略博物馆。经该馆许进雄先生整理，于1971年、1977年出版为《明义士收藏甲骨》一书。前面说到的《后编》艺文印书馆本，用的也是该馆所藏拓本。《殷虚卜辞》的部分，当时他存放在南京加拿大使馆，1951年交南京博物院保存。另外又有一部分埋藏在齐鲁大学校园内，位置图由代校长林仰山（F. S. Drake）保管。1952年林氏离华，将图交山东省文物管理委员会，将藏品掘出，“其中有甲骨八千余片，大多数是小片、碎片和无字甲骨”，材料已选辑入1998年出版的《山东省博物馆珍藏甲骨墨拓集》。

明义士博士还曾藏有一片人头骨刻辞，有“夷方伯”等字，曾发表于《齐大季刊》，极为珍异。原物据说现在台湾的历史语言研究所。

在这样丰富的藏品基础上，明义士对甲骨研究创获颇多，对殷商世系的探讨尤有见地，在甲骨学界早有公论。我认为，他的特殊贡献还在甲骨分期的探索上，其成果见于他的文稿《殷虚卜辞后编序》。

《殷虚卜辞后编序》不见于艺文印书馆版的《后编》。50年代我看到的这一序稿，是曾毅公先生从英文翻译的，写在几页白纸上，没有完篇，末尾赘有一些零散的文字，不能通读。那时我用笔记本抄录下来，幸能在“文革”中存留，1981年将之在《文物》上发表。

读《后编序》，可知明义士博士非常重视1924年小屯村中出土的那坑甲骨（实均为卜骨）。他把《后编》的材料，先按卜辞内容分作“田猎、游行之事”与“祭祀之事”两类。对“祭祀”一类，根据辞中称谓，分别“时代之先后”，“区之为二”，称为“甲屉”和“丙屉”，推断“甲屉”有的“为武丁后半期所卜者”，有的“可决属于祖庚时代”，“丙屉”则分属祖甲至武乙时。现在看来，明义士所分“甲屉”即近年分期理论的历组卜辞，“丙屉”则包括新分期理论的无名组卜辞。他的分期论断，已为70年代以后好多学者的工作所证实。不管他在1933年读到董作宾《甲骨文断代研究例》后有否改变自己的看法，这一点总是值得我们纪念的。

山东大学历史文化学院考古系方辉博士对考古学、古代史都深有研究，明义士的《甲骨研究》便是经他的努力得到正式出版的。他还前往加拿大，在明义士博士亲属的支持下，详尽深入地研究了明氏的学术生涯和珍藏文物，著成这部《明义士和他的藏品》，对于甲骨学史与国际汉学史做出贡献，也有益于中加两国文化交流关系的发展。特写此小序，以为推荐。

李学勤

2000 年 7 月 16 日

于中国社会科学院甲骨文殷商史研究中心

序三

方辉教授《明义士和他的藏品》一书完成，承蒙厚爱，嘱我写一篇小序。我不揣冒昧，表示乐于完成此托。之所以如此，是因为我认为这是第一部全面介绍西方甲骨学家贡献的专著，因而较为重要。本书把一位热心追求中国古代文明、全身心地投入中国古代文化研究的诚实学者的一生再现出来，是一件很有意义的事情。

自1899年殷墟甲骨文发现以后，一百多年来的甲骨学研究取得了很大成绩，并成为一门举世瞩目的国际性学问。1999年8月在河南安阳召开的“纪念甲骨文发现100周年国际学术研讨会”上，有60多位海外权威学者与国内100多位殷商文化著名学者聚首殷墟，就一百年来甲骨学所取得的成就进行总结和对未来的研究进行展望，就说明甲骨学研究的国际性。我们曾经说过，正是几代国内外优秀学者的努力，才取得了今日甲骨学研究的百年辉煌。加拿大学者明义士自1910年25岁时被派驻中国彰德（今河南安阳）一带传教，是被博大精深的中国殷商文明所折服的外国学者中的较早者。不宁唯是，就中国当时的学者而言，罗振玉先生1908年才从古董商口中了解到甲骨文确切出土地是安阳小屯村，直到1915年他才亲自踏访殷墟，实现了他多年的夙愿。而明义士以驻安阳传教之便，近水楼台，自1914年起就在小屯村收集甲骨文和其他古代文物，先后收集甲骨达5万片，成为一位最大的甲骨收藏家。与此同时，他还及时公布甲骨材料，以供学术界研究。他1917年出版的《殷虚卜辞》、1935年出版的《柏根氏旧藏甲骨文字》等，有不少重要材料。而明氏逝世后，由许进雄教授整理出版的收藏专集《皇家安大略博物馆明义士收藏甲骨》和《殷虚卜辞后编》，更为学者所熟知。明义士在甲骨文辨伪方面也取得了成绩。虽然他早年疏于此道，但经过悉心考索，终于成为甲骨文辨伪的行家里手。一些外国人的收藏，诸如《金璋氏所藏甲骨卜辞》等，经过他的慧眼，较《库方二氏所藏甲骨卜辞》收入的伪片就少了许多；为了去粗取精，他还对校核著录书中的重见片做出了努力。1933年出版的《表校新旧版〈殷虚书契前编〉并记所得之新材料》，就是专门的校重之作。不仅如此，他的殷墟青铜器收藏和研究也取得了成就，直到晚年，还以《商戈》的研究获得博士学位。如此等等，明义士在甲骨学研究的“草创时期”取得了不容忽视的成绩。

就是在近代，考古学方法引入到了甲骨学研究领域，甲骨学大师董作宾手执锄铲，踯躅洹滨，从殷墟的地下“挖出”了《甲骨文断代研究例》的方法。而另一位甲骨学大师郭沫若在亡命日本的艰苦环境下，“爰将金玉，自砺坚贞”。虽然未身亲殷墟考古，却从米海里司《美术考古一世纪》中获得考古学方法的启示，使他的甲骨学研究高屋建瓴。郭沫若与董作宾殊途同归，凿破了甲骨文晚商273年的“一团混沌”。但是，明义士也基本上与他们同时，创造性地以考古学方法探索甲骨文分期断代，并取得了成绩。遗憾的是，他的这一重大贡献却一直被人们遗忘了，这是十分不公正的。明义士甲骨文分期断代的考古类型学考察，给了分期断代文字演进“两系说”以深刻的影响。而“历组卜辞”时间前提的争论，应肇始于明义士。关于此，我们在《甲骨学一百年》第135~136页曾专论明义士接受近代考古学的方法和实践，并指出：明义士“在整理甲骨文时代时，已经引入了近代考古类型学的手段”；“明义士最早用‘字型’，即考古类型学方法进行分期断代，就不是偶然的了”。因此，可以说，明义士的研究不仅为甲骨学的“草创时期”做出了贡献，而且推动了甲骨学由“草创时期”向“发展时期”前进的步伐。

对于学者们来说，明义士的研究及其成就，还难免有被忽略和遗漏之处。而对一般读者而言，除了知道明义士骑一匹老白马徘徊在小屯村购买甲骨受骗上当的小插曲以外，其他的更是不甚了了。因此，出版一部《明义士和他的藏品》专著，就显得十分必要了。它不仅可以使我们全面而科学地认识明义士的追求及其对甲骨学研究的贡献，从而使我们在新世纪再创甲骨学研究辉煌受到启迪，而且也是我们表达对那些热爱中国传统文化、为弘扬中国古代文明做出过成就的外国学者的怀念与尊敬的最好方式。

方辉教授所著《明义士和他的藏品》一书，为甲骨学史上有贡献的海外学者研究专著的出版开了个好头。我们希望今后有更多的这类著作出版！中国人民是不会忘记那些为弘扬中华文明做出贡献的朋友们的！

王宇信

2000年5月15日

于北京方庄之“入廉青小庐”

再版前言

这本书初版于 2000 年，当时不会想到还会出修订版。一晃时间就过去了四分之一个世纪，让我没想到的是，在这 20 多年的时间里，海内外有关明义士的研究有不少新成果问世，而且，对于明义士本人的评价，也从当年的否定批判逐渐转向客观真实，明义士当年在河南安阳的旧居甚至也于 2004 年建立起一座明义士纪念馆。随着新材料、新成果的问世，旧版中关于明义士的评价需要更新内容乃至某些观点，因此，当山东大学出版社李淼编辑不止一次问及出版本书修订版事宜时，我还是同意了。

海外的新成果，首先需要提及的是董林夫博士的 *Cross Culture and Faith: The Life and Work of James Mellon Menzies*，该成果是他在加拿大约克大学的博士学位论文，2005 年由加拿大多伦多大学出版社出版。这是一本系统介绍明义士生平的大作，带有个人传记的性质，其特点是大量采纳国内外档案馆的档案和书信等第一手资料，因而材料翔实可靠，也是此次修订版参考最多的成果。其次是明义士的长女马里恩·赫梅尔的个人回忆录《从古城彰德到华北解放区——一个加拿大传教士孩子的回忆录》，现已翻译成中文出版，其中的内容多涉及 20 世纪头三十年明义士一家在中国和加拿大的生活和工作情况，也很有参考价值。再就是有关明义士文物藏品及其学术研究的若干论文，对于了解明义士的学术贡献很有参考价值。这些内容均已在本修订版中得到呈现。

作为同名的图书，我认为还是尽量保持原著的原貌为好，因此，虽然是修订版，实际上改动的地方并不多，细心的读者可能会有所发现。

在对明义士的研究中我发现，明义士的学术成就和贡献值得进一步挖掘，他对殷商乃至商周文明的研究水平，不但超过了他的西方同侪，而且在许多方面尤其是甲骨文金文方面，也丝毫不输于同时期的国内同行。2025 年是明义士诞辰 140 周年，愿以此书作为纪念！

方　辉

2024 年 8 月 28 日

前　言

随着中国和加拿大两国友好关系的发展，加拿大传教士作为一个特殊的群体，近年来受到中加双方学术界的广泛重视。自20世纪90年代初，山东大学加拿大研究中心把对加拿大来华传教士的研究当作一个重点课题，开展了卓有成效的调查和研究工作，取得了一系列成果，引起两国学术界的好评。

自1993年以来，受山东大学加拿大研究中心宋家珩教授委托，我承担起对加拿大传教士明义士进行研究的学术课题。对于明义士其人，从事历史和考古学研究的人并不陌生：他1910年来华，在河南安阳地区传教，得地利之便，搜求到大量甲骨，并成为研究甲骨文的专家，后来到齐鲁大学任教。1936年回国时他将大批文物藏品携带回加拿大，其他未来得及运走的文物在解放后被发现，现藏山东省博物馆。这是读者从国内的出版物中所能得到的对明义士的一般认识。我在1994年1月发表《明义士在华期间的文物收藏和甲骨学研究》一文时，也基本上是这样一个认识水平。

人们对事物的认识，都有一个由浅及深、由表及里的过程。具体到对明义士的研究，也是如此。几年来，我通过到山东省档案馆查找齐鲁大学档案，拜访当年明义士教授过的学生，去山东省博物馆查看明义士藏品档案等，获得了大量的第一手资料。1994 年和 1997 年，我先后两次访问加拿大，到明义士学习和工作过的多伦多大学东亚系、皇家安大略博物馆等地搜集资料，并到渥太华明义士之子明明德先生家中采访。1997~1998 年在安大略皇家博物馆访学期间，与正在约克大学攻读博士学位的董林夫校友互有交流。工作的结果是令人满意的。这期间，我收集到大量当事人及与当事人有关人员的信函、手稿、日记和照片等资料。呈现在读者面前的这部小书，就是以这些第一手资料为基本素材写成的。

本书共七章，对主人公一生的活动进行了论述。归纳起来，可分为三个方面。一是明义士的收藏活动。资料表明，明义士最初迷恋于甲骨的收藏，并进而将收藏领域扩大到其他文物，源自他在甲骨上发现了有关“上帝”的记载。他把这一发现看作是“上帝”的启示。由此，他转入对甲骨文和中国早期宗教的研究，试图寻找到中国文化的“根”。二是明义士的学术研究和学术贡献。明氏的学术研究，主要集中在甲骨学和商代青铜文化两个领域。对于明义士的甲骨学研究，大家比较熟悉；而对于明氏回国以后所做的有关商代青铜文化的研究，因种种原因，国内学者了解则相对较少。本书对此做了重点研究。可以看到，尽管明义士没有受过正规的考古学训练，阅读中文文献尤其是中国古典文献有着常人难以想象的困难，但他在考古学上却有着敏锐的洞察力，加上自己的勤奋、刻苦，终于成为上述领域知名的考古学家。三是比较敏感的明义士藏品问题。有证据表明，明义士藏品被运往国外，并非出自明义士的本意。他曾经明确表示，把自己的藏品捐赠给齐鲁大学。然而，事与愿违，因为他本人无法控制的原因，他在天津的藏品最终还是于 1948 年 9 月被运到加拿大。作为一位学者，明义士是有着自己的收藏宗旨的，那就是不为盈利而收藏。考察其一生的收藏活动，明义士基本上做到了这一点。明义士究竟是一个什么样的人，相信读者会从中得出自己的看法。对于历史人物的评价，贵在实事求是。在对明义士这一历史人物的研究中，笔者是秉承了这一宗旨的。本书第七章，从明义士青铜器藏品中选出部分重要标本加以介绍，主要是为国内同行提供一些不易看到的资料，相信会引起学术界的重视。

本书在撰写过程中，宋家珩教授给予了热情的帮助和鼓励。如果没有她的信任和荐举，就不会有这本书的问世。明明德先生以其 80 多岁的高龄，在我两次采访期间，都给予了全力帮助；尤其难得的是，明明德先生将其父亲生前收藏的拓片、手稿、日记、信函和部分图书捐赠我校，极大地方便了本课题的进展。正在加拿大约克大学历史系攻读博士学位的董林夫先生近年来也从事对明义士的研究。在加期间，我们两人交流意见，切磋研究心得，使我获益匪浅。对于上述各位的无私帮助，我谨在此致以诚挚的感谢！

山东大学加拿大研究中心制订了一个出版“枫叶丛书”的计划，撰写了一系列关于加拿大研究方面的专著，迄今已出版了七部：（一）宋家珩著《枫叶国都——加拿大的过去与现在》，山东大学出版社 1989 年版；（二）郭继德著《加拿大文学简史》，河南人民出版社 1992 年版；（三）宋家珩、董林夫著《中国与加拿大——中加关系的历史回顾》，齐鲁书社 1993 年版；（四）宋家珩、李巍主编《加拿大传教士在中国》，东方出版社 1995 年版，（五）宋家珩主编《加拿大人在中国》，东方出版社 1998 年版；（六）郭继德著《加拿大英语戏剧史》，河南人民出版社 1999 年版；（七）宋家珩、李巍、徐乃力主编《加拿大与亚太地区关系》，济南出版社 2000 年版。本书是“枫叶丛书”的第八部。

本书的出版得到了加拿大驻华大使馆文化科技处和山东大学历史文化学院韩连琪基金会的资助。何琳达（Linda Hershkovitz）女士和乐静宜（Gillian Lapointe）女士给予了热情的关怀。加拿大皇家安大略博物馆远东与太平洋文明部的鲁克思（Klass Ruitenberk）博士、沈辰博士给予很多帮助。在此，一并表示衷心的感谢！

方　辉

2000 年 3 月 22 日

于山东大学

目录

CONTENTS

第一章 来华传教

我父亲深知，离开中国的文化、风俗、宗教信仰和思维方式去向中国人传教，很明显是不会取得积极成果的。我想，追求对中国思想文化背景作更深入的了解，正是我父亲对中国历史和考古发生兴趣的动因。

——明义士之子明明德语

考察一下20世纪西方著名的汉学家，你就会发现，他们中的许多人都有着青年时代来华传教的历史背景。而且，受在华生活经历的影响，他们的后人也或多或少与中国有各种各样的联系。本书的主人公明义士，就是这样一位从职业传教士成长为著名汉学家的传奇人物。

01 家世背景

1885年2月23日，在加拿大安大略省西南部休伦湖畔一个叫克林顿（Clinton）的小镇上，明义士家族的新成员、本书的主人公——明义士降生了。他的祖籍在苏格兰西北部，在其祖父移民来加拿大之前和以后相当长的时间里，世代以务农为生。明义士在家排行老二。到他出生时，他的父亲戴卫已经是一个乡里知名的农场主，并经营着一个有一定规模的木材公司。这样，明义士一家的生活来源便得到了充分保障。经济条件的改善，使明义士从小便有了良好的受教育的机会。

同许多自苏格兰移民到加拿大的家庭一样，明义士家族充满了浓厚的基督教氛围。他们对基督的虔诚信仰，当然不只是停留在教义上，而是贯穿了日常生活的方方面面。只要有可能，父母总是把孩子们送到教堂，参加礼拜天的讲经、查经活动。而就餐和睡觉之前的祈祷，更是每个人每天的必修课。就是在明义士离开家乡到黎明顿

（Leamington）读中学期间，他还经常收到父母的来信，鼓励他遵循主的旨意，做一个正直、善良、自信、虔诚的基督徒。这种几乎是与生俱来、潜移默化的启蒙教育，对孩子们的影响是深远的。尤其是对于明义士本人，他一生对基督教虔诚的信仰和执着的追求，正是建立在这样的基础之上的。

明义士是兄妹三人中学习成绩最好的一个，父母对他自然是钟爱有加。正在上中学的他经常收到父亲的来信，其中有一封信这样写道："我常常觉得自己应该做得更好。如果我能掌握更多的知识并坚持下来的话，这本来不在话下。……而且，可以挣更多的钱；而这样的工作只有那些受过很好的教育的人才能胜任。我希望你能始终像你现在这样努力学习，将来成为一位杰出的人。"①

父母希望明义士中学毕业后能考上大学，学一些实用的技术，以便可以得到更高的经济上的回报。明义士没有令他们失望。1903年，他如愿以偿地考入多伦多大学应用科技学院（School of Practical Science），主修土木工程。在加拿大经济开始起飞的当时，这是一个十分热门而又令人羡慕的专业。

对于一位来自乡村、当时只有 18 岁的年轻人来说，初到多伦多这样一个充满活力的大都会城市，无疑是一件非常令人激动的事。但明义士几乎无暇顾及这些。因报到日期被延迟，他不得不抓紧时间赶上落下的课程。但六个月以后，明义士便成为二百多名同学中成绩最好的一位。正像学期末在写给妈妈的信中所说的，他几乎把所有的时间都花在了学习上。除了礼拜天上午的《圣经》课程以外，他甚至很少参加学生们的宗教活动。然而，在加拿大国内各大城市中掀起的轰

① Dong Linfu, *Cross Culture and Faith: The Life and Work of James Mellon Menzies,* Toronto: University of Toronto Press, 2005, p.19.

轰烈烈的海外传教运动吸引了明义士，他很快成为这一运动的积极分子，并最终选择了来华传教的道路。[1]

02 申请来华

加拿大的对华传教开始于 19 世纪 80 年代末。与英、美等老牌帝国主义国家相比，其海外传教运动起步较晚，发展也较为缓慢。[2] 20 世纪初，随着加拿大历史上第一个经济繁荣期的到来，国内政治上的民族主义运动开始高涨。而且，经济的繁荣也使教会的势力和财富得到空前的发展，海外传教运动被认为是加拿大参加的唯一一项“国际”事务，受到宗教界和政界前所未有的重视。正像一位教会外人士牛顿·罗威尔（Newton W. Rowell）在 1909 年多伦多“加拿大自己的传教大会”上讲演时所说的：“罗马人注定要向世界传授法律，希腊人注定要向世界传授艺术，希伯来人为世界创造了宗教。现在，我们加拿大人如果抓住机会，或许能成为领导世界普及基督福音的领袖。”

在当时的中国，随着义和团运动被中外反动势力联合绞杀，国内也出现了有利于基督教发展的政治形势。如清政府为了挽救垂危的命运，于 1905 年实行改革，废科举，兴西学，为传教士提供了新的活动领域。1911 年辛亥革命爆发，废帝制，立共和，新生的共和国最初

---

① Arthur Menzies, “Dr. James M. Menzies：His Interest in Chinese Archaeology and Art”, *Chinese Art from the Rev. Dr. James M. Menzies Family Collection*, Art Gallery of Greater Victoria, 1989. Dong Linfu, *Cross Culture and Faith: The Life and Work of James Mellon Menzies,* Toronto: University of Toronto Press, 2005，pp.19-21.

② 关于加拿大对华传教的历史，请参看宋家珩、董林夫:《中国与加拿大——中加关系的历史回顾》第 2 章《加拿大传教士在中国》，齐鲁书社 1993 年版。

通过的几项法律之一便是保护宗教信仰自由。身为基督徒的孙中山成了中国的领袖，更使西方传教士备受鼓舞。加拿大国内兴起的来华传教的热潮，就是在这种形势下出现的。

尽管大学期间的明义士学习成绩优异，但他却没能像父亲预期的那样成为一个靠技术谋生的“体面人”，而是选择了充满艰辛的海外传教的人生旅程。实际上，明义士人生观的这一改变是很自然的。首先是明氏本人有良好的基督教家庭背景，而与此同等重要的，是他经常受到当时日益兴起的基督教海外传教组织所发起的各种活动的激发和鼓动。在这些海外传教组织中，基督教青年会（Young Men's Christian Association，简称 YMCA）是一个历史较长、在学生中影响最大的宗教团体。即使在第一次世界大战期间因经济困难、活动经费难以得到充分保证的情况下，该组织也从未停止过活动。约翰·马特（John R. Mott）“让我们这一代人把基督福音传遍世界”的呼唤深深地吸引着年轻人，打动着大学生们的心。与基督教青年会相呼应，学生志愿者运动（Student Volunteer Movement，简称 SVM）在宣传海外传教方面也不遗余力地做工作。有着基督教家庭背景的明义士，很自然地接受了这些影响并积极地投身其中。自大学二年级开始，他的身上便拥有了一连串学生组织的头衔：多伦多大学基督教青年会理事兼秘书、查经班召集人、应用科技学院基督教青年会主席、海外传教委员会委员、学生志愿者协会主席，等等。

1904 年秋，明义士加入了多伦多长老会中心教会。这是一个改变他一生命运的举动。在这里，他可以经常聆听到来自世界各地的传教士们的演讲，尤其被那些刚从中国归来的传教士们的经历所感动。著名传教士赫德森·泰勒这样号召年轻人：“如果有一千位虔诚的男女传教士全身心地致力于传教布道，每人每天保证向五十个中国家庭传教，那么，三年之内所有的中国人就都会听到上帝的福音。”[1]我们从明义士 1910 年所写的到中国传教的申请书中得知，早在 1905 年的夏天，他便已萌发了去海外传播福音的念头。由此可见，大学生宗教组织和多伦多长老会期间的宗教活动，对明义士思想的影响是非常大的。

1907 年是明义士大学生活的最后一年。在这一年的毕业实习中，明义士被选为国土测量员，负责加拿大西部萨斯克彻万和阿尔伯塔两省省界的勘定工作。这段野外工作经历，为他日后的考古生涯打下了良好的基础。实习结束，他以优异的成绩完成了大学学业，获得土木工程学士学位。很快，他来到诺克斯神学院（Knox College）注册，成为诺克斯神学院第一位有科学学位的学生。这是一所具有海外传教传统的教会学校，曾培养出像马偕（George Leslie Mackay）和古约翰（Jonathan Goforth）等一批著名的来华传教士。在神学院三年的系统学习，为明义士来华传教打下了基础。他所受到的希伯来语和希腊语的训练，虽没能使他成为这方面的语言学家，但却为他日后研究中国语言文字提供了便利条件。更为重要的是，受当时教会内部改良主义和自由主义氛围的影响，他的脑海里逐渐少了一份当时大多数西方人所固有的傲慢与偏见，多了一份开放和理解。这使他来华后很容易地融入中国文化当中，并将大半生的时间用在对中国古代历史文化的学习和研究上。

作为一名大学基督教青年会和学生志愿者运动的领导人，明义士经常接触到来自各地的著名传教士，并同他们建立起亲密的个人关

① 宋家珩、董林夫:《中国与加拿大——中加关系的历史回顾》第 2 章《加拿大传教士在中国》，齐鲁书社 1993 年版。

系。1908 年初，约翰·马特到多伦多进行了一次非常成功的演讲，明义士便是这次演讲的组织者之一。事后，明义士在一封写给妈妈的长信中，激动不已地详细讲述了演讲会的整个过程。他说："我多么希望您和爸爸也在现场，同我一道聆听这些感人肺腑的布道讲演，结识这些塑造国家和世界的伟人啊！"明义士生活方向的改变，显然是受到像马特这样一些著名传教士们的直接影响。

1910 年初夏，明义士告别了亲人，开始了前往中国的漫漫旅程。他在爱丁堡作短暂停留，为的是参加将在这里举行的世界海外传教大会。会上，他遇到几位来自中国的传教士，得到不少有益的经验，也使自己对生活上可能遇到的困难有了充分的思想准备。这使得他更急切地渴望踏上这片古老而神秘的土地。这年 9 月，他终于来到令他日思夜想的河南长老会传教地——武安，成为加拿大长老会豫北差会的一员。①

03 姓名来历

加拿大长老会豫北差会始建于 1889 年，其创始人就是著名的古约翰牧师。同其他教会一样，通过办医院、兴教育和提倡妇女解放等慈善措施，长老会在豫北地区扎下了根。到 1910 年，差会先后在彰德（今河南安阳）、卫辉、怀庆、道口、武安、修武和开封等地设立了七个传教总站，发展成为加拿大各教派在华势力最大的教会之一。②

---

① Dong Linfu, *Cross Culture and Faith: The Life and Work of James Mellon Menzies,* Toronto: University of Toronto Press, 2005, pp.22-29.

② 关于加拿大长老会在豫北的创建及发展情况，请参看宋家珩:《加拿大基督教长老会在卫辉》，宋家珩主编:《加拿大传教士在中国》，东方出版社 1995 年版，第 65~81 页。

明义士是怀着满腔的热情来到中国的。在他一个月后写给母亲的信中，他说道："我在这里生活得很好……我非常非常喜欢这个地方，尤其是我现在有了一间属于自己的小屋。传教士的生活并不像人们所想象的那样糟。"① 尽管后来他亲身经历了作为一名传教士所遭受的艰辛和困难，但他对事业的热情和执着却从未改变。

与其他来华传教士不同，明义士似乎没有受到因文化环境的改变而带来的精神上的不适和痛苦。相反，凭着自己对语言的独特感受力，他逐渐喜欢上了汉语。当时学习汉语，除了几本译成汉语的《圣经》和基督教文学作品以外，最基本的学习材料都是四书、五经一类的古代汉语书籍，有的就是古代史书。在安阳期间，明义士的大部分时间是在教会学校里度过的，学校里的华人老师成为他的良师益友。良好的学习环境，为他学习古代汉语与日后成长为一名知名的汉学家打下了深厚基础。

当时的豫北地区，如怀庆、武安，尤其是安阳周围，分布着大大小小、各式各样的历代碑刻、古塔和庙宇。这些人文景观，使得明义士越发对中国古代历史和文化产生了浓厚的兴趣。多年以后，在讲起明义士为什么能成为一名考古学家的时候，他的儿子亚瑟（Arthur Menzies）这样说道：

> 我父亲深知，离开中国的文化、风俗、宗教信仰和思维方式去向中国人传教，很明显是不会取得积极成果的。我想，追求对中国思想文化背景作更深入的了解，正是我父亲对中国历史和考

① Dong Linfu, *Cross Culture and Faith: The Life and Work of James Mellon Menzies,* Toronto: University of Toronto Press, 2005, pp.52-53.

古发生兴趣的动因。[①]

我们还可从“明义士”这一汉语名字的命名上，体会到明义士本人对中国古代历史文化的迷恋程度。据说，他取汉字“明”作为自己的姓，除了“明”字有“明亮”的意思外，更重要的是“明”还作为一个历史朝代，统治中国达276年的时间（1368~1644），而“义士”一词出自《左传》[②]，在中国古代指守义不苟或品行超凡的人，或出财布施、慷慨乐助的人。另外，Menzies作为英文中的一个姓，在其祖籍来源地盖尔人（居住在苏格兰北部和西部山地的苏格兰人）的发音中读作Mingis，听上去和汉语“明义士”的发音很相似。[③]明义士将自己姓氏的读音同中国明王朝的称呼巧妙地结合在一起，命名了自己的汉语名字，其中既蕴涵着对故土的向往，又包含了对中国历史文化的敬慕之情。

明义士对中国文化的仰慕和崇敬，还可以从他给儿子的取名上得到体现。上文提到的那位亚瑟，是明义士夫妇的次子，1916年出生在安阳。此前，他们曾生育过一个儿子，但因当地生活和医疗条件差，孩子出生不久便不幸夭折。因此，亚瑟身上寄托着明义士夫妇的双倍期望。为给孩子取个好名字，两人颇费心机。他们最后决定给孩子取名叫明明德。熟悉中国古代文化的人都知道，这个名字显然是取自儒家经典《大学》一书的开首语：“大学之道，在明明德。”在我们中国人眼里，“德”是一个美好的字眼儿，是人们道德品质的最高追

① Peter Stursberg, *The Golden Hope—Christians in China*, Toronto：The United Church Publishing House, 1987，p.140.

② 《左传·桓公二年》：“武王克商，迁九鼎于雒邑，义士犹或非之。”

③ Peter Stursberg, *The Golden Hope—Christians in China*, Toronto：The United Church Publishing House, 1987，p.137.

求。他们还按照中国普通百姓的习俗，给孩子取了个小名叫“天宝”，希望孩子得到上天的佑助而健康成长，而且就是这个小名，也是取自唐代的年号。从给儿子的命名中，读者不难体察到明义士夫妇对爱子的厚望，而明明德也没有辜负父母的殷殷切情。1935年以后，他先后到多伦多大学和哈佛大学远东系学习，之后进入加拿大外交部工作，1946年至1950年任加拿大外交部远东司司长。1976年至1980年，这位操着浓重河南口音的60岁老人以第二任驻华大使的身份重返中国，为中加关系的巩固和发展做出了重要贡献。

事有巧合，豫北差会有一位与明义士重名重姓的传教士James R. Menzies，两人的姓名只有中间的字母不同。以西方人的习惯，在一般的场合下，中间的名字常常可以省略掉。而在日常生活中，直接称名或姓是很普通的事。因为他们两人同名同姓，很容易造成混乱，即使非常熟悉他们的同事，也常常会发生误会。但自从他们有了中文名字，就很容易避免了这些不便。

这位传教士的汉语名字叫孟恩赐，是位出色的外科医生。他先于明义士来到豫北差会，并任怀庆教会医院院长，为当地医疗事业做出过很大贡献。1920年3月，在一次土匪劫掠事件中他惨遭枪杀。这一事件在当时的中国和加拿大国内曾引起极大震动。为纪念这位令人尊敬的医生，怀庆医院因此被更名为“恩赐医院”[①]。据说，当初明义士也曾考虑过用“孟”作自己的姓，以便和中国古代的伟大思想家、儒家学术奠基人之一的孟子同姓，但孟恩赐捷足先登，他才改姓“明”了。

① Peter Stursberg, *The Golden Hope—Christians in China*, Toronto：The United Church Publishing House, 1987，p.137.

笔者注意到，近年的某些著作或译著，常常出现将两人混淆的现象。如，有的把明义士翻译成孟恩赐，或者相反。还有的用音译，给他们另起一中文名字，既然他们都有自己的汉语名字，还是遵从他们本人的命名为好。

04 传教生涯

清代晚期的豫北地区，隶属于怀庆、卫辉、彰德三府，府治分别设在今沁阳、汲县和安阳。这里北通燕赵，南走汴洛，东接齐鲁，西控三晋，既是四方之通衢，也是历代文化的中心。这里优越的地理条件和人文环境，很早就引起了西方传教士的重视。早在 19 世纪后期，英国"中国内地会"、意大利天主教会便进入该地传教。1889 年 12 月，受加拿大基督教长老会派遣，古约翰夫妇、史雅各（又名史美德，James F. Smith）夫妇、罗维灵（Wiliam McClure）夫妇和季理斐（Donald MacGillivray）牧师一行七人，来到河南省内黄县楚旺镇传教，豫北差会正式成立。当 1910 年明义士到来时，长老会在豫北已有五个传教站，加籍传教人员达 58 人，吸收教徒 2729 人。①

自 1910 年来到豫北至 1932 年前往济南齐鲁大学任教，除了其间参加"一战"、回国休假或暑期去北戴河度假以外，明义士一家断断续续在这里度过了近二十年的时间。

1911 年春，明义士终于如愿以偿，与一位来自多伦多、名字叫安妮·贝尔·塞德维克（Annie Belle Sedgwick）的姑娘结了婚。他们两人初识于多伦多大学威克里夫学院，1910 年安妮接受了明义士

① 李巍：《加拿大传教士在河南活动述略》，宋加珩主编：《加拿大传教士在中国》，东方出版社 1995 年版，第 51 页。

的求婚，并约定在安妮完成五年的服务期后成婚。紧接着，安妮就前往中国。作为来华的第一位加拿大女执事，她被分配到位于开封的加拿大圣公会河南差会。大约半年之后明义士也来到中国，并说服安妮尽快成婚。他们的婚礼是于 1911 年 2 月 23 日在河南开封举行的，在河南主教、著名的怀特牧师主持下进行的。[①] 怀特（William C. White，1873~1960），汉名怀履光，是加拿大来华传教士中较为知名的人物之一。他于 1896 年受圣公会委派来华传教，在福建建瓯、福州等地取得成功，建立了传教基地。鉴于怀履光在华南的成功经历，圣公会决定让他向北方发展。1909 年，他受命在河南开封创建了圣公会的传教总站，怀履光本人因此获得“河南主教”的头衔。明义士和怀履光两人的年龄、资历相差甚大，但后来却都以收藏中国文物和对中国文化的研究而知名。由于有共同的爱好，两人在华期间过从甚密。但因两人收藏古物的目的和理念各不相同，在 20 世纪 30 年代晚期至 40 年代初期同时供职于多伦多皇家安大略博物馆之时，两人之间的关系趋于紧张。当然，这是当初二人交往时所始料未及的。至于他们之间产生矛盾和分歧的原因与详情，请见本书第四章中的有关论述。

正如一位叫莫斯·塞（Moses Hsieh）的主教所说：“在中国的传教生活就像是一个三条腿的板凳。教会是一条腿，教育和医疗是另外两条腿。”[②] 有传教站的地方，往往也是教会学校和教会医院的所在地。而传教士们大多身兼多能，要么是医生或护士，要么则是在传教的同

---

① ［加］马里恩·芬奇·明义士·赫梅尔：《从古城彰德到华北解放区—— 一个加拿大传教士孩子的回忆录》，秦建民译，中国文化出版社 2011 年版，第 5~9 页。

② Peter Stursberg, *The Golden Hope—Christians in China,* Toronto: The United Church Publishing House, 1987，p.234.

时，也成了传授知识的教师。出现这种局面，当然归因于旧中国教育与医疗条件的落后。即使是在废科举、兴学堂的晚清和民国初期，上学、就医也仍然是地主士绅们的特权，一般民众根本没有享受这些权利的资格。兴办学校和医院，正是西方传教士推进传教事业的一种有效手段。明义士不会医术，他的主要工作集中在差会的学校教育方面。传教士们在缺医少药的豫北地区的传教生活是十分艰苦的，有一个例子可以说明其生活艰辛的程度：明义士夫妇的头胎是个男孩，名字叫大卫，出生于 1911 年 12 月，四岁半时得了猩红热，因得不到及时医治而夭折，被埋葬在彰德传教院的小公墓里。明义士是一位十分顾家的人，他们夫妇尽可能让一家人的生活过得舒适些。当年传教士们的暑期大都是在避暑胜地、北京附近的北戴河度过，明义士甚至在 1912 年暮春从一位即将退休的英国传教士手中买下了一栋位于北戴河的小型别墅，他还发挥自己学习土木工程的专业优势，对别墅做了扩建。每年的暑期来自不同地区的传教士们在此开会、相聚，这里成了明义士一家生活的乐园。①

豫北差会早在立足之初，便于 1896 年在安阳北关建立起学堂，招收学生 20 多名。他们毕业后或成为传道员，或被送往外地学校深造，继而成为教会学校的教师和领导，为教会和教会学校的发展起到了极大的推动作用。到 1910 年，豫北差会已有学校五所，其中包括安阳第一所女子学校——三育女校（“三育”取德育、智育、体育全面发展之意），初步形成了自己的教育网络。

随着教徒数量的增加，教徒子女的教育问题也日益突出。为缓解这一矛盾，差会于 1915 年将设在安阳的斌英学校改为“斌英高初两

① ［加］马里恩·芬奇·明义士·赫梅尔：《从古城彰德到华北解放区——一个加拿大传教士孩子的回忆录》，秦建民译，中国文化出版社 2011 年版，第 13~16 页。

级小学校”，学制七年，明义士被推举为校长。他主张扩大招生规模，使在校生人数增至100多人。除安阳本地的学生外，还吸引了方圆几十里甚至百里以外的学生入学。学校开设《圣经》、历史、地理、音乐、体操等课程，管理非常严格。来自农村的学生大多数家境贫寒，学校便免收他们的学费，只收伙食费，或直接交粮食作伙食费。学校备有石磨、石碾，还饲养了一头毛驴，由专人负责，为学生磨麦碾米，考虑得十分周到。对于特别穷困的学生，学校还设法予以资助。

这期间，明义士于1914年春与著名的殷墟遗址不期而遇。从此，在传教生活之外，学习和研究甲骨文又构成了他每天生活的主要内容。1917年初，明义士同其他几位传教士一道奉命参加“一战”，率“中国劳工团”（Chinese Labour Corp）开赴法国前线。就在将要离开中国的当年3月，明义士在上海出版了其第一部甲骨文著作——《殷虚卜辞》。此时，距他1914年春天发现殷墟遗址，只有三年的时间。①

所谓“中国劳工团”，是第一次世界大战期间中国北洋政府对协约国在劳务方面所作承诺的产物。因为北洋政府派不出军队，但答应提供五万名劳工到法国后方服役，从事修筑公路、铁路和桥梁等工程方面的工作。豫北差会参加了华工的招募工作。明义士既讲英语，又精通汉语，而且获得过土木工程的学位，自然成了率队的最佳人选，因此，被授予英军的上尉军衔，并担任统领382名中国劳工的连队的连长，经由青岛港驶向温哥华，乘坐火车经多伦多并做短暂停留后开赴欧洲前线。此时他已醉心于甲骨文和考古学。在法国服役期间，他将劳工们修路时挖掘出土的陶片和石器等古物收集起来，寄赠给刚刚成立不久的多伦多皇家安大略博物馆。其间，他始终没有忘记对中国

① 关于明义士发现殷墟的经过和学者们对此问题的争论，请看本书第三章的有关内容。

文化的学习，多次趁休假的时间，前往英国各著名博物馆参观，观摩博物馆里的中国文物藏品，并注意收集有关甲骨和青铜器方面的信息。这为他以后的学术研究提供了有益的资料。1920 年完成使命后，经过在加拿大与家人的短暂休假团聚之后，明义士一家于 1921 年的春夏之交回到了阔别近四年的安阳。

回到安阳后，明义士仍负责教会的学校教育工作。1923 年，全国实行学制改革，斌英小学遂停办初小，保留高小两年，又增设初中一、二年级，校名定为“斌英中学”，明义士继续被推举为校长。为适应近代科学发展的需要，学校及时增设了数学、物理、化学和英语等课程，并购置实验设备，建立起理化实验室，成为一所远近闻名的学校。

1926 年，由于爆发北伐战争，吴佩孚的军队进驻安阳。迫于形势，加拿大传教士于 1927 年 4 月撤离安阳，退往京津等地避难，斌英中学被迫关门。许多加拿大传教士从此便离开中国，再未返回。明义士一家匆匆忙忙把家里的东西装箱打包，仅藏书室的书籍就有 5000 多册，被精心放到衣橱里，希望它们能够躲过兵灾。回到北京后，明义士将家人安置在北戴河避暑之家，他则利用这段时间来到北京的华北联合语言学校（North China Union Language School in Peking）任教，继续他的学术研究。这期间，他广交朋友，结识了马衡、容庚和商承祚等一些著名学者。在马衡的帮助下，明义士还认识了一位在故宫工作的名叫曾毅公的满族青年，曾后来成为他在齐鲁大学工作的得力助手。在曾毅公的协助下，明义士将自己收藏的一批重要甲骨拓印数份，编纂成《殷虚卜辞后编》一书，以便将来有机会出版。

1928 年 10 月，明义士和为数不多的传教士重返安阳。尽管他们对教会遭受蹂躏后的情况在心理上有所准备，但现场的惨况还是令他们非常吃惊：

> 教会的房子都被洗劫一空。从阁楼到地下室，从衣服到木床、家具、缝纫机、盘子、餐刀、自行车，一切士兵所喜欢的东西无一幸免。……钢琴和风琴被砸碎，书籍全部被撕毁，就连外国人的墓地也未能幸免于难。[①]

而更令明义士深感痛心的是，他留在教会的甲骨等收藏品也在这次动乱中惨遭毁坏。[②]

尽管传教士重新返回安阳，但此时教会的情况已经同以前大不一样。以前，他们是教会的主人，而这次他们是以客人的身份来从事传教活动的。这种局面的出现，是同20年代后期华人教会的壮大和独立趋势相适应的。1937年年初，属于中国人自己的基督教组织——中华基督教会在上海成立。豫北长老会在撤离安阳前便宣布加入该组织，称“中华基督教会河南大会”，简称“河南大会”。在传教士撤离期间，河南大会单独主持教务，证明了华人牧师的领导能力。此时，南京国民政府宣布了收回教会学校和医院管理权的规定。在这种情况下，通过中华基督教会、加拿大联合教会有关人士的斡旋，留在豫北的加拿大传教士同河南大会达成协议：加拿大传教士返回安阳是以贵宾的身份来从事宗教活动的，他们必须申请加入中华基督教会，而后才能分配到各教区协助中国牧师工作；加拿大国内拨来的经费也应交到河南大会，由双方共同商量分配使用。通过协商，中、加牧师

① Alvyn J., *Austin Saving China,* Toronto：University of Toronto Press, 1986，p.222.

② 1940年3月6日明义士给卡雷利的信（英文），皇家安大略博物馆藏。

之间的矛盾得以缓解，教会工作重新走上快速发展的道路。在这一事件中，明义士采取了比较明智的态度，顺应了教会发展的趋势，受到华人牧师的尊重。

1928 年 12 月，明义士一家五口离开中国，开始了来华后的第二次回国休假。此时，中央研究院历史语言研究所考古组已经开始了在安阳殷墟遗址的考古发掘，这使明义士深受鼓舞。这时明义士已有意于将来在中国进行科学的考古调查和发掘，故在归国途中绕道印度、美索不达米亚和巴勒斯坦等地，参观考察了好几处考古发掘工地，还意外地获得了在耶路撒冷亲自参加考古发掘的机会。①

明义士的大女儿马里恩·赫梅尔（Marion F. Hummel）在其回忆录中，对他们一家 1928~1929 年的这次环球之旅做了详细描述，尤其是明义士参加耶路撒冷考古发掘的经过，有助于我们了解明义士考古学理论方法的知识来源，这段经历无疑对他后来的学术人生产生了积极影响。②

1928 年 12 月 4 日，明义士一家从大连港乘船出发，经停马尼拉到达新加坡，并乘火车在马来西亚观光考察，又经缅甸仰光到达印度加尔各答、西里古里、加雅、贝拿勒斯等地。沿途除了领略各地的自然风光之外，让孩子们体验不同的文化景观应该是明义士夫妇的主要目的，各地著名的寺庙、古城和陵墓成为他们驻足的主要地方。1929 年 3 月 31 日他们一家抵达伊拉克巴士拉，来到向往已久的美索不达米亚文明的核心区域，当时这一地区就因一系列持续不断

---

① Arthur Menzies, "Dr. James M. Menzies; His Interest in Chinese Archaeology and Art", *Chinese Art from the Rev. Dr. James M. Menzies Family Collection*, Art Gallery of Great Victoria, 1989.

② ［加］马里恩·芬奇·明义士·赫梅尔:《从古城彰德到华北解放区—— 一个加拿大传教士孩子的回忆录》，秦建民译，中国文化出版社 2011 年版。

的考古发现而闻名于世。整个4月的前三周时间，他们一家几乎就是在参观考古现场和博物馆中度过的。在“发掘现场像迷宫一样的”乌尔古城参观金字塔形神庙，在欧贝德发掘现场考察乌尔第一王朝宫殿和神庙建筑，在奥海米尔参观基什古城，在巴比伦参观尼布甲尼撒的宫殿遗迹，一路北上到达叙利亚首都大马士革，无不显示出这是一次近乎奢侈的考古之旅。如果没有明义士父亲的5000加元资助，单靠他们夫妇的收入是难以维系这样的长途旅行的。“这一次环球旅行和历练留给我们每一个人以很强的关于大不相同的历史文化方面的亲身记忆，而且是一个所有这些不同地区的、不同文化的以及不同宗教的差别，可以在一个现代化的和谐的世界秩序中拉在一起的感受。”① 明义士夫妇有意培养孩子们多元文化意识的设想看来是达到了。

这次环球旅行的意外收获，就是1929年6月初在耶路撒冷停留期间，明义士有机会参加了由美国考古学家威廉·弗雷德里克·贝德（William Frederick Bade）主持的在耶路撒冷地区米斯巴遗址进行的考古发掘。当时，在考古工地负责测量的技工生病不能继续工作，贝德博士了解到明义士是一位专业的土木工程师，并曾经有过国土测量员的经历，便邀请他负责考古测绘工作。“父亲认为这个工作将给他真正的在考古发掘现场中、在富有经验和最新技术的专业人员的陪伴下‘亲手做’的经历”②，于是很爽快地签下了4个月的工作合同。为了不耽误孩子们9月初新学期上课，6月6日他把夫人和孩子送上前往埃

① ［加］马里恩·芬奇·明义士·赫梅尔：《从古城彰德到华北解放区—— 一个加拿大传教士孩子的回忆录》，秦建民译，中国文化出版社2011年版，第98页。

② ［加］马里恩·芬奇·明义士·赫梅尔：《从古城彰德到华北解放区—— 一个加拿大传教士孩子的回忆录》，秦建民译，中国文化出版社2011年版，第82页。

及、意大利和英国的旅程，自己则在考古工地一直工作到9月下旬，在收到父亲病危通知后才匆忙赶往加拿大。当他10月6日回到埃德蒙顿时，父亲的葬礼早在三周之前就结束了。对于明义士来说，这无疑是一个很大的遗憾，但为期三个多月的田野考古训练大大增加了自己对什么是科学的考古学的感性认识，并积累了实际考古发掘工作的经验，这为他日后在齐鲁大学讲授“考古学通论”打下了坚实的基础。

1930年秋，明义士将三个孩子送到在日本神户的加拿大海外学校（Canadian Boarding School in Kobe in Japan）读书，他们夫妇二人回到安阳。此时，获得独立的华人教会发展很快，教徒数量明显增加。尽管河南大会专设教育部，城乡教会学校教育办得有声有色，但由于社会上公私立中学为数不多，大量的教徒子女小学毕业后便辍学在家。面临这一迫切问题，河南大会和加拿大传教士都认识到，恢复斌英中学的招生，是教会所能选择的唯一可行的途径。这期间，明义士为学校的恢复做了大量细致的工作。1931年暑假，明义士约请前斌英中学负责人和教区有关人士马耀武、王向南、王镇九等，在自己家中就恢复斌英中学事宜达成一致意见。学校命名为“安阳斌英初级中学”，办学经费主要来自教会的捐助，校舍向教会租赁，并象征性交纳租金一元钱。学校管理人员全是中国人。是年暑假后，停办了六年之久的斌英中学复校，仅当年便招收男、女生达450人。直到1932年秋，明义士离开安阳应邀到齐鲁大学任教。明义士对斌英中学的教学工作付出了极大的努力。1933年斌英中学按私立学校的条件获得河南省教育厅的立案资格，学校的发展又迈上一个新台阶。

学校教育是明义士在河南传教生活的一个主要内容，尤其是安阳斌英学校，可以说自始至终都倾注着他的心血。尽管教会学校作为西方传教士推进其传教事业的一种手段，从本质上来说是为其本国和本集团的利益服务的，但这些来华传教士大都是掌握了近代科学知识的西方文明的代表，而他们所工作的地区又大多集中在文化教育欠发达的农村，因此，教会学校在传播基督教的同时，客观上也促进了当地教育事业的发展，“在当地近代学校教育史上几乎都具有开创性意义”[①]。安阳斌英学校的学生大都出身贫寒，学成后多成为从事基层教育的人才；有些成绩优秀的则被送入燕京大学和齐鲁大学继续深造。值得一提的是，明义士到了齐鲁大学以后，仍一直关心着安阳斌英中学的发展，并积极为那些优秀毕业生进入齐鲁大学学习创造条件。据他的儿子明明德后来回忆，他们在齐鲁大学的家几乎每天都有学生出出进进，这些学生大多来自豫北，是豫北差会选派来的。1940 年，因回国休假而一时无法返回济南的明义士夫妇从自己的生活费中拿出 150 加元捐赠给豫北差会，豫北差会以此设立“明义士基督教信托基金”（Menzies Christie Trust），用于豫北地区的教育事业。明义士夫妇的这一善举，受到差会和民众的称赞和感谢。[②]

明义士本人也从长期的学校生活中获得了一般传教士所无法得到的教益，最显著的收益就是他在古汉语方面的知识。因为他深知，要向中国人传教，首先要了解中国本身的历史和文化。尤其是在他迷恋上甲骨文以后，学习中国古代典籍便成为他的“必修课”。在 1929 年

① 孔祥涛：《加拿大长老会豫北差会在彰德的学校教育》，宋家珩主编：《加拿大传教士在中国》，东方出版社 1995 年版，第 163 页。

② 见 1940 年 8 月 17 日加拿大基督教合一会豫北差会乔治・金（G. K. King）牧师致明义士的信（英文），明明德家藏。

12 月 9 日给 A. E. 阿姆斯特朗的信中，他这样写道：

> 我们必须要了解中国人的思想和意识形态，这是来中国后自始至终一直在困扰我的一个问题。在忙完大量的日常工作之后，我每天都坚持学习到深夜，努力充实自己，以便使自己具备研究这个问题的能力。

实际上，这时他的汉学功底已非常深厚，发表过《商代文化》等论文，并完成了《殷虚卜辞》和《殷虚卜辞后编》的编纂。1932 年他应邀前往齐鲁大学任教，便是以文学院考古学教授的身份应聘的。

与当地农民相比，尽管传教士们的生活是优裕的，但与他们在国内的生活相比，却有着天壤之别。加之当时华北地区自然灾害接连不断，农村地区又缺医少药，其生活之艰辛程度可想而知。明义士的四个孩子都出生在安阳，其中大儿子因生活条件差而未能成活，夭折后便埋葬在那里。

豫北的生活是很苦的，但也充满了欢乐。同其他传教士的妻子一样，明义士夫人主要从事医疗和对妇女的宣教工作，而最让她感兴趣的还是妇幼福利事业，为妇女们办识字班，向她们宣传卫生知识，帮助她们解决卫生和教育方面的问题。许多年以后，他们的儿子明明德还清楚地记得当年母亲组织的“晚间澡堂”的情景：

> 那时，当地农民家中没有任何取暖设备，只有那同锅灶相通的土炕，使屋内保持一点暖意，当然谈不上洗澡的地方。母亲决定为孩子们提供一处“澡堂”。她用自己的钱买来香皂，烧好热

水，院内紧靠大门的那间教室便成了一处临时澡堂。

水先在一口大锅里烧好，然后倒进一个用铁皮做成的浴盆内。孩子们两人一组，轮流进去洗澡。奶妈和佣人帮助母亲一起为孩子们擦洗。那些小孩头一次看到香皂，感到新奇得很。水脏了，换掉重来。“晚间澡堂”成了孩子们甚至他们的父母们生活中最为欢乐的时刻。①

随着1932年明义士应聘到齐鲁大学任教，在安阳的传教生活便宣告结束了。但明义士与河南教会的联系并没有因为离开安阳而中断。在齐大工作期间，他积极争取让斌英中学的毕业生来齐大接受高等教育；40年代，他们一家因战争原因不能重返中国，明义士夫妇在生活并不富裕的情况下，仍捐款帮助河南大会的建设。

这里有一封信，可以反映出明义士在豫北教会民众中所享有的威信和人格魅力，用它来作为本章的结束语，也许是合适的。该信是由河南大会会长张宝箴和书记纪耀荣两人联名书写的，时间是1946年3月，当时明义士还在华盛顿美国国务院战时新闻局任职。在叙述了抗日战争胜利的喜悦和教会近来的活动之后，信中写道：

（河南）大会的会议中，对于教会的前途，也有些新计划。最大的问题，就是人才的缺乏。特别想到牧师是战后教会复兴的新时代中，河南教会所需要的领袖。所以，大会一致决议，重请牧师来豫北工作，我们也同心为此事祈求，愿主成全，除向西母

① Peter Stursberg, *The Golden Hope—Christians in China,* Toronto：The United Church Publishing House, 1987，p.135.

会[①]呈请委派牧师来河南外，特请牧师不弃河南，重临故乡，领导豫北教会为盼。[②]

此时，明义士夫妇已离开安阳达 15 年之久。

① 指加拿大海外传教协会。

② 1946 年 3 月河南大会会长张宝箴致明义士的信，明明德家藏。

第二章 讲业齐鲁

从1932年到1936年在齐鲁大学任职的五年，是我父亲一生中最富挑战性，也是收获最大的五年。在这里，他与志同道合的中国学者和正在成长起来的青年学子交流学术，为中国考古学作出了有益的贡献。

——明明德:《甲骨研究·序》

1932年至1936年在齐鲁大学的近五年间，是明义士自认为一生中生活最充实、最美好的时光。一入校，他便被委以哈燕学社项目负责人的重任，与他的中国同事们一起，把齐大国学研究所办成了一个在学术界很有影响的学术研究机构。他曾开设“甲骨研究”和“考古学通论”等课程，将科学的考古学知识传播给中国的年轻一代。他还经常独自或带领学生去野外进行考古调查，并以自己的藏品为主，在齐鲁大学建立起古物博物馆，向学生介绍中国悠久的历史文化，增强他们的民族自信心。这是明义士学术研究最多产的时期。他完成了《甲骨研究》一书的写作，并发表了一系列研究甲骨文的论文，使齐大成为甲骨学研究的重要阵地之一。

01 “哈燕”项目

齐鲁大学是一座教会大学，成立于1904年，初名为山东基督教共和大学（Shantong Christian University），是由英国浸礼会和美国长老会共同创办的，校址最初设在潍县、青州和济南三地，下设神学院、医学院和文理学院，为教会培养神学和医疗人员。1917年，校舍全部迁至济南。[①] 教会大学的出现，适应了当时各国在华传教的需要，因此，得到众多西方教会的支持。为了吸引更多教会参与办学，根据

① 张洪生:《晚清山东高等教育概览》,《山东史志资料》1983年第3辑（总5辑），山东人民出版社1983年版。

1909 年大学董事会的规定，各参联差会根据自己所选送学生的比例负担各学院的日常费用以及外籍教师的薪水。到 20 年代，与齐大合作的差会团体达到七个。[1] 加拿大合一会豫北差会是较早参加联合办学的差会团体之一。1917 年，作为豫北差会创始人之一的医疗传教士威廉·麦克卢尔（William McClure，汉名罗维灵）医生来齐大医学院任教授，并作为差会在齐大的代表。豫北差会成为加拿大唯一参与齐大建设的差会。

自 1930 年始，齐鲁大学成为受哈佛—燕京学社（Harvard Yenching Institute，以下简称“哈燕学社”）资助的教会大学之一。哈燕学社是由哈佛大学和北京大学于 1925 年发起成立的（初名“哈佛—北京中国研究学社”），资金来自美国的赫尔基金会。其首要目的是通过哈佛与燕京以及中国其他教会大学的合作，为这些大学提供在中国传统文化教学和学术研究上的便利，资助出版有关中国文学、艺术、历史、哲学及宗教等领域的研究成果。中国共有六所教会大学得到资助。除齐鲁大学外，另外五所分别为燕京大学、岭南大学、华西联合大学、金陵大学和福建协和大学。按照分配方案，齐大每年可得款 20 万美元。[2] 这对于一向重视医学发展而较少人文科学投入的齐大来说，无疑是一笔不小的收入，尤其为该校中国传统文化的研究，注入了新的活力。1930 年秋，在文学院栾调甫教授的建议下，齐鲁大学成立了国学研究所，招聘著名学者前来任职，如著名学者老舍（舒舍予）、马彦祥和郝立权等，都是这时应聘来齐大的。明义士当

① 刘家峰:《齐鲁大学经费来源与学校发展：1904~1952》，章开沅主编:《社会转型与教会大学》，湖北教育出版社 1998 年版。

② 张寄谦:《哈佛燕京学社》，章开沅、林蔚主编:《中西文化与教会大学》，湖北教育出版社 1991 年版。

时虽然未入名流之列，但所著《殷虚卜辞》已经在学术界广为流传，《殷虚卜辞后编》也已编纂完成，并在学术界流传，很有影响力。其甲骨收藏数量之丰，在当时鲜有出其右者。况且，豫北差会早就参与了齐大的建设。按照先前的规定，明义士的薪水和其他有关的费用均由豫北差会负责，这不但不会挤占国学研究所的经费，相反还会给齐大带来某些利益。更重要的是，对于齐大来说，医学和神学是洋人一统天下，能够招聘到一位资深的西人汉学家，无疑能为这座教会大学增色。而且，与哈燕学社有关的日常事务，也需要这样一位谙熟中英文的学者从中沟通。就这样，1932 年秋，明义士应邀来到齐鲁大学，在国学研究所担任考古学教授。上任伊始，明义士便成为齐鲁大学的“哈燕”项目负责人。对于明义士的到来，哈燕学社驻华总干事包德（Lucius C. Porter）甚为满意，在表示祝贺的同时，坚信由明义士这样一位对汉学有深入研究的西方人负责该项目，“齐大将从中获益良多”[①]。

能够在一个安定的、学术氛围浓厚的环境下教书、做研究，是明义士很久以来所求之不得的。1928 年在北京的华北联合语言学校短期任职期间，他就曾产生过在此长期任教的念头。为此，他还将《殷虚卜辞后编》一书的甲骨实物等藏品长期寄存在那里，希望有朝一日能重新回到该校教书。但他的请求未获得豫北差会和海外传教协会的批准，只好作罢。现在，能来到中国文明发源地之一的齐鲁之邦，又是在人才济济的齐鲁大学任教，明义士觉得真正找到了自己的归宿。1932 年 9 月，接到任命的明义士将豫北家中幸免于劫难和几年来新近

① 山东省档案馆藏齐大档案（以下简称“鲁档”）J109-01-100，1932 年 12 月 1 日包德致明义士的信（英文）。

收藏的甲骨、青铜器等文物，分装几辆马车，由豫北经鲁西，辗转运到济南。此时，他已经决定将自己的有生之年与齐鲁大学紧密地联系在一起。

哈燕学社对齐大的经济支持是巨大的。可以说，没有“哈燕”项目，就没有齐大国学研究所。对此，专门研究过齐大经费来源问题的刘家峰博士这样说道：“30 年代，西方国家陷入经济萧条，差会拨款开始下滑，这时齐大正准备向国民政府申请注册，面临着图书设备经费紧张的困难，哈燕社的捐助犹如雪中送炭。齐大用哈燕社的钱购买了大约 6 万卷图书，扩充了图书馆，为顺利注册立了一功。哈燕社每年的拨款相当于文学院常年经费的两倍，有了这笔充裕的经费，国学所聘请到一批著名的学者来校任教……一向沉寂的文学院犹如被注入了一汪活水，使齐大在中国文化历史研究方面占有一席之地。”[①] 截至 1936 年 6 月明义士因回国度假离开齐大，国学所聚集了一批著名的、或已在学术界崭露头角的学者，除了前面提到的老舍、栾调甫、马彦祥和郝立权外，还有慈丙如、齐树平、周干庭、张维华、张立志和曾毅公等，创办了《齐大季刊》和《国学汇编》等期刊，成为国学研究的中心之一，引起学术界的重视。其中明义士对国学所发展所做的贡献，应该得到肯定。[②]

国学研究所的人员既要从事研究，又得承担大学中文的教学任务。而对于明义士来讲，则有另外一项十分繁重的任务，那就是负责国研所的日常事务。因为国研所的主要经费来自哈燕学社，而哈燕学

① 刘家峰：《齐鲁大学经费来源与学校发展：1904~1952》，章开沅主编：《社会转型与教会大学》，湖北教育出版社 1998 年版，第 91~92 页。

② 鲁档 J109-01-100，第 110~115 页，便是 1935 年 4 月明义士与赖恩源（H. F. Lair）、栾调甫、谭某等人就国学所经费预算和人员调配等问题的通信谈话。

社虽然规定在保证经费不得挪作他用的前提下，不干涉各大学对这块经费的使用，但实际上，设在美国马萨诸塞州剑桥镇的“哈燕学社董事会”（The Trustees of the Harvard-Yenching）通过信函和每年各大学提供的年度报告，对这批钱款实行严格的监管。年度报告的内容事无巨细，年度开支和预算自不必说，就是图书馆采购图书的种类和数量之类的事情，也在要求汇报之列。初来时，因刚刚接手这方面的工作，明义士撰写的《齐大 1932~1933 年的年度报告》到达美国时比预定的时间晚 35 天，而且缺少有关财政开支的项目，结果 1934~1935 年度哈燕学社给齐大的经费被推迟，直至收到让他们认为满意的报告，经费才得以划拨。[①] 为保证经费的专款专用，哈燕学社对财务上的这种要求是可以理解的。在以后的年度报告中，明义士都尽可能地写明国学所的各项开支，包括教员薪水、图书购置和出版费用等内容，并且都附有非常具体的数字和详细的说明。

除了财务开支的情况外，哈燕学社还要求将国学所所有成员的教学和科研情况及时汇报，并指定具体格式。教学方面，要列出每一学期的开课教师姓名、课程名称和修课人数等；科研方面，要报告已完成的项目和正在进行的项目等。起初，报告要求用中文书写，后来由于人事的变动，又要求改用英文。[②] 在下面将要提及的一封信里，则要中英文并用。这些毫无疑义地都可照办。但对于美方的无端猜疑和有损齐鲁大学利益的做法，明义士总是站在齐大的立场上予以回击。如哈燕学社主任乔治·伊利瑟夫（George Eliseeff）在 1935 年 12 月 6 日写给明义士的一封信里，对于《齐大 1934~1935 年的年度报告》提

① 鲁档 J109-01-100，第 90 页，哈燕学社主任乔治·齐思致明义士的信（英文）。

② 鲁档 J109-01-100，第 99 页，1934 年 11 月 27 日新任哈燕学社主任乔治·伊利瑟夫致明义士的信（英文）。

出如下明显带有猜忌性的问题：（1）齐大的国学研究是遵循什么样的原则来选择课题的？是根据研究者个人的兴趣，还是根据教员构成有目的地选择课题？（2）国学所所购置图书是否合乎要求？是否关注到西方汉学的研究成果？“报告中谈到图书馆的购书情况，但我还是不清楚你们图书馆所购置的图书中，哪些书籍是与汉学研究有关的？你说你们买到一些关于地方历史方面的书籍，但我想知道，这个‘地方’，是指的山东省，还是整个中国疆域？”并表示，“我将给你寄一份西方汉学研究的书籍，请查看一下你们的图书馆是否有这些藏书”。（3）指示明义士在将来的报告中使用“山东基督教大学”，而不要再出现“齐鲁大学”的字样。[①] 在 1936 年 2 月 10 日，哈燕学社执行董事葛思德（B. A. Garside）给刘书铭校长的信中也提到了同样的问题。尽管笔者没能查找到这封信，但从明义士下面的回信中可以看到，葛思德甚至认为齐大的国文系发展过快，指责教员将过多的时间用于研究上。

在同校长刘书铭和教务长赖恩源协商后，明义士于 1936 年 3 月 23 日写了一封很长的回信。信中，明义士强调山东—河南地区是中国古代文明的发祥地，诞生过孔子、孟子、墨子和庄子等伟大的思想家，他们的思想至今仍是中国人的思想基础。这实际上是在委婉地告诉哈燕学社，“齐鲁大学”的名字具有浓厚的人文色彩，与哈燕学社一直倡导的目标更加吻合。因此，他在信中仍坚持使用这一名称。针对伊利瑟夫对齐大国学研究的猜疑和有关汉学图书之类的话，明义士写道：

① 鲁档 J109-01-100，第 121~122 页，1935 年 12 月 6 日伊利瑟夫致明义士的信（英文）。

哈燕学社目前的所作所为，越来越不符合基金会当初制定的政策。我仅愿意指出，哈燕学社和我们得到资助的六所大学的教育咨询委员会的工作不要相互脱节，作为基金资助的每一方，我们应尽快地回到执行1929年6月12日由哈燕学社行政委员会制定的决议上来。这项决议您强调过，即“哈燕学社的基金一般用来加强汉语、文学和历史学的教学和科研。每一个受资助的机构应将资金用于该项工作，而不得用于其他方面的支出”。

实际上，我们齐大一直在遵循这项决议。我们认为，正是没有严格按照这一决议要求，我们的研究范围和规模受到了限制。当看到您给刘校长的来信中谈到我们在研究上投入得过多时，我们真是感到非常吃惊。……

我们国文系现在所做的工作与哈燕学社的有关规定并无冲突的地方。中国的语言、文学、历史和文化知识，对于任何一个中国人来说都是最基本的。而且，我们的课程刚刚达到政府对注册大学所规定的最低标准。

……我们齐鲁大学所从事的研究项目是完全符合哈燕基金会的宗旨的。齐大是一个基督教团体，但我们对中国文化所做的研究成果有目共睹，已经得到中国公众的承认。我们不再被认为是只对外国的科学和文化感兴趣的外国团体。我们传教士正力图使基督教融入中国文化中，使它成为中国文化的有机组成部分。这项工作是基督教中国化的核心。我们的学生，尤其是62%的信仰基督教的学生，不应该因毕业于齐大而被认为受了洋化。他们必须要适应与生俱来的社会生活。为此目的，哈燕学社为他们提供了全面掌握中国语言、文学和历史知识的机会，这是一个非常大的贡献，我们对此表示由衷的谢意！我们的六所教会大学已经为此做了许多工作。我相信，任何削弱国学研究的企图都是不合时宜的。①

可见，哈燕学社那种以施舍者的身份对齐大指手画脚的做法，引起了明义士的极大不满。虽然他是站在一个传教士的立场上，强调国学研究对于基督教中国本土化之重要性，但从客观上，这种办学思想对于齐大国学所的发展，起到了很大的促进作用。撇开纯粹的学术目的，作为一个职业传教士，明义士的传教思想比他的同行显然要进步得多。这不仅是因为他有传教的热情，更由于他从自己对中国商代宗教文化的研究中找到了西方基督教传统与中国文化的连接点，这也是明义士毕生致力于中国传统文化研究的动力之所在。

02 教学相长

从上引致葛思德的信中，我们已经对明义士的教育思想有了基本了解。他虽然是一位职业传教士，但当时的他已经在中国生活了近二十年的时间。由于常年致力于甲骨文和中国文化的研究，他对中国古代文献典籍已不止是耳熟能详，而且耳濡目染，他本人的性格也逐渐儒家化了。半个世纪后，他当年的一名学生张昆河先生回忆起明义士在齐大所作的一次演讲，颇能说明明氏的中国文化修养之深厚：

明氏对我国商代文化的成就是衷心景慕爱好的，这在他讲课时常常能表达出来。在他写的《甲骨研究》中也可看到。我记得

① 鲁档 J109-01-100，第 123~126 页，1936 年 3 月 23 日明义士致葛思德的信（英文）。

1936年秋季（疑为1935年——引者）他作过一次“商代甲骨文与商代文化”的学术演讲，是对齐大全校欧美籍教会人员和侨民以及部分领事馆人员讲的。学校预出的公告是说用英语演讲，除外籍人士外，国文学系的学生可参加，地点是柏根楼333教室，可容纳近二百人，但届时却坐得满满的，都是金发碧眼的“绅士”“女士”们，只我们几个国文系同学坐在前排左边角落。明氏开始用英语讲了约一刻钟，忽然微笑着改用汉语向全场听众说：“很抱歉！我觉得用英语讲述甲骨文和商代文化，很难充分表达，而且我说着也别扭得很！还是用中国语言能讲得好些。请你们原谅，允许我用中国语言讲吧！”他的几句话引起全场外籍人士的嘻嘻笑声，我们几个同学带头报以热烈鼓掌，才引起一阵掌声。……明氏热情深湛的讲述和提出的实物验证，使那些惯以现代物质文明自诩的欧美籍的先生、女士都不由得为中国古代文化的光辉灿烂而啧啧领首。[①]

张先生还记得，“明氏平日不苟言笑，话说得不多，只有谈到甲骨时，他才会谈兴勃发。当时齐大的英美籍教授给他起了个绰号叫‘老骨头’”。他的儿子明明德也提到过这个带有几分尊敬色彩的称呼。[②]

明义士对中西方文化的认识，颇有些当今新儒学的意味。例如，他认为，欧美的带有“破坏性的经验，是随着工业发展而来的。中国

① 张昆河：《齐鲁大学、明义士与甲骨学研究》，济南市政协文史委员会编：《济南文史资料选辑》第11辑，济南市新闻出版局，1995年，第190~191页。

② Arthur Menzies, “Dr. James M. Menzies: His Interest in Chinese Archaeology and Art”, *Chinese Art from the Rev. Dr. James M. Menzies Family Collection*, Art Gallery of Greater Victoria, 1989.

从历史中有了丰富的资产。由于我们西方的经验，我们关心着对广大的中国青年不要只在这些遗产上说空话，或是盲目的聚精会神追逐似重要而非完全重要的工商业目标。我们切望他们能找到生命，为别人制造比工业主义单独所能创造的更好的生命”①。可惜这只是明义士一篇称颂哈燕学社的简短手稿，且只保存了半页纸，未能就这一问题做进一步的阐发。

为了实现上述目标，自一进入齐大校门，明义士便投入到紧张的教学工作中。尽管此时明义士研究甲骨文盖有年月，也参加过西亚地区的考古发掘，但当被告知下学期要为学生开设考古学方面的课程时，他还是感到经验缺乏，而图书馆也缺少必要的参考资料。从保存下来的1932~1933年明义士与包德的通信中，经常可看到明氏询问燕京大学和国内其他教会学校乃至哈佛大学有关考古学的课程设置、教材和图书期刊等方面的情况。如1932年11月20日进校伊始，明义士便致函包德，询问哈佛大学考古学课程的设置情况，并向容庚借阅他在燕京大学所使用的考古学和古文字学的教材②；1932年12月1日，包德回信叙述哈佛大学考古学课程目录，并寄来容庚新编的《文字学》③；1933年2月22日，包德来信告知成都华西联合大学开设考古课程的情况④。其间，齐大图书馆也陆续购进一批国内外出版的书籍期刊。经过数月准备，连寒假也没顾上休息，明义士终于完成了《甲骨研究》（初编）一书的写作，并于1933年3月石印出版。学生们终于在新学年拿到了讲义。

---

① 鲁档J109-01-99，第29页。

② 鲁档J109-01-100，第18~19页，1932年11月20日明义士致包德的信（英文）。

③ 鲁档J109-01-100，第20~21页，1932年12月1日包德致明义士的回信（英文）。

④ 鲁档J109-01-100，第46~47页，1933年2月22日包德致明义士的信（英文）。

明义士在齐大开设的另外一门课程是“考古学通论”（后改为“人类学与考古学”）。遗憾的是明氏当年的完整讲义至今未能发现。1997 年 5 月，笔者在渥太华明明德先生家中整理明义士书籍及手稿时，只发现了明氏留下的少部分遗稿，即《第一讲　何为考古学》。本讲在讲述了考古学的学科性质和简短历史后，于最后总结说：“中国幅员辽阔，文化最古，土下遗宝之多，自如地上产物之富也。考古学之于中国，其有厚望焉。”引导学生爱护自己民族的历史和文化。他还以自己的藏品为主，办起了一个古物博物馆，不仅向他的学生，而且向全校师生以至来访的中外人士介绍、宣传古老悠久的中国历史和文化。连一向挑剔的美国“哈燕”项目负责人在参观完古博物馆后也是赞不绝口。20 世纪 30 年代，我国博物馆事业尚处在起步阶段，大学博物馆数量更是屈指可数。因此，齐鲁大学古物博物馆应是我国最早的大学博物馆之一，在中国博物馆发展史上应占有一席之地。

“甲骨研究”是选修课，与其他课程相比，这门课的难度要大些，因此，选修这门课程的学生并不很多，但明义士却给学生们留下了深刻的印象。如一位叫王振纶的学生对明义士有这样的评价：“明义士教授知识渊博，态度和蔼，教课认真。”[①] 更令学生们感到奇怪的是，明义士从不将自己的宗教信仰强加于人。前面所引述的张昆河先生的回忆文章这样写道：

> 齐鲁大学的宗教气氛很浓厚，外籍教师很多都是每星期日在

① 王振纶：《我的甲骨文教师明义士》，中国人民政治协商会议山东省潍坊市委员会文史资料研究委员会编：《潍坊文史资料选辑》第 5 辑，1989 年。

家里组织查经班来宣教，分别招呼一些同学参加，有时还备茶点招待。教我英文的米勒夫人（美国人）、教地质学的司克德（汉字德斋，苏格兰人），就都招呼过我。特别是司克德先生，态度随和，常和同学聊天，也说说笑话，令我很感难以应付。明氏虽然原来本职是牧师，却没有组织查经班，也没有问过我们的宗教信仰问题。恰巧我们选修甲骨文的三个同学都不是教徒，使我们思想上减去了顾虑，我们认为他是专志于甲骨学了。

实际上，明义士非但没有因为专志于甲骨学而淡化了自己的宗教信仰，相反，他将自己走上甲骨研究与收藏之路看作是“上帝的指引”，对甲骨文的研究，反而更增加了他在中国传播基督教的信心。他通过自己对商代甲骨文中“上帝”观念的研究，极力宣扬中国上古宗教观与基督教的相似性，以实现他“使基督教融合到中国文化当中去”的梦想。1936 年回国前夕，他先后在济南、上海、杭州等地巡回演讲，宣传他的学说，受到中国基督教教育协会的充分肯定。有的传教士甚至想推荐他与已皈依基督教的蒋介石见面，以促进基督教在中国的传播。[①]但在齐鲁大学的课堂上，明义士则是以传播知识为主，正像他在 1936 年 3 月 23 日给葛思德的信中所说的，他并不希望看到自己的学生因毕业于齐鲁大学而被认为受到了“洋化”，从而不为社会所接受。在明义士看来，通过对中国传统文化的学习，学生认识到基督教与中国文化的源头原非截然对立，而是有着同样的文化与宗教基础。这是现实社会中解决这一矛盾的唯一办法。

① 1936 年 5 月 22 日上海中国基督教教育协会秘书 E. H. 克里斯（E. H. Cressy）致加拿大海外传教协会秘书 A. E. 阿姆斯特朗（A. E. Armstrong）博士的信（英文）。

齐大的四年，明义士在学术研究上有一系列成果问世。据笔者掌握的资料，这期间明氏发表的作品有如下数种：《商代文化》，《齐大季刊》1932年第1期；《甲骨研究》（初编），1933年春齐鲁大学石印出版；《马可波罗时代基督教在中国的传播》，《河南季刊》1933年1月（英文）；《表校新旧版〈殷虚书契前编〉并记所得之新材料》，《齐大季刊》1933年第2期；《中国商代之卜骨》，《济南扶轮社报告》，1933年；《论汇印聂克逊先生所收藏青铜十字押》，《齐大季刊》1934年第3期；《柏根氏旧藏之甲骨文字》，《齐大季刊》1935年第6、7期，又齐鲁大学国学研究所出版单行本；《商代的美术》，《亚洲文会》1936年第67期（英文）；《商代的文化与宗教思想》，《亚洲文会》1936年第67期（英文）；《中国早期的上帝观》，《齐大月刊》1936年5月31日（英文）。

另据有关档案材料，明氏尚有以下完成或未完成的著作：《殷虚卜辞后编》、《商代王妣世系考》（草稿，待修订）、《殷虚卜辞类考》（未完成）、《卜辞中商代之战争》（部分完成）、《商代器皿形式考》（资料已收集）、《齐大古器物室录簿》、《中国初时之美术》、《殷虚卜辞文字索引》（完成卡片索引）、《殷虚卜辞考释》。

明氏的研究计划可谓庞大，齐大的生活和工作环境相对安定，图书资料也日渐丰富，并且有曾毅公作为自己的得力助手，明义士对研究工作的进展前景表示乐观。说到曾毅公，这里应多介绍几句。如上所述，早在1928年明氏避难北京期间，两人就已经认识，曾毅公还帮助明义士将后来编印成册的《殷虚卜辞后编》原骨拓印数份。当时，明义士与故宫博物院院长马衡多有交往，曾毅公也可能是通过马衡结识明氏的。据容庚先生说："民国十七年秋得识曾毅公先生于明义士先生家。时毅公助明氏治甲骨文字。二十九年春暇，余与顾颉刚、洪煨莲诸先生作豫鲁旅行，复见毅公于齐鲁大学国学研究所。”① 由此可知，曾毅公来齐鲁大学任职，应该也是明义士举荐的结果。据张昆河先生回忆，1934~1935 年他在齐大读书期间，因为选修考古学和甲骨文课程的学生人数少，他们经常在明氏的办公室里上课，因此得以与曾毅公氏见面。他说：“明氏的研究室，在考文楼（今山医大教学五楼）三楼南面的一大间，有两个南窗，明氏和曾毅公氏各有一个大写字台，各据一个南窗相对而坐。” ② 在协助明义士整理甲骨资料的同时，曾毅公也逐渐成长为一名甲骨学专家，并有多部著作问世。这是后话，下文中还要提到。上引张昆河先生的文章说“明氏在甲骨学上研究的成绩，也应有曾氏的功劳在内”，此话不无道理。

03 考古调查

明义士从事考古虽非科班出身，但他却深知考古实践对于学科发展的重要性。1928 年秋，中央研究院历史语言研究所考古组开始在安阳殷墟进行科学发掘，明义士为之欢欣鼓舞。在后来的发掘中，明氏成为考古工地的常客，还同主持发掘的董作宾等中国学者成为好朋友。③ 1929 年夏，明义士在回国途中绕道前往巴勒斯坦，参加美国人

---

① 容庚:《甲骨缀合编・容序》，北京修文堂书店 1950 年版。董林夫在 “Missionary Collector” 一文中认为，明义士和曾毅公相识是由容庚牵的线，与《容序》不合，不知何据。董文是其在加拿大约克大学博士论文的一部分。在本书的写作过程中，笔者与董先生交流甚多。关于明义士收藏活动的一章，从该文中获益良多。特致谢意!

② 张昆河:《齐鲁大学、明义士与甲骨学研究》，济南市政协文史委员会编:《济南文史资料选辑》第 11 辑，济南市新闻出版局，1955 年。

③ 董作宾:《释后冈出土的一片卜辞》，《董作宾先生全集甲编》，（台北）艺文印书馆 1977 年版，第 684 页。该文提到 1929 年（应为 1931 年——引者）春季中央研究院历史语言研究所发掘后冈遗址，明义士前往参观发掘工地并释读出土甲骨之事。

在那里进行的两次考古发掘，很可能是在受到殷墟发掘的启示后才成行的。巴勒斯坦之行使他学到了科学发掘的基本技能。他来齐大的时候，山东省的考古工作因为1930年至1931年济南章丘龙山镇城子崖遗址（当时隶属历城县）的成功发掘而面临着全新的局面，龙山（黑陶）文化的研究也成为学术界关注的焦点。“有了城子崖的发现，我们不但替殷墟一部分文化的来源找到了一个老家，对于中国黎明时期文化的认识，我们也得了一个新阶段。”① 明义士准备以齐鲁大学为基地，施展自己的考古才能。

城子崖遗址位于济南以东约30公里的龙山镇。当时，这里是省城济南通向东部地区的必经之地。1928年春，著名考古学家吴金鼎就是在考察附近的汉平陵故城时发现该遗址的。② 1932年明义士来济南后，这里便成为他和学生们经常涉足的地方。我们不知道明义士和他的学生们到底多少次来这里考察，仅从保存在多伦多皇家安大略博物馆和山东省博物馆中数以千计的陶片来看，考察的次数一定不少。几次有案可查的田野考察是：

> (1)1933年3月18日，“齐（树平）君邀赴龙山会吴禹铭（吴金鼎先生字——引者）先生——先生生前曾发现谭城故址，为中央研究院驻济研究员——是日下午遂消磨于古迹之游览及陶片之拾集。星期日安息。星期一复访吴先生，得观研究所之陶器。星期二，吴先生来，观予所藏古陶”③。

① 李济:《中国考古报告集之一——城子崖发掘报告序》，1934年。

② 吴金鼎:《平陵访古记》，《国立中央研究院历史语言研究所集刊》第1本，1930年。

③ 明义士:《表校新旧版〈殷虚书契前编〉并记所得之新材料》，《齐大季刊》1933年第2期。

（2）1935 年 2 月 23 日，星期六，“赴龙山考查谭城、平陵，停课”①。

（3）著名史学家吕振羽于 30 年代初曾两度来济南拜访明义士教授，不巧由于明义士外出考察城子崖遗址而未得相见。②

更为重要的是，明义士曾与同时供职于齐鲁大学的林仰山（Frederick Sequier Drake，1892~1974）教授一起，在济南市及其附近地区进行的考古调查中，发现了一系列史前、商周至汉代时期的遗址，重要的遗址有大辛庄、王舍人庄、洪家楼、梁王城和路家洼等，并曾到青州苏埠屯遗址考察。调查成果由林仰山写成《山东发现古陶》（“Ancient Pottery from Shantong”）一文，用英文发表在辅仁大学 1939~1940 年第 4 期的《华裔学志》（*Monumenta Serica*）上。林氏特别在文章中提到明义士在辨识商周陶器方面的特殊贡献。

另据吕振羽先生所说：“明义士在济南龙山镇城子崖发现新石器时代的石器，同时有其他重要文物出土。据王献唐先生对我说，此次出土物除石器外，并有陶器，与殷墟出土陶器，从色素上可判定为同一文化系统的遗物；同时出土者还有甲片，其灼制情形与殷墟出土者亦无别，只是殷墟出土者为字片，此处则不曾发现字片。因此明义士判定为和殷墟文化同一系统。”③从 1934 年出版的《城子崖》报告中，确可见到殷墟期的遗物，如该书“图版叁拾：6”等，但发掘者并没能将它们从东周遗存中分别出来。明义士仅凭借采集所得标本，正确地

① 明义士：《商代甲骨研究·商代王妣世系考》（初稿），1935 年 2 月。

② 吕振羽：《史前期中国社会研究》，生活·读书·新知三联书店 1961 年版，第 23 页注①。

③ 吕振羽：《史前期中国社会研究》，生活·读书·新知三联书店 1961 年版，第 161~162 页。

识别出城子崖殷墟期文化的存在，可见其对商代陶器的认识和研究确乎达到了相当高的水平。城子崖商代晚期甲骨的鉴别，在当时也是较早的一例，不失为山东地区商代考古的一条重要线索。

另外，笔者从多伦多皇家安大略博物馆和明义士本人的手稿中，发现了三条有关山东古代遗址的线索，现予以公布，以引起大家注意。

一是皇家安大略博物馆保存的 12 件陶片，经拼合为 3 大片。博物馆文物登记卡编号为 960.238.125，文字描述如下："夹砂粗红陶腹片，饰绳纹。明义士自注：1935 年采自齐鲁大学校园西北 1 里许。"大约相当于今天济南市市中区杆石桥一带。博物馆的卡片上说属于新石器时代，可能是明义士本人的意见。但观其陶质陶色，应该属于西周。

第二个遗址记载十分简略："石斧，石斧。郯城县西南柞城东村万佛寺山。"两"石斧"四字并列，下记其出土地点。但文字记录旁未见石斧，却见有三幅石刀的线图，一为长方形双孔石刀，另两件则是半月形双孔石刀。根据形制判断，前者应属于龙山文化，后两者则为岳石文化遗物无疑。

第三个遗址与万佛寺山者记在同一张纸上，内容为："玉条。临沂县向城村堡子庙。"其下英文为"This is a T'ai"，意为"这是一处台地"。文字旁画有堡子庙遗址简要位置图。看来明氏曾亲往考察。

明义士记录的上述三处遗址似乎尚未见于考古报道，希望这一资料的公布能引起当地文物部门的注意，并加以调查保护。

另外一次有意义的调查是关于山东淄博的石棚遗址。

所谓"石棚"，又叫"支石墓"，是新石器时代晚期至青铜时代广泛分布于日本、朝鲜半岛、辽东半岛乃至中国东南沿海地区的一种古代遗迹。1928 年 10 月 19 日，日本考古学家鸟居龙藏夫妇赴山东淄川考察元代宝塔寺，第二天，在淄川和南定之间的王母山上发现一石棚。此前鸟居潜心研究辽东半岛、朝鲜半岛和日本列岛石棚遗迹多年，“然临渤海之中国大陆，有无石棚之存在尚属疑问”。因此，此次在山东的发现引起他格外的重视。这次调查的结果发表于日本东洋文库发行的《学术纪要》中。此后，鸟居龙藏又多次调查该石棚。1941 年，受燕京大学派遣，鸟居夫妇带研究助手张雁深、刘选民再次来此地考察，并对石棚进行发掘。1946 年，他将调查和发掘的结果，以《中国石棚之研究》为题，发表在当年出版的第 31 期《燕京学报》上。

根据鸟居龙藏的调查结果，我们对该石棚的情况有了基本了解。石棚位于王母山丘陵之上，丘陵西临孝妇河，东为平原。丘陵共有南、北二峰，石棚位于北峰之上，周围比较平坦。石棚所用之石材为硅石（quartzite sandstone），由四块石头组成。三块为石柱，另一块巨石覆盖其上，即所谓“天井石”。天井石长 184 厘米，宽 116 厘米，厚 88 厘米。石柱高 70 厘米。石棚内部纵径 150 厘米，宽 90 厘米。据分析，石棚所用三个石柱系从丘陵之上运来，天井石则因受水蚀作用而稍呈圆形且有光泽，据推测是由附近之孝妇河中运来的。当年鸟居还发表了石棚的素描图。

在石棚周围还采集到红褐色的陶片和打制的石斧、石锤、石片以及磨制的石镞等，并在已被扰乱过的石棚内部发掘到一片此类红褐色陶片。

根据在辽东半岛和朝鲜半岛的经验，鸟居龙藏推测该石棚“原为坟墓，于其内部屈葬而葬埋之”。关于其所属时代，他依据发现的石器标本，认为应属新石器时代。但又指出，从石棚内发掘出土的红褐色陶片看，应区别于以城子崖为代表的黑陶文化。遗憾的是，所获陶片太少，从发表的唯一的线图中很难判断其器形。从其描述来看，陶片为素面褐陶，很接近岳石文化的陶系特征，但鲁北地区商周时代的土著文化因素中也常见此类素面褐陶。石棚究竟属于哪个年代，便成了一个待解之谜。

近年来，关于东北亚地区支石墓的研究再度成为热点问题，但淄川的这座石棚似乎未引起大家的重视。为了揭开淄川石棚这一历史之谜，山东大学历史系考古专业的蔡凤书、崔大庸两位先生曾于1992年前往石棚所在地进行专题调查，却遗憾地发现，当年的石棚已荡然无存。据说早在1958年石棚便已遭毁坏。因水土流失，王母山上也已变得光秃秃的，没有发现任何古代遗物。王母山石棚就这样永远地消失了。我们所知道的，便只有当年鸟居龙藏留下的石棚素描图和几个器物线图了。

笔者最初是在阅读《明义士家庭所藏中国古代艺术品》一书时，发现一幅摄于1935年的淄川石棚照片。该书英文名字为*Chinese Art from the Rev. Dr. James M. Menzies Family Collection*，1989年由加拿大维多利亚艺术馆出版。1997~1998年访加期间，笔者在明明德先生家中找到了书中照片的原件，并发现一张从另一个角度拍摄的石棚照片，见文前图版“明义士考察山东淄川石棚遗址”。

照片中的人物是明义士本人。这张照片，是他1935年4月同齐鲁大学教授、地质学家司克德（William J. Scott）考察石棚时的留影。这位司克德，应就是前文张昆河先生提到的那位叫“德斋”的地质学教授。照片是自西向东拍摄的，与当年鸟居龙藏素描图角度一致；另一张照片则是自南向北拍摄。照片的背面有明义士的英文留言和签名：

所谓石棚：由硅石或石炭纪磨石粗砂岩构成，地质学上中文名称叫巨漂砾。位于博山盆地，坐落在千松岭或王母山上。北距胶济铁路 11.4 公里。

J. SCOTT 拍摄。

1935 年 4 月　明义士谨记

明义士当年的调查，为这座石棚留下了唯一的照片资料。

考古调查给明义士在齐大的教学生涯增添了许多乐趣，但最令他心仪的还是脚踏实地地亲身经历考古发掘的工作。在他来齐大后的第二年，他便致信给哈燕学社教育委员会主席乔治·齐思（George H. Chase），讨论资助考古发掘项目的可能性：

如果我们能够得到一笔资助，那么由齐鲁大学开展合作考古发掘的可能性是存在的。这样的合作取决于我们能够履行什么样的义务。您知道，对于像我们齐鲁大学这样的私立机构，是不能单独从事考古发掘的。现在，负责山东省文物工作的是挂靠在山东省图书馆的“山东省古迹保护委员会”。近年来，他们做了许多有意义的工作，并表示欢迎我们参加到这一工作中来。但现在的经费尚不能允许我们拿出钱来投入到考古发掘的项目中。省里也没有这项专款。中央研究院有这样的经费，但他们的经费只用来资助本院进行的发掘项目。山东省内有待发掘的古代遗址多得很，但我们这样的私立大学不可能单独进行发掘活动，除非我们与官方机构如山东省图书馆或中央研究院进行合作。我们哈燕学社能否启动一项旨在开展考古野外工作的基金，用来资助对尚未开发过的古代遗址进行科学发掘？如果我们能够分担一些考古发据所需经费，那么我们就可以参加山东省图书馆、中央研究院或者国立山东大学正在进行的考古发掘项目。[①]

明义士的这项提议并未获哈燕学社的同意，因此他的考古发掘梦想最终未能实现。未获批准的原因，主要应是经济方面。20 世纪 20 年代末开始的世界性经济危机对哈燕学社不能不产生负面影响。哈燕学社对齐大的资助，在 30 年代中期以前基本上呈下降趋势，齐大国学所连维持雇员的基本工资都成问题[②]，更不要说拿出额外的经费用于耗资巨大的考古发掘了。

1936 年 6 月，明义士回国休假。在他临行前所作的最后一次给哈燕学社的报告中，明义士汇报了因哈燕学社经费减少和中国国内物价上涨等因素给齐大国学所带来的困难，要求哈燕学社增加下年度（即 1936 年 7 月到 1937 年 6 月）的经费投入，并再次表明了齐大国学所的发展方向，那就是“为齐大所有的学生在中国文化教育方面打下坚实的基础”[③]。他对此充满了信心。孰料这是明义士最后一次负责齐大国学所的事务。因第二年日本帝国主义对中国的入侵，明义士的这次休假竟成为他与齐大永久的诀别。这是他万万没有料想到的。

① 鲁档 J109-01-100，第 72~75 页，1933 年 11 月 18 日明义士致乔治·齐思的信（英文）。
② 齐大 1935~1936 年的年度报告（英文），明明德家藏资料。
③ 齐大 1935~1936 年的年度报告（英文），明明德家藏资料。

第三章 文物收藏

对于我来说，我相信自己在遗址上采集到的碎陶片，因为它包含着可靠的信息；而从古董商那里买来的价格昂贵的古物，其真正的出土地点与古董商告诉你的地点十有八九吻合不上。我的工作方法很简单，那就是到遗址上去，亲自采集自认为确切无疑的标本。用这种方法采集来的一块陶片或是一枚琉璃珠，其价值犹如黄金般珍贵。

——明义士致卡雷利的信

1899 年甲骨文的发现，是近代中国学术界史上一次具有划时代意义的大事。这一发现不但促成了甲骨学这一新兴学科的产生，而且还直接推动了现代考古学在中国的兴起。

起初，由于甲骨资料的缺乏和出版物的稀少，许多早期的甲骨学开拓者，同时又是甲骨的收藏家。与他们一样，明义士的甲骨学研究也是伴随着甲骨的收藏而开始的。而且，随着研究兴趣的高涨，其收藏范围也逐渐延伸到其他文物种类。

01 初识甲骨

科学的考古学来源于古器物学，而古器物学的基础则是人类的收藏活动。这一点可以说是中外皆然。[①] 从文献记载来看，我国至迟在东周时期便出现了有目的的古物收藏[②]，考古工作者在河南辉县固围村战国墓葬中发现一件属于仰韶文化的彩陶罐。由此可知，这位墓主人应是现知最早的古物收藏者了。东周以后，于个人收藏活动之外，对古器物的收藏更发展成为一种官方行为，王室自然成为最大的古物收藏者，对古物的著录和考证也代不乏人。这种收藏和研究经过汉唐到宋代千余年的发展，最终产生了我国特有的古器物学——金石学。

---

① 有关国外古器物学的发展情况，可参看［英］格林·丹尼尔著，黄其煦译:《考古学一百五十年》第 1 章和第 2 章，文物出版社 1987 年版。

② 卫聚贤:《中国考古学史》，商务印书馆 1937 年版，第 26~34 页。

从宋代到清代，其间尽管经历了学术衰退的元代和学风空泛的明代，金石学研究的对象还是随时代的发展而不断有所扩大。宋代的金石学家还只是对汉代以前的青铜器和历代石刻碑文感兴趣，元、明两代则扩展到玉器、瓷器、钱币、玺印和字画等种类。受乾嘉学派考据之风的影响，清代的金石学在研究的深度上向前大大迈进了一步，所涉及的门类也扩展到砖瓦、陶文、封泥、画像石、简牍和古籍文书等新的领域。因此，1899年甲骨文的发现，在外人看来虽然是偶发事件，但实际上却是金石学发展到成熟阶段的产物。这一发现同敦煌文书、居延汉简的发现一起，被称为近代考古学的三大发现，在学术史上占有十分重要的地位。

甲骨文发现的时间是清光绪二十五年即1899年，发现者是王懿荣。经过胡厚宣等先生的考证，这应该说是很清楚的事情。[①]但近年有学者根据甲骨学家王襄的记录，将甲骨文的发现日期定为1898年，发现者是王襄本人。两种意见各有所据，相持不下。笔者注意到，两种说法的关键材料中都提到同一个人，他就是当时唯一经手甲骨的古董商范寿轩。如王襄早年的记载就说：

> 前清光绪己亥年，河南安阳县出贞卜文，是年秋潍贾始携来乡求售……惟孟定老世叔及予，知为古人之契刻也，可以墨迹视之。……翌年秋潍贾复来，所携亦多，定老与予，各有所获。[②]
>
> 殷契始发见，掘术未精，致多破碎。……当发见之时，村农收落花生果，偶于土中捡之，不知其贵也。潍贾范寿轩辈见而

① 近年发表的胡厚宣先生遗作《再论甲骨文发现问题》(《中国文化》1997年第15、16期)，对这一争论的始末所论甚详，可资参考。

② 王襄:《簠室题跋》之《题贞卜文》,《河北第一博物院半月刊》1932年第29期。

未收，亦不知其贵也。范估售古器物来余斋，座上讼言所见，乡人孟定生世叔闻之，意为古简，促其诣车访求，时则清光绪戊戌冬十月也。翌年秋，携来求售，名之曰龟板，人世自有殷契自此时。[①]

两相结合，我们可获知：（1）光绪戊戌即1898年冬，王襄、孟定生知道“龟板”的消息，但并未见实物；（2）己亥即1899年秋看到甲骨实物并开始收购。但这两条记载都是三十多年之后的追记，记录者是买卖的一方。那么，当事人另一方范寿轩对此事的看法如何呢？巧得很，因收集古物，明义士与范寿轩之侄范维卿非常熟悉。范维卿自幼跟随叔父做古董生意，对范寿轩早年的行迹自然十分了解。明义士记录下的范维卿口述内容，自然也是可信的。这段经过在明义士《甲骨研究》第2章《甲骨发现小史》中有记载。后来，明氏对该书有增改，并请人用毛笔誊抄，不过只完成一小部分。有关甲骨文发现的经过在第27和28页，转引如下：

范氏告诉我说：1899年北京王廉生祭酒（王懿荣字廉生，山东登州府福山县人，谥文敏公）曾到药店买龙骨，见一龟板有字迹，而且字有些和金文相似。问它的来源，并告诉药店的人，以后再得有带字龙骨，愿以每字按银（脱“一”字——引者）两收买。于是回家研究他所得的甲骨。王是甲骨研究的第一人。当年秋，潍县范氏在北京听到王氏收买龙骨的事，就到彰德，收到十二片甲骨，携到京中转卖给王氏，每片银二两云。1900年（庚

① 王襄：《簠室题跋》卷二之《题易櫓园殷契拓册》，《河北博物院画报》1935年第85期。

子光绪二十六年）春，范氏又得了八百片，其中有全龟甲，有文字五十二字，也都卖给王氏。

据此可知，范寿轩是在王懿荣发现甲骨文之后才开始买卖甲骨的，时在1899年秋。这种说法还可在其他多位学者的记述中得到证实。如罗振玉《殷商贞卜文字考·自序》（1910年）说："光绪己亥，予闻河南之汤阴发现古龟甲兽骨，其上皆有刻辞，为福山王文敏公所得，恨不得遽见也。"王国维1917年在他代替姬佛陀所作《戬寿堂所藏殷虚文字序》中也说："光绪戊戌己亥，洹曲崖岸，为水所淹，土人得龟甲牛骨，上有古文字。估客携至京师，为福山王文敏公懿荣所得。"总之，在20世纪20年代以前，有关甲骨发现的经过基本是一致的。

甲骨发现之初，所流传的范围很小。1903年9月，刘鹗从自己所藏甲骨中选拓千余片，编成《铁云藏龟》一书出版，甲骨文才在学界传播开来。但由于古董商人为了垄断甲骨的买卖以达到长期获利的目的，捏造了许多假的地点，如"汤阴""汤阴之羑里城""卫辉""朝歌"等，致使不少学者上当受骗。① 直到1908年罗振玉访知安阳小屯为甲骨确切出土地点，这种情况才告结束。甲骨出土地的确定，减少了甲骨资料的损失，对甲骨学的研究是一个极大的促进，也为1928年安阳殷墟考古发掘奠定了基础，意义重大。

在1914年明义士开始初次接触甲骨文之前，甲骨文字的研究已经有了一个良好的开端。根据《甲骨年表》和《甲骨研究》等书的记载，当时甲骨收藏者计有12人，其中包括5位西洋人士，出土甲骨

① 详细情况可参看王宇信：《甲骨学通论》，中国社会科学出版社1989年版，第44、45页。

近万片，出版著作 5 种。作为金石学一个新兴的门类，甲骨学正以崭新的姿态，向世人昭示着其潜在的学术价值。

02 邂逅殷墟

遇殷墟

柳树出芽骑白马，
白马走时顺洹河。
拾破陶器寻先古，
小孩引到出古处。

盘庚殷墟无痕迹，
年前花根白地立。
余思盘庚宅兹邑，
商人作事问上帝。

这是明义士于 1930 年 2 月 10 日在齐鲁大学任教期间写的一首七言诗，描写了 16 年前自己发现殷墟的经过。

1914 年初，明义士夫妇被派往彰德府传教。这一年，可以说是明义士一生的转折点。因为在这年初春一个偶然的机会，他与商代故都遗址——殷墟不期而遇，结下不解之缘，从而改变了他一生的命运。从此，他几乎用了毕生的精力，致力于对中国文物的收集和商代文化的研究，在甲骨文和青铜器研究领域里取得了引人瞩目的成绩。

关于明义士发现殷墟的经过，在他1917年出版的《殷虚卜辞·自序》里有如下描述：

甲寅（1914年）初春，作者骑一羸老白马沿彰德城北洹河南岸徐徐而行。当时，用来植棉的农田刚刚翻耕过，许多新翻出的碎陶残瓦都被农民拣拾出来丢弃到田垄地头。其中一些看上去很古老的碎陶片引起我的注意。顺着碎陶片的分布向前行，便来到河岸边，遗弃的碎陶片在此消失不见，很可能因天长日久被冲刷至河中，或被沉埋于流沙之下。近处低洼的河岸上，柳树刚刚吐出嫩嫩的绿叶，一群身着破衣、臂挎篮筐的村童正在争采嫩柳，以当茶叶。看到我这个外国人，便围拢过来，大概是看我正坐在井旁检视碎陶而感到奇怪的缘故吧。下面便是笔者与一位为首的孩子之间的对话：

"你在做什么？"

"拣陶片啊！"

"作什么用？"

"因为我喜欢。"

"你喜欢骨头吗？"

"喜欢，但要看是什么样的骨头。"

"是上面有字的龙骨。"

我说对此很有兴趣。遂一同前往出"龙骨"的场所。沿着河岸，经过一片荒凉沙野，来到一个小坑旁。小坑位于一西向的斜坡上，坡间布满了白色碎骨。这就是殷朝武乙故都"殷墟"。其地望，早在孔夫子以前数个世纪就已经失传，只是在《竹书纪年》一书中有"武乙迁河北"的记载。……

在所有的中国和外国考古者中，作者是第一个怀着纯科学的态度访问殷墟的人。在殷墟发现以后的日子里，我多次乘跨那匹老白马，潜行外出，来此故城考察。就是罗振玉，这位著名的甲骨收藏者和《殷虚书契》一书的作者，也才是最近几年来彰德一两次，而来此故都遗址，才只有一次。

在其 1933 年写成的《甲骨研究》第 5~6 页《甲骨的出处》一节，明义士又说：

上古的遗迹多在北方的平原与东西两山的交界，当时黄河顺太行山北流，太行山以东、黄河以西，有一些商代的遗迹，最重要者为殷墟，在河南彰德府治安阳县城西北五里许之村名小屯的北地。平汉铁路洹河（俗名安阳河）桥西二三里。民国三年（1914 年）余移驻安阳，常骑老白马游洹河岸，见破碎陶片、石器等物。从陶片的花纹和鬲腿看出古于孔子。孩童见余注意陶片，说能领到出有文字的龙骨之处。到了洹河南岸一微高地，有小碎骨片甚多，一见就知是个古墟。但那日没得有字的甲骨。

《甲骨研究》的誊抄本第 35~36 页，明义士又讲道：

1910~1912（庚戌宣统二至三）年，罗振玉遣人到安阳极力收求甲骨，所以这时期所出的大半都归罗氏。

1914（甲寅民国三）年，著者骑着老白马游于洹水南岸，因古陶片之引导，发现殷墟。中外考古学者用科学的眼光，实地考察殷墟的，著者可说是第一人。

1915（乙卯民国四）年三月，罗振玉才到殷墟来考察。

1918（戊午民国七）年，日本林泰甫到中国旅行，亲来殷墟考察。

明义士只是说自己是第一个怀着科学眼光考察殷墟的人，并未说过是殷墟的发现者。但他的上述记载，尤其是《殷虚卜辞》的英文序言，在当时便被西方学者尤其是加拿大学者所误解。如1917年明义士等传教士赴法国前线途经加拿大，加拿大长老会两大报刊《环球》和《长老会通讯》，分别在1917年7月20日和8月17日的专栏报道中，最早把明义士说成是“殷墟的发现者”[①]。此说在国外影响很广，如30年代有的著作说：

> 明义士于1914年在一次外出传教途中偶然发现了甲骨的出处，虽然在这之前，北京的一些中国学者已经注意到了甲骨，发现了写在甲骨上类似于青铜器铭文的刻文，并对这种形式的文字进行了研究，但他们并不知道这些甲骨出自何处。明义士对中国考古学的最大贡献就在于他证实了这些甲骨是商代的遗物，并发现了“殷墟”。[②]

美国哥伦比亚大学教授富善（L. Carrington Goodrich）在1957年

① Dong Linfu, *Cross Culture and Faith: The Life and Work of James Mellon Menzies,* Toronto: University of Toronto Press, 2005, pp.118-119.

② Gevrge E. Hartwell, *Granary of Heaven*, Published by the Committee on Missionary Education of the United Church of Canada, 1939，p.109.

撰文说：

> 1914年，他（指明义士——引者）看见居住在洹河附近的小孩子们所找获许多的甲骨碎片，经研究后，以为安阳是商都的遗址（早期的学者，如方法敛及库寿龄等，已主张卫辉为可能地）。明义士先生在他的第一部书——《殷虚卜辞》中便宣布为事实。①

直到80年代，国外仍有类似的看法。如1987年出版的《金希望》一书这样写道：

> 虽然甲骨文已为北京的中国学者所知晓，并且，中国的有些学者如罗振玉等已对甲骨文和与之相似的金文进行过研究，但他们并不知道甲骨的来源。明义士博士对中国考古学的最大贡献就是他证明了甲骨来自"殷墟"。直到1928年，明义士的这一发现经过充分讨论之后，中国政府才开始在"殷墟"做发掘工作。②

对明义士有误解的并非只有外国人，还有中国学者，如《中国甲骨学史》在引了《殷虚卜辞·自序》后说：

> 明义士颇以发现殷墟之第一人自负，殊不知甲骨已早有人发

---

① L. Carrington Goodrich, "James Mellon Menzies（1885~1957）", *Journal of Asian Studies*, May 1957，p.672. 该文中文译稿见（台北）《中国文字》第1卷，1961年。

② Peter Stursberg, *The Golden Hope—Christians in China*, Toronto：The United Church Publishing House, 1987，p.138.

现，而殷墟之考订却是罗振玉。[①]

罗振玉最先考证出甲骨出自安阳小屯殷墟，这一点为世人所公认。据罗振玉《殷虚古器物图录·序》：

光绪戊申，予即访知贞卜文字出土之地应为洹滨之小屯。

光绪戊申即公元1908年，而这部书出版于1916年，这时甲骨出土地已不再是什么秘密。故已有学者对罗氏的这一说法提出质疑。[②]确切地说，罗振玉考知殷墟的时间应在1910年。这年出版的《殷商贞卜文字考》，他在《序言》中写道：

又从估人之来中州者……询知发现之地，乃在安阳县西五里之小屯，而非汤阴。其地为武乙之墟。

又，罗振玉1913年《殷虚书契·序》说：1911年，他又“命弟子敬振常、妇弟范恒斋兆昌，至洹阳发掘之（指甲骨——引者），所得又再倍焉”。

从明义士自己的记述来看，他对罗振玉的研究是相当熟悉的。他认为殷墟为所谓“武乙故都”，也显然是来自罗振玉《殷商贞卜文字考》自序中的考证。因此，他不会冒天下之大不韪，把自己说成是殷墟的发现者。之所以出现误解，是因为读者对明氏《殷虚卜辞·自

① 吴浩坤、潘悠：《中国甲骨学史》，上海人民出版社1985年版，第17页。
② 郭旭东：《罗振玉确知甲骨真正出土地时间考》，《殷都学刊》1999年第2期。

序》中一句话的理解上有错误。这句话的英文原文是这样的：

> The writer, then, was the first foreign or Chinese archaeologist to visit the Waste of Yin with a purely scientific interest in these objects.

正是根据这句话，笔者在一篇文章中得出这样的结论：

> 因此，说明义士为“殷墟”的发现者是不恰当的。我们只能说他是以学者身份造访小屯“殷墟”的第一人。①

拙文意在辨明国外将明义士认作殷墟的发现者是不恰当的，最早考订殷墟所在的人是罗振玉，明义士只不过是第一个以学者身份访问殷墟的人。对此，胡厚宣先生在一篇访谈中提出批评意见：

> 明义士是位加拿大传教士，1914年曾在安阳任长老会牧师，一听说殷墟出土带文字的甲骨，他就常常骑一匹白马在洹河南岸徘徊，考察殷墟文物出土情况。现在有的文章称呼他是第一位实地考察殷墟的学者，这实在是怪谈谬论！他原本对甲骨毫无所知，最初买的大都是以新牛骨仿制的，时间不长便腐臭不堪；在长期购买过程中，他积累了一定的甲骨知识，收藏也日渐丰富……②

---

① 方辉：《明义士的甲骨收藏与甲骨学研究》，《殷都学刊》1994年第1期。又，《明义士在华期间的文物收藏及其对中国考古学的贡献》，宋家珩主编：《加拿大传教士在中国》，东方出版社1995年版。

② 胡厚宣：《往事琐忆》，《中国文物报》1997年7月20日。

显然，按照中国人对“学者”一词的理解，1914 年的明义士确实对甲骨毫无所知，还不够“资格”享此称呼。对此，明义士本人也非常有自知之明。他在 1932 年所写的《商代文化》一文中说：

> 1914 年之春，予觅得殷墟。时予为青年传教士，始习毕华语课程，对此种考古学之进行固无所知也。[①]

但是，明义士后来毕竟成为一位“收藏丰富”、有“一定的甲骨知识”的学者。明氏《自序》用一种动态的眼光看待自己当年的发现，把它作为自己成长为“学者”这一过程中的一个环节；而胡厚宣先生显然是就明氏当年“发现”殷墟的那一刻为基准来给明义士下结论的。

从另一方面来讲，我们对前人也不必过于苛刻。英文中的“archaeologist”，既可译作“考古学家”“考古学者”，也可低调一些，就叫“考古人”“考古者”。在 19 世纪末 20 世纪初的西方世界，考古学的普及化程度已经很高。尤其是在 20 世纪的头十年里，近东的考古发现在西方引起极大轰动，有关那里考古发掘的报道受到知识阶层的广泛重视。明义士受过西方高等教育，在他的心目中，自己对考古的认识水平显然比那些以营利为目的而不惜大肆进行破坏性挖掘的古董商人要高得多。另外，明义士在大学毕业后曾做过国土测量员，参加加拿大萨斯喀彻温和艾伯塔两省的省界勘测工作。加拿大中西部丰富的印第安人遗存，很可能对长期在野外工作的明义士产生过影响，以至于无论到何处，他都会留心于野外可能存在的古代遗存。多

① 明义士:《商代文化》,《齐大季刊》1933 年第 1 期。

伦多皇家安大略博物馆至今保存着一些20世纪20年代法国出土的古代陶片，那是明义士于第一次世界大战期间率华工在法国前线挖土修路时发现的，事后由明义士本人捐赠给该博物馆。知道了这些，我们便不会认为明义士拣拾岸边陶片是反常之举。当时，在安阳豫北差会工作的先后有数十位西方传教士，为什么他们没有发现殷墟，而明义士刚刚从外地转来安阳，便与殷墟遗址不期而遇？这只能用明氏具有良好的考古学修养来解释。更能说明问题的是，1915年，明义士曾将在殷墟遗址采集到的部分陶器和石器等标本捐献给皇家安大略博物馆，它们大都是些古董商所不屑一顾的东西。从保存在该馆东亚部的藏品入藏记录上可看到，这些捐赠品几乎每件都有明氏本人的简短附言，注明器物的发现地点和日期。由此看来，明义士称自己是怀着科学态度访问殷墟的第一位考古者，不也是顺理成章、合乎情理的吗？

明义士对这一称号非常自豪，经常在自己的著作中加以叙说，并在课堂上向学生讲述。我们在上文中曾多次提到的明义士的学生张昆河，当1996年9月在他家里接受我们的采访时，80多岁高龄的他对此还记忆犹新。他在上文引述的那篇怀念老师明义士的文章中，有一段这样的回忆文字：

> 明氏在本文中（指《殷虚卜辞自序》——引者）虽提到“此即殷朝武乙故都殷虚是也”，但并未说是自己考订的，他在课堂上讲课时，说是根据罗振玉的考证。……但明氏的确是以亲历殷墟实地勘察和周览探访的第一人自负，这是他在课堂上常谈到的。他常说，王懿荣、王襄、刘鹗、端方、方法敛、库寿龄都还不知道甲骨是在安阳出土的。罗振玉虽百方打听到确实出

土地点，可只是先派了他弟弟罗振常到安阳，住在旅馆里收买甲骨，他自己到1915年才亲到安阳考察，已晚于明氏一年余。明氏又讲过，罗振玉到安阳后，也是以收买甲骨为主，只到小屯村北野坡田边望望洹水，站了没有10分钟，说了句"噢！出土甲骨的殷墟就在这儿嘛！"便返回旅馆没有再来。活道出了一位封建士大夫学者不注意科学实地考察的形象。而且罗氏只到实地潦草地望了望，还作出了"洹阳宝藏，搜探一空"的错误结论。①

中国社会科学院王宇信教授有这样一段话，对明义士的评价比较客观：

> 众所周知，早年甲骨的收藏大家，多为身居京师的达官贵人。他们的藏品，多通过古董商之手购得，而鲜有人亲赴安阳考察。而其中的个别人，如罗振玉，曾派其弟罗振常等人去殷墟实地收购甲骨等。但罗氏踏访小屯殷墟，已是1915年的事情了。而明义士，自1910年来华传教，直至1932年受聘齐鲁大学以前……这二十多年大部分时间是在安阳度过的，与罗振玉走马观花式的考察殷墟大不相同。②

这个话题就此该打住了。实际上，明义士学术地位的获得，毕竟

① 张昆河：《齐鲁大学、明义士与甲骨学研究》，济南市政协文史委员会编：《济南文史资料选辑》第11辑，济南市新闻出版局，1955年。

② 王宇信：《踏破铁鞋无觅处——祝方辉博士整理明义士〈甲骨研究〉出版》，《殷都学刊》1997年第4期。

不是因为有了这个或那个“第一”，而是靠了他在甲骨学和商代考古方面做出的学术贡献。关于这方面的论述，请参看本书第五章的有关论述。

03 早期的西方收藏家

人们出于各种不同的动机而收藏文物。有的是出于学术研究的需要而求证于古代实物资料，像大多数真正的金石学家所为；有的则是为了转手买卖以从中牟利，他们通常被称为古董商人；也有的收藏家把它作为一项投资，以期得到财产的保值和增值；还有的仅仅是出于装饰庭堂的需要。当然，这样的分类并不严格，同一收藏者怀有多种收藏动机的情况可能更为普遍些，判断其好坏，关键是看其行为的结果。

虽然世界各国对于文物收藏者并没有统一的评判标准，但作为人类最基本的行为准则——道德，无疑也适用于对文物收藏者的评判。那些不惜以牺牲本民族的文化遗产为代价，换取外人的不义钱财，或借着“文化遗产世界共享”的幌子盗取别国文物的所谓收藏家，无论到哪里，都不能说是一个讲道德的人。

在封建制度上延续了两千多年的中国，到了19世纪的中叶，已经像是一个病入膏肓、行将就木的老人，眼看着自家的财宝被外人盗窃、抢掠，却只能是束手无策，任人宰割。作为中华文明载体的艺术品，通过西方传教士的记述和传播，虽早已为欧洲所知，但西方对中国文物艺术品的关注，还是在1860年英法联军攻入北京城、大肆抢掠圆明园的清宫珍藏，中国艺术品在欧洲市场上引起极大轰动以后。19世纪末叶，中国进一步沦落为帝国主义瓜分的对象，西方诸国的探险家和收藏家，纷纷组成考察队或探险队，深入我国边疆和内地进行各种所谓的考察和探险活动，许多珍贵的中国文物遗存就是在这种背景下流落出国门的。这种情况一直持续到 30 年代初，中国政府颁布第一部《古物保护法》起，文物外流的局面才稍有好转。

就像敦煌的发现紧接着引发了敦煌文物的外流一样，甲骨文在发现之初便引起外国人的注意，并有大量甲骨藏品被卖到国外。据明义士的《甲骨研究》和董作宾的《甲骨年表》记载，甲骨的外流主要发生在 20 世纪头 20 年中。外国人最早染指甲骨是在 1904 年，最初的收藏者是当时在天津任《日日新闻》主笔的日本人西村博。同年，美国长老会驻山东潍县传教士方法敛（F. H. Chalfant）从山东古董商手里购得 400 片，后卖给上海皇家亚洲学会博物院。步其后尘的是英国浸礼会驻青州传教士库寿龄（Samuel Couling）。稍后，库、方二人联合收购，第一批因索价太高，让与美国匹兹堡的卡内基艺术博物馆，后来所得，先后卖给爱丁堡皇家苏格兰博物院和伦敦的大英博物馆。此外，美国的柏根（Paul Bergen）和英国的金璋（L. C. Hopkins）等也有收藏。据著名考古学家李济推测，“因实际上买卖甲骨多在古董商手中进行，这些人像大部分博物馆馆长一样，善于秘密交易”[①]。因此，这些远非当时西方人公私收藏的全部。

出于对这些早年来华收藏家和探险家的民族义愤，国内长期以来对他们持完全否定态度。最近有学者指出：“要评价这一时期的考古活动，必须将政治与学术分开。”一方面，这些探险家和收藏家是在帝国主义势力保护之下从事所谓考察和探险活动的，并且采取不正

① 李济：《安阳》，中国社会科学出版社 1990 年版，第 15 页。

常甚至下流的手段大肆掠夺中国文物，他们有意无意都成了帝国主义的帮凶；另一方面，他们的考察和探险活动为相对封闭的国内学术界带来一些启示，有助于近代科学在中国的传播，因此也有学术上的价值。[①]这种观点比较中肯。甲骨文研究虽然是中国传统金石学的延续，研究方法上较少依赖西学，但有些甲骨收藏家在收藏的同时，出版自己的藏品和研究成果，如方法敛写有《中国初时文字》（1906年），库寿龄有《河南所出甲骨》（1914年），金璋则有《最近发现之中国周朝文字》（1911年）、《中国古代之皇家遗物》（1912年）和《骨上所刻之哀文与家谱》（1912年）等，在西方汉学界产生过一定影响，对于中国汉字文化在西方的传播产生过积极作用。当然，这些仅是就大的方面而论。若就作为一个收藏者的个人道德而论，他们中的大多数人大都从事古董交易，并肯定从中获得过相当的经济利益。其收藏动机，与其说是为了学术公利，倒不如说为了金钱更为贴切。[②]

明义士自1914年开始收藏甲骨和其他古物，直至1936年他回国为止。就藏品的数量而言，他的藏品远比以上收藏者为多。与他们一样，明义士也曾被骂作盗窃中国文化遗产的帝国主义走狗，其收藏活动和学术上的贡献长期以来没有得到很好的研究。近几年来，我先后访问过山东省档案馆、加拿大多伦多皇家安大略博物馆和明义士的家人，发现了一些有关明义士藏品的新材料。加拿大约克大学的董林夫先生最近也致力于这一问题的研究，近来也有成果问世。从这些新材

① 陈星灿：《中国史前考古学史研究（1895~1949）》，生活·读书·新知三联书店1997年版，第50~51页。

② 在这方面，柏根可能是个例外。他曾将自己的70余片甲骨藏品捐赠给济南广智院。事见《甲骨研究》第14页。藏品现归山东省博物馆收藏。

料中我们可以看出，作为一个文物收藏者，明义士有自己的理念和行为准则。以他本人的说法，他是为了寻求真理而收藏，而不是为了买卖收藏。① 相比之下，明义士更有资格享用“学者”这一称呼。

04 “上帝的指引”

在上面提到的那封致卡雷利（C. T. Currelly）博士的信中，明义士这样写道：

> 正像我以往所说的，我毕生的兴趣主要是集中在商代文化的研究上。早在 1914 年，当我首次在彰德的家门口发现殷墟故都遗址的那一刻起，我便把解析这个文化同我毕生所从事的工作连接在了一起。要使我们的福音传播工作在中国顺利开展，商代文化的研究可以说是一个基础。

明义士为什么这样看重商文化研究和传教工作的联系？回答是：明义士试图寻找到西方基督教和中国传统信仰之间的连接点，而这个连接点在他看来，就是三千年以前甲骨文中的“帝”或“上帝”。这一发现，对于像明义士这样一个虔诚的基督教徒来说，不啻是意外的惊喜，更是上帝“灵性”的显现。他把自己的收藏和研究工作看作是“上帝的指引”，是自己传教工作的组成部分。

当然，明义士并非当初就知道甲骨上有“帝”和“上帝”的刻辞，但在 1914 年他来到殷墟遗址时，他对中国古代和当代的宗教信

① 见 1940 年 3 月 6 日明义士给卡雷利的信（英文），明明德家藏。

仰已经并不陌生。因为自 1910 年到达豫北，他先是在一位私塾先生的指导下学习汉语，所用教材都是四书、五经一类的经书。[①] 作为一名职业传教士，在学习语言的同时，明义士肯定要留意当代中国人的信仰，也会注意史书中所记载的古代中国人的宗教思想。中国古代典籍中不乏关于“帝”或“上帝”的记载，如《周礼》等所言。传世青铜器铭文中也有“帝”甚至“上帝”的称谓，如《戈卣》和《大丰簋》等。对于这些“帝”和“上帝”，中国人有着自己的理解。这些“帝”大多是古代的圣王，是人君而非天神，是祭祀的对象而非行为的主体。但对于基督教徒而言，却很容易根据称谓的相同而赋予它不同的、特别的含义。我们不知道明义士和其他传教士或者中国的基督教信徒们是否注意到这一点。实际上，即使他们发现了这一“秘密”，也很难解析出古代文献和金文中的“上帝”同基督教中的“圣灵”有什么直接联系。因为，无论是古代文献中的“上帝”，还是金文中的“帝”和“上帝”，都只是一个笼统的概念，是人们崇拜的对象，古人心里有它，却不能据此复原出它所具有的功能。而甲骨文中的“帝”和“上帝”则不同，除了指人君帝王外，“帝”还常常是行为的主体，可据以归纳它所具有的功能和神性。从明义士的《殷虚卜辞·序言》中可以发现，至迟在 1917 年 3 月《殷虚卜辞》出版时，明义士已经“发现”了甲骨文中的这一秘密。他在赴法国前线前夕为该书所写的“序言”中写道：

接下来计划出版的几卷中将包括关于一篇讨论中国古代早期宗教的论述，论据就是笔者所收集到的见于本书和其他著作中的

① 明义士:《甲骨研究》，明明德序，齐鲁书社 1996 年版。

甲骨文资料。……本人不是在有意透露自己研究的秘密，眼下他只能在“殷”地的旷野中呼唤。他知道他已经储存下可供多年研究的资料，但祖国的召唤和肩负的责任正在叩击他的门，他不得不暂时搁下手上的研究工作。……

从明末清初的耶稣会士利玛窦等人开始，研究儒家学术的传教士总是试图在中国传统中找到可以和基督教相吻合的东西。他们认为，儒学和基督教这两种体系有许多相似和相同之处，有的传教士甚至总结出二者有十多处相似点。[①]因此，在19世纪和20世纪之交的西方，不少新教徒把中国人也列入上帝的使徒，指出古代的中国人曾是上帝的崇拜者。来华传教热情的高涨便同这种信仰有密切关系。但在中国国内，自19世纪60年代太平天国起义失败以后，基督教被认为是与儒家学说水火不相容的异端，成了一种禁忌。20世纪初，海外要求改变这种状况的呼声越来越高，而中国国内的形势也较前有所改观。在明义士来华途经爱丁堡参加的世界传教大会上，许多来自中国的代表所谈论的主要话题便是如何在中国传统的信仰下开展传教工作。[②]

在明义士看来，中西方文化和信仰的连接点已经被自己揭示出来，那就是甲骨文中的“上帝”。《序言》虽未提到“上帝”二字，但字里行间透露出他已经发现了这个“秘密”，在这部他亲自临摹、刻版的书里，就有一片上刻着“帝令雨足（年）”字样的甲骨，即该书第1382片。这样的资料在当时已经出版的著录如《铁云藏龟》和《殷

① 陶非亚、刘天路：《基督教与近代山东社会》，山东大学出版社1994年版，第271页。

② Dong Linfu, *Cross Culture and Faith: The Life and Work of James Mellon Menzies,* Chapter 2 and 3, Toronto: University of Toronto Press, 2005.

虚书契前编》等书中都可见到。根据明氏本人的叙述，他显然是已经掌握了这些材料。《序言》中，明义士对这一发现的喜悦和急切之情溢于言表。从这些比孔夫子的时代还要早数百年的文字中发现“上帝”的记载，对明义士这样一位虔诚的基督教徒和福音传播者来说，无异于发现了一个“新大陆”！

从甲骨文当中，明义士找到了基督教和中国传统文化与宗教信仰的连接点。可贵的是，他并没有就此停步，他要以此为基点，对商代文化——产生上帝信仰的历史背景——进行深入探索。正如他自己所说，“我把解析这个文化同我毕生所从事的福音事业联系在了一起”。明义士后来对商代宗教的研究著作，大多写于他在齐鲁大学任教期间。除了上面提到的《上帝在河南》之外，还有《商代的文化和宗教思想》一文，刊登在 1936 年出版的《亚洲文会》杂志第 67 期。他曾收集了甲骨卜辞中所有能见到“帝”和“上帝”的词例 147 片，对上帝的功能作了分类研究，并认为西周时虽然将商人的“上帝”改换成了“天”，但仍具有同“上帝”一样的至上神性质。详细的论述可参看本书第五章中的有关章节，这里仅将明义士《上帝在河南》一文节录如下，以对明氏眼中的商代上帝观有个基本了解：

> 商代甲骨卜辞透露出上古时代人们的宗教信仰。在这里，上帝是世间万物和人类命运的主宰。这正是我们基督教福音传教士立足的基础所在。直到今天，这种信仰还广泛存在于豫北地区农民的生活当中。他们相信，上帝凌驾于各种神灵和偶像之上，是整个世界的主宰。他们用一种敬重和委婉的称呼叫他为“老天爷”。农民们知道，正是他送来雨水，滋润小麦生长，而人的一

生也是由他来呵护。[①]

明义士在这里之所以特意提到“雨水”，是因为当时他所见有关“上帝”的甲骨资料多是“帝令雨”的记载。除《殷虚卜辞》1382 外，其他如：

今二月，帝不令雨。	《铁》123,1
帝令雨足年。帝令雨弗其足年。	《前编》1,50,1
今三月帝令多雨。	《前编》3,18,5
自今至于丙辰，帝令雨。	《前编》6,20,2

可以认定，正是从这些资料中，明义士发现了商代上帝崇拜的“秘密”。

除了写文章外，他还在所到之处进行演讲。发表在 1936 年 5 月 31 日第 29 期《齐大月刊》（*Cheeloo Monthly Bulletin*）上的一篇题为《中国早期的上帝观》（“Early Chinese Ideas of God”）的文章，实际上是他的演讲稿。他的工作最终引起中国基督教教育协会和加拿大联合教会海外协会的重视。1936 年 5 月 22 日，就在明义士准备离开中国回国休假前夕，总部设在上海的中国基督教教育协会秘书克里斯致信加拿大联合教会海外传教协会秘书阿姆斯特朗，表达了对明义士所取得的研究成果的高度赞赏：

我给您写信是向您转达高级教育审议行政委员会（Executive

① 明义士：《上帝在河南》，打印稿，写成于明义士在齐大任职期间，具体日期不详。

Committee of the Council of Higher Education）最近作出的一项决议。这项建议与齐鲁大学明义士教授有关。决议是委员会于 1936 年 5 月 1 日至 2 日作出的。具体内容如下：

乔治·谢泼德牧师（Rev. G. W. Shepherd）提出安排一次演讲会，以期在乡村重建中国本土宗教信仰，更好地服务于基督教的传播。他指出，明义士教授关于中国早期宗教的研究对这一工作的开展有极大的理论意义和实践价值。他还认为这项工作对于在校学生也很重要。因此，请求明义士教授在回国度假期间，充分宣传他对于商代宗教及其历史和文化背景的研究成果，并请求加拿大联合教会海外传教协会为这一工作提供最大便利。

之所以作出这项决议，是因为有以下背景：

最近，在我们的安排下，明义士教授前往六所教会大学作了巡回演讲。之后，又请他来上海在皇家亚洲学会上发表演讲。这些讲话精彩极了，我敢说这是在亚洲学会上所听到的最好的一次演讲。事后，当高级教育审议行政委员会主席作出这样的评价时，得到大家的一致赞同。这是一次非同寻常的见证会。明义士教授给大家留下了非常深刻的印象。

明义士教授研究工作的特殊意义，不但是在学术领域，而且对于推动基督教运动的发展，也有非常重要的价值。……乔治·谢泼德牧师建议，让明义士教授向蒋介石阐述他的观点，可能会产生更为深远的影响。我不敢肯定在明义士教授离开中国之前有没有时间安排这样一次会面。不过，谢泼德牧师和我们其他人都认为，关于基督教在中国的本土化问题，我们已经做了很多工作，但这些工作大多是针对中国人，尤其是那些农村没有受过教育的人，其收效甚微。明义士教授的研究证明，中国古代宗教信仰同基督教信仰殊途同归，只是形式和背景是中国式的。我们认为，把这种认识发扬光大，对于基督教信仰的传播、普及意义重大。谢泼德牧师与审议委员会接洽，谈了他的看法，得到主席和与会代表的一致同意。因此，便形成了开头所提到的决议。……

回国后，明义士确实曾多次以商代的宗教为题，向国内人民讲起他的“见证”。看来，加拿大联合教会海外传教协会接受了这一建议，并为明义士安排了这样的见证演讲。我们不知道这样的演讲到底举办过多少次，但可以推测，在明氏回国之初是经常性的。下面是1936年11月21日为明义士系列演讲所作的传单。这份传单被一位听众保存，并于1940年5月31日寄给明义士本人。传单这样说：

人们对于海外传教通常抱有批评态度。这份关于中国古代“上帝”观念的传单则表明，我们海外传教士并不是在把我们自己的上帝观和宗教信仰强加给中国人。谁也不会想到，中国人同我们一样，在很早的时候便有了上帝的观念。唯物论者说我们是在传播犹太人的迷信思想，但我们可以指出，中国人关于上帝的概念早在公元前1400年前就已存在，甚至比我们的摩西时代还要早些。

中国人心目中的上帝和我们《圣经》中的上帝是完全一致的，这就是“天父”。从这些材料里我们可以看到，古代中国人的原始信仰为接受基督教思想打下了坚实的基础，因此，生活在中国的福音传教士们可以期望，就像基督发现了我们西方人一

样，五万万中国人会对我们的工作有所回应。……[①]

明义士正是怀着这样的信念来从事甲骨收藏与研究的。对于他的这项研究，尤其是他将甲骨文中的上帝与《圣经》中的上帝相对应的做法，当然不会为中国学者所接受。因为，大家知道，许多古老民族都有自己的宗教信仰，而“一切宗教都不过是支配着人们日常生活的外部力量在人们头脑中的幻想的反映，在这种反映中，人间的力量采取了超人间的力量的形式。在历史的初期，首先是自然力量获得了这样的反映，而在进一步的发展中，在不同的民族那里又经历了极为不同和极为复杂的人格化”[②]。在商代甲骨文中，“上帝”就是这种“自然力量”的一种表现形式。而汉语称西文中的“God”为“上帝”，只不过是翻译上的巧合。事实上，甲骨文中的自然神祇，除了“上帝”之外，还有各种“天神”和“地祇”，而且有的同“上帝”一样也可以使唤风雨，尽管这类例子不像“上帝”那样多。[③]在这一点上，我们不必对明义士过于苛求，毕竟，他是一位“终生侍奉上帝”的职业传教士。他找到了甲骨文中的“上帝”，并且为了研究其文化背景投入了毕生的精力。他的这种敬业精神和执着态度，倒是值得后人学习。

笔者之所以不厌其烦地谈论这些内容，主要是想说明，与其他外国收藏家不同，明义士介入甲骨等文物的收藏并非出于营利目的，也不是出于艺术爱好，而纯粹是为了证明“上帝”的普遍性，其最终目

① 明义士 1936 年 12 月 21 日在多伦多考丁罕街 162 号演讲的传单。摩西（Moses）是基督教《圣经》中率领希伯来人摆脱埃及人奴役的领袖，犹太教的教义、法典多出自其手。据研究，摩西时代大约在公元前 8 世纪前后，见［波］科西多夫斯基：《圣经故事集》，新华出版社 1981 年版，第 119~130 页。在《上帝在河南》一文中，明义士把商王盘庚比作中国的摩西。

② 《马克思恩格斯全集》第 20 卷，人民出版社 1971 年版，第 341 页。

③ 有关论述，可参看陈梦家：《殷虚卜辞综述》第十七章《宗教》，科学出版社 1956 年版。

的是为传教服务的。正如他的儿子明明德先生所说："追求对中国思想文化背景作更深入的了解，正是我父亲对中国历史和考古发生兴趣的动因。" ①

05 收藏原则

还是让我们回到明义士 1940 年 3 月 6 日致卡雷利博士的那封信上去：

> 对于我来说，我相信自己在遗址上采集到的碎陶片，因为它包含着可靠的信息；而从古董商那里买来的价格昂贵的古物，其真正的出土地点与古董商告诉你的地点十有八九吻合不上。我的工作方法很简单，那就是到遗址上去，亲自采集自认为确切无疑的标本。用这种方法采集来的一块陶片或是一枚琉璃珠，其价值犹如黄金般珍贵。这就是过去二十年中我在豫北地区的工作方法。我知道这是一项费力而进展缓慢的工作过程。也很难收集到惊人的东西，但这样我却能得到可靠的信息。

从这里，我们可以总结出明义士收藏文物的原则，即尽量自己亲自采集标本。从现存在山东省博物馆和加拿大皇家安大略博物馆的明义士藏品来看，确实有大量残碎陶片。即以山东省博物馆入藏的明义士陶器藏品为例，陶器数量编号为 3966 件，而完整或成器形的标本不足 20%，绝大多数是采自殷墟遗址的各种陶片、陶范残片，也有采

① Peter Stursberg, *The Golden Hope—Christians in China*, Toronto: The United Church Publishing House, 1987，p.140.

自龙山镇城子崖遗址的黑陶片等。皇家安大略博物馆中的陶器类藏品情况与之大致相似。

明义士对器物出土地点非常重视，几乎每件器物都附有一张这样的纸条。皇家安大略博物馆的明义士旧藏器物卡片上，就有不少保留下了这样的原始记录。

在一封写于 1954 年的给他儿子的信中，明义士提到他得到三件陶罐的经过：

> 我们有三件陶罐保存在皇家安大略博物馆里。不幸的是，这个博物馆收藏的其他大部分陶器缺乏科学的记录，甚至不知道来自何处。我们的一件带盖的陶罐是一位农民发现的，他把罐子打碎，弃之一边。我知道后，找到那个地方，亲自发现了另外两件器物。因此，我对它们的出土情况非常清楚。其具体地点在洹河的南岸，位于后冈和小屯两村子的中间。另外，还有一件更精致的陶器标本，现存放在济南齐鲁大学博物馆中。①

明义士是一位有心人，所到之处，都悉心考察周围的地理环境，注意一切可能发现古物的迹象。1927 年，为躲避军阀混战，豫北传教士奉命北撤到京津地区。在北戴河的居所周围，明义士发现了一处古代遗址。根据发现的夯土遗迹和精美的瓦当残片，明义士推测其属于东汉时期。在附近的鹰岩（Eagle Rock）等遗址上，他还发现了时代更早的陶鬲的残片。根据这些第一手资料，明义士认为，山海关一带

① Dong Linfu, *Cross Culture and Faith: The Life and Work of James Mellon Menzies,* Toronto: University of Toronto Press, 2005, p.120.

在史前至汉代曾经是关内通往东北的交通要道。[①]这样的例子，在他任教于齐大期间还有很多，我们在本书第二章，已经做过介绍。

起初，明义士在收购文物中吃过不少苦头。据他本人称，最初他购买的大块甲骨，都是新仿制的赝品，几天后便腐臭不可闻。[②]从此，明氏特别注意古物的出土地点。如果来源可靠，他也会尽力购买。例如，他在《甲骨研究》一书中写道："1924年，余有疾一月，才好了，小屯人打墙，发现一坑甲骨，为余所得，其中有大的。"又如，《甲骨年表》记载：1926年"春三月，小屯人在张献学家菜园中大举私掘。时张方为匪掠去，出款多，村人乘机与商，得甲骨文字以半数归之，约遂定，掘得甲骨甚多，多归明义士"。该书又说，1927年明义士又购得大批甲骨文字。至于明义士到底收藏了多少片甲骨，学术界一直有争议。经过胡厚宣先生的追踪统计，落实下来的为31516片，比较可信。[③]《甲骨年表》中的几项记载，只是收藏较为集中的几次，而他平时的小量收藏，因为缺少记录，便很难统计了。

作为传教士，明义士夫妇的收入与普通中国人相比要丰厚些，但除了维持一家五口人的生活，明义士不可能花费很多的钱财用以收购文物。经济上的问题虽然给他带来一些收藏上的困难，但明义士也有其他人所不能比拟的优越条件，即他常年居住在安阳，并通过其特殊的职业，与小屯及其周围的群众保持经常的联系，能够及时获得古物出土的最新信息。除了上述几次比较集中的收购甲骨外，明义士的其

---

① 明义士：《商代青铜文化》（*The Bronze Age Culture of the Shang Dynasty*），第22页。这是明义士在多伦多大学提交的博士论文初稿。详情见本书第五章。

② 明义士：《殷虚卜辞·自序》。又，董作宾、胡厚宣合编：《甲骨年表》，1914年栏，中央研究院历史语言研究所，1937年，第9页。

③ 胡厚宣：《关于刘体智、罗振玉、明义士三家旧藏甲骨现状的说明》，《殷都学刊》1985年第1期。

他藏品大多是来自个人采集和当地农民之手。淳朴的村民们也都知道这个经常骑着老白马徘徊于洹河岸边的洋人传教士，亲切地称呼他为“明牧师”。他们知道明牧师对甲骨等一切古物都感兴趣，因此往往将翻地和打井挖出的零星古物以低廉的价格卖给他，或干脆就白送给他。通过这一方式，明义士在豫北冀南地区逐步建立起一张古物出土的信息网。从其注明出土地点的藏品中得知，明义士的足迹非常广泛，涉及的地名除了安阳殷墟外，还包括河南省的沁源、辉县、浚县、林县、洛阳和河北省的易县等。多年后，明义士的儿子明明德对此仍记忆犹新：

> 我那时还是个孩子，但我清楚地记得好多次跟着父亲来到甲骨出土地小屯村。古董商有时也来到我家。他们知道我父亲对古物和古物出土地点感兴趣，也知道身为一名传教士，他买不起那些在北京或上海能卖大价钱的青铜器和大片甲骨。因为他只重收藏，从不倒卖牟利。但他能用少量的钱收藏一些甲骨残片和小件青铜器、陶器等，并可获得甲骨出土与流传的最新信息。[①]
>
> 父亲不只是对甲骨感兴趣。作为一名传教士，他没有很多的钱用来收购古物，但他人缘好，与普通村民关系密切。你经常可以看到手里拿着破碎陶器的村民来到我家，让我父亲看有没有用处。就这样，父亲能够及时了解到古物出土地点的信息。尽管破碎的陶片出于陈列的目的自然不够美观，但从考古学的角度来看，陶片的价值同完整的器物却没有什么两样。[②]

---

① 明义士:《甲骨研究》，明明德序，齐鲁书社 1996 年版。

② Peter Stursberg, *The Golden Hope—Christians in China,* Toronto: The United Church Publishing House, 1987, p.139.

明义士的女儿也回忆说，她的父亲经常从饭桌上被一些来访者叫走。他们都是当地农民，手里拿着干活时刚从地里挖出来的甲骨或其他古物。有很多时候，来访的是一些农村的小商贩，他们挨村叫卖，时常会收到一些古董。他们通常要价很低，因为他们知道明牧师不买贵重的东西。[①] 只重收藏，不盗卖牟利，是明氏收藏的另一个原则。

对于丈夫的收藏活动，明义士夫人一向给予支持。在丈夫的影响下，她也爱上了收藏古董这一行。与丈夫不同，明夫人的收藏是出于艺术爱好，她尤其对宋代瓷器和清代刺绣感兴趣。对于丈夫把钱老是花在纯粹的学术藏品上，她也偶尔流露出不满的情绪。毕竟，她对一家老小的饮食起居更为关心。在一封写于 1935 年而未注明具体日期的信里，她这样劝她的丈夫："不要老是买那些便宜货了，它们连一分钱都不值。因为你已经有这么多不值钱的东西。听我的劝告，今后买东西要少而精，以后出手时也好卖个好价钱。"不知这样的建议有没有对明义士产生过影响。不过，此时已经是 1935 年，明义士正在齐大任教，而且离他回国也只剩一年的时间，不会对他的收藏活动产生多大的影响了。

事实上，明义士也曾从古玩市场上购买过古物。从其与家人的通信中可知，1927~1928 年，豫北差会的传教士在京津避难时，明义士一家便成了北京琉璃厂的常客。由于当时正处于军阀混战状态，政局动荡，许多清代宫廷中的藏品流散到古玩市场，吸引了许多收藏者，尤其是那些外国收藏者。明义士夫人就是从这时开始收藏宋代瓷器的。在她的宋代瓷器藏品中，据说包括几件清宫旧藏，比较珍贵。[②]

---

① 据明义士女儿玛丽莲 1996 年在渥太华接受董林夫采访时所言。转引自董林夫 "Missionary Collector" 一文。

② 明义士夫人的藏品，现藏加拿大维多利亚艺术博物馆。详情请见本书第六章。

在长期的收藏活动中，明义士逐渐成为一位靠自学成才的考古学家。为了学习和掌握科学的发掘方法，增加自己的考古实践经验，明义士于 1928 年 11 月回国度假途中访问了印度、美索不达米亚和巴勒斯坦等地，并于 1929 年 6 月开始，花了数月时间，在巴勒斯坦参加了由美国加利福尼亚大学伯克利分校威廉·弗雷德里克·贝德博士主持的两次考古发掘。因为有过土地测量方面的经验，明义士在工作中得以愉快胜任。[①] 这两次发掘，不但使他对科学的考古发掘方法有了感性认识，而且为他后来在齐鲁大学期间的考古调查和讲授"考古学通论"课程，打下了良好的基础。

没有一个考古学家不想亲自从事考古发掘，也没有一个考古学家不对盲目的乱挖乱掘表示痛心和谴责。明义士虽然也从盗挖者手里购买甲骨等，但他从没有盗卖以从中获利，而是尽可能地使同时出土的甲骨等文物保存在一起，免于流散。他虽常年住在安阳，离殷墟遗址只有咫尺之遥，但他从没有为了获得古物而鼓动或怂恿他人从事盗掘活动。当 1928 年 10 月中央研究院历史语言研究所开始在殷墟进行科学发掘的时候，明义士为之欢欣鼓舞，并经常到发掘工地参观，同主持发掘的董作宾先生讨论新出土的甲骨，两人成为好朋友。对此，董氏在文章中曾有所提及。[②] 直到 40 年代明义士在美国期间两人仍保持书信往来。[③]

---

① Arthur Menzies, "Dr. James M. Menzies: His Interest in Chinese Archaeology and Art", *Chinese Art from the Rev. Dr. James M. Menzies Family Collection*, Art Gallery of Greater Victoria, 1989.

② 董作宾:《释后冈出土的一片卜辞》,《董作宾先生全集甲编》,(台北)艺文印书馆 1977 年版。

③ 1948 年 4 月 23 日董作宾致明义士的信中，董称明义士"子宜老兄"，并对明氏有很高的评价。详情请看本书第四章和附录二中的信件。

明义士也曾尝试在中国进行考古发掘。那是在他任职于齐鲁大学、主持国学研究所工作的时候，背景大致是这样的：1930 年 6 月 7 日，当时的国民党政府公布了我国第一部《古物保护法》；1931 年 7 月 3 日，又公布了《古物保存法施行细则》，其中第 13 条是关于涉外方面的规定："凡外国公民无论用何种名义不得在中国境内采掘古物。但外国学术团体或私人对于中国学术机关发掘古物如有经济上之协助，该学术机关报告中央古物保管委员会核准后，得承受之。"齐大是由美、英、加等国所办的教会大学，当时还未获教育部立案，属于国外学术团体，按照法律规定，自然无权在中国境内单独从事考古发掘，而只能以提供经济援助之名义，与国内学术机构进行联合发掘。在 1933 年 11 月 18 日给美国哈佛—燕京学社主席乔治·齐思博士的报告中，明义士专门另辟一节，题目为"关于联合进行考古发掘的可能性"，指出山东省图书馆有意与齐大进行联合发掘，现因受资金方面的限制，不能付诸实施，故特向哈燕学社提出申请。① 由于申请未获批准，联合发掘之事最终未能落实，但由此可见明氏在这件事情的处理上是严格遵照法律程序的。

但在 30 年代以前，由于政府的漠视，我国在文物保护方面是没什么法律可以遵循的，文物的大量流失便在所难免。明义士在这期间确实曾将部分中国文物携至国外，共两次。第一次是在 1915 年底，他将在殷墟地表采集到的 38 件文物标本邮寄给皇家安大略博物馆，计有玉戈 2 件，余皆为石器；第二次是在 1917 年赴法国前线时带到加拿大的文物共 14 件，于 1921 年结束服役准备回中国的时候出借给同一博物馆，仍多为石器标本。1942 年明义士在该博物馆任职时，正

① 见本书第二章第 3 节。

式办理了捐赠手续。这是经明义士本人之手给皇家安大略博物馆的唯一一次捐赠，至于明义士其他大量藏品后来何以到了该博物馆，我们将在第六章专门叙述。现在我们不妨介绍一下这个在加拿大乃至整个北美以收藏中国艺术品而著称的博物馆。因为大家知道，这个博物馆与本书的主人公有着十分密切的关系。

位于多伦多的皇家安大略博物馆成立于 1914 年。博物馆的首任馆长查尔斯・卡雷利（Charles Trick Currelly）是一位醉心于埃及学的收藏家，也是最早对中国古代艺术品产生兴趣的西方人之一。早在 1907 年，他就开始收藏中国文物，这些文物后来便成了该博物馆最早的一批中国藏品。1918 年，卡雷利结识了在中国做生意的皮货商乔治・克劳福德（George Crofts），并使其成为博物馆在中国从事收藏的经纪人，许多珍贵文物，包括数以百吨计的明代十三陵陪葬陵前的神道石雕乃至整个墓葬，都是此人偷运的。1925 年克劳福德意外死去，卡雷利积极为博物馆寻找新的经纪人。不久，“河南主教”怀履光便充当了这一角色。①

实际上，因为与皇家安大略博物馆早就有交情，卡雷利也曾力邀明义士充当他们在中国的经纪人。1927 年 1 月 12 日，他写信给明义士，这样说：

> 大量的中国藏品集中地入藏到我们的博物馆中，以至于欧洲来访的汉学家们都认为，皇家安大略博物馆现已成为收藏中国文物数量最多、质量最精的博物馆，其中一位最权威的学者认为我们的中国藏品已十六倍于纽约。……如果您愿意的话，我想我们

---

① Barbare Stephen, “Introduction of Homage to Heaven”, *Homage to Earth: Chinese Treasures of the Royal Ontario Museum*, Toronto: University of Toronto Press, 1992.

可以在以下几个方面进行合作：把您的收藏卖给博物馆，除了支付您收购的费用外，我们还会支付酬金和托运费，或者由我们来负责托运。……或者，您把您的藏品转让给我们，您保留使用的权利。我想，如果使用“明义士藏品”的名义可能更使您满意。[①]

我们没有发现明义士给卡雷利的回函，但事实是明氏并未将其藏品卖给皇家博物馆，此后也没有为该馆收购过任何藏品。董林夫博士据此认为：“对此事最可靠的解释是，作为一名收藏家，明义士收藏的目的是为了自己的研究，而不是为了西方的某个博物馆。基于这个目的，他需要独立收藏他本人认为重要的和有价值的东西，也需要这些东西跟随着他，存放在中国。”[②] 从后来明义士对自己藏品的处理情况来看，这个分析是有道理的。

明义士虽然不肯充当皇家博物馆的经纪人，但有资料表明，他也曾像当时许多传教士们所做的那样，将其收藏品带回国内，作为自己的私人收藏，或当作礼物赠送给亲朋好友。1935 年，明义士夫人将其收藏的部分宋代瓷器携带回国；1935 年 3 月，明义士让一位叫克伦威尔的英国传教士带回一些古物，作为其夫人的生日礼物。在一同捎去的信中，明义士写道：“特让克伦威尔小姐捎给你一件大花瓶，希望你能喜欢。里面还有一件陶罐、一件釉陶枕和两个盘子。你可将盘子分赠给我们的两个女儿，作为她们的生日礼物。”1936 年 2 月，明义士又托米歇尔夫人捎回九件文物，“我捎回家的这几件绘画作品，尤其

---

① 1927 年 1 月 12 日卡雷利致明义士的信（英文），现存于皇家安大略博物馆远东与亚洲文明部。

② Dong Linfu, *Cross Culture and Faith: The Life and Work of James Mellon Menzies,* Toronto: University of Toronto Press, 2005, pp.119-120.

是那件属于唐代的残件非常珍贵。你得小心保管，把它们夹放在两层玻璃中间。它们的时代大约在公元700年到900年。它们来自敦煌，是一位甘肃总督的私人收藏。不要告诉米歇尔夫人，因为我事先没有告诉她里面装的是什么东西"[①]。这些古物后来都作为礼物送给了他的三个子女。直到80年代，这些文物被明义士后人捐赠给了加拿大维多利亚艺术博物馆，共约200余件。明义士的这些举动都发生在中国《古物保护法》颁布以后的30年代，无疑是一种违法行为，也理应受到中国人民的谴责。

但与他的同胞怀履光相比，明义士的所作所为可以说是"小巫见大巫"。有财力雄厚的博物馆作经济后盾，利用自己"河南主教"的身份以及与社会上层人物的密切关系，怀履光在短时间便成为开封最大的古董买家，并形成了以开封为中心的古物收购网，其触角可远达上海和京津地区，而主要的活动地点则集中在洛阳和安阳两地。克劳福德为皇家博物馆收集的大多数文物属于公元以后，卡雷利则要求怀履光把收藏的重点放在公元前的文物上。因此，怀履光的藏品便以汉代以前的青铜器、玉器、甲骨和陶器等为主。我们不知道怀履光究竟为皇家博物馆收购了多少文物，仅从1925年他的通信中得知："1月份，运回50种，合100多件；2月份，20种；4月份，50多种陶器和瓷器；5月份，9件青铜器和陶器；9月份，165件"；"1926年初，洛阳东北20里发现一座古墓，里面的随葬品全为周代的青铜器，怀履光派一位姓林的古董商将其悉数买下。1928年，洛阳东发现八座周代陵墓，怀履光设法与垄断全部出土文物的张子枚（音译）交上朋

① Dong Linfu, *Cross Culture and Faith: The Life and Work of James Mellon Menzies,* Toronto: University of Toronto Press, 2005, pp.120-121.

友，从他处得到相当多的物件”。[1] 其中1928年的那次收购，均出自著名的洛阳“金村古墓”，为战国时期的东周王室墓葬。墓中出土的许多珍贵文物，包括有长篇铭文的“羼羌编钟”14件，怀履光购得铭文最多的两件，现仍保存在皇家安大略博物馆中。[2]

怀履光对1930年中国政府颁布的《古物保护法》置若罔闻，仍想方设法将中国文物盗运出境。1934年，他将殷墟“象坑”（盖因所出青铜器有“大象”纹饰而得名）所出土的近百件遗物盗走。一次，怀履光在盗运过程中被冯玉祥将军的属下抓获。冯玉祥信仰基督教，与怀履光是老相识，但因为这件事关系重大，他还是发布了一道命令：“如果再出现怀履光盗运文物的类似事件，我们将不再为基督教会提供任何保护。”[3] 通常，怀履光先将“货物”从开封运至上海，再海运到加拿大。鉴于开封火车站检查较严，怀履光便派自己的轿车司机将文物运到兰考站办理托运，有时还向铁路工作人员行贿，以逃避检查。[4]

怀履光把越来越多的精力放在收集中国文物上，引起差会内部其他传教士的不满。他们指责怀履光为了皇家安大略博物馆的利益而影响了差会的传教工作。实际上，就是在怀履光于1934年退休回国以后，他也丝毫没有放弃盗运中国文物的勾当。他安排河南圣公会的魏以亨为其代理，继续把大量文物源源不断地盗运到加拿大。皇家安大

① 李巍：《从传教士到汉学家——加拿大圣公会主教怀履光》，宋家珩主编：《加拿大人在中国》，东方出版社1998年版，第276页。更为详细的情况请见沈辰：《金村传说：怀履光与洛阳文物之谜》，《美成在久》2017年第3期。

② 羼羌编钟应按照器物自名称为“羼氏之钟”，详本书第五章。

③ Alvyn J., *Saving China*, Toronto: University of Toronto Press, 1986, p.225.

④ 李巍：《从传教士到汉学家——河南圣公会主教怀履光》，宋家珩主编：《加拿大人在中国》，东方出版社1998年版，第277页。

略博物馆远东与太平洋文明部保存的几封魏氏写给怀履光的信件，清楚地显示了1934年至1937年间他们交易的过程。

怀履光最后一次来中国是在1946年，名义上是参加抗战胜利后圣公会的重建工作，实际上仍念念不忘为皇家安大略博物馆和他个人收购中国文物。当他于第二年回国时，自然又有了十分丰厚的收获。明义士在一封写给他儿子的信中说："我在博物馆的展览中看到了怀履光从中国带回来的一些商代青铜器。我不明白他是怎么把它们弄出来的。"①

正直的人们指责怀履光在做博物馆经纪人的过程中自己也发了财，但《河南主教》一书的作者沃姆斯利（Lewis C. Walmsley）则为其极力辩解：

> 怀履光主教并没有从皇家安大略博物馆收取佣金，也没有获取任何利益。他的收藏大部分是在公开的市场上以正常的市价购得的。当时中国的官员们对自己国家的古董并不怎么感兴趣，而只关注从这些看似无用的东西上获取点滴利益。②

事情果真是这样吗？回答是否定的。董林夫博士通过查找第一手资料得出的研究成果，在某种程度上戳穿了沃姆斯利的谎言：

> 对中国官僚们的攻击无助于证明怀履光未从其收藏活动中获利。像这部传记中其他敏感的细节一样，沃氏并没有足够的证据支持自己的论点。我本人研究的结果，虽然不能全部推翻沃氏的

① 明义士1947年8月16日给明明德的信，见董林夫"Missionary Collector"一文。

② Lewis C. Walmsley, *Bishop in Honan*, Toronto: University of Toronto Press, 1974, p.192.

观点，但发现几条不同的线索。最初到中国时，怀履光只是一个穷传教士，但退休时却已是个富翁。他在河南为皇家安大略博物馆收藏的同时，也为他自己买进许多珍贵文物。我们不知道他是如何区分私人收藏和公众收藏的。通常情况下，博物馆是不允许自己的经纪人有个人收藏的。怀履光却并不向博物馆隐瞒自己收藏的事实。有时他甚至将自己的藏品同博物馆藏品混装在一起运回国内。他告诉博物馆的秘书格里纳韦（Greenaway）小姐，他买这些东西只是为了个人爱好，或者对博物馆说来价格过于昂贵。例如，他在1932年4月26日的信中说："我把三四件自己的藏品与给博物馆的藏品装在一起，凡带有'W'字样的，就是我的东西。其中包括一面铜镜。我没敢把它给博物馆，因为这件东西要价太高了，我为了得到它，花了2400块鹰洋。"1934年，怀履光退休回国后，将自己的部分藏品卖给博物馆，得款35282加元。……这在当时是一笔很大的款项。①

这就是打着"让加拿大人民更多地从实物中了解中国古代文明"的幌子，大肆盗窃中国文物并从中牟取私利的怀履光在中国的所作所为。相比之下，明义士尽管也曾将收藏品带回国内，并作为礼物赠予亲人，是同中国政府的《古物保护法》相抵触的，但他基本上恪守了"不做买卖以从中牟利"的原则。据笔者所知，明义士一生从自己的

① Dong Linfu, *Cross Culture and Faith: The Life and Work of James Mellon Menzies,* Toronto: University of Toronto Press, 2005, pp.134-135. 引文中的"鹰洋"，英文原文作M$，应即墨西哥元，当时俗称鹰洋。但墨元在1905年以后就渐渐不流行了。这里的M$所指可能是国内流通的一般银圆，而不是真正的墨西哥元。20世纪二三十年代国内教会大学如齐鲁大学，在其账务统计中也是以墨西哥元作为货币单位的，见刘家峰:《齐鲁大学经费来源与学校发展：1904~1952》，章开沅主编:《社会转型与教会大学》，湖北教育出版社1998年版，第83页注③。

藏品中共得到两次回报的钱款：一次是在 1918 年，他将在欧洲发现的古物捐赠给皇家安大略博物馆，博物馆付给他少量的钱款，用来支付为收集和托运这些古物的花费[①]；第二次是在 1938 年，齐鲁大学支付给明义士 350 美元，用来收购齐大博物馆中的明义士藏品。这个博物馆是明义士在齐大任教期间筹办的，展品中有 259 件来自明氏个人的收藏。1938 年齐大校长刘书铭访问加拿大期间，就齐大博物馆中的明义士藏品问题与明氏达成了收购协议[②]。这是明义士生前因自己的藏品而获得的最大一笔钱款。

1948 年秋，并非出自明义士的本意，明氏在天津的文物藏品被运到了加拿大。当时，第二次世界大战以后通货膨胀严重，而明义士夫妇只能以退休金维持生活，他本人还要坚持搞他的商文化研究，因此，他们夫妇二人的生活十分拮据。1951 年 7 月，明义士写信给儿子说："所有东西都那么贵，我不敢再预订任何书籍了。就是买衣服，现在也是尽量减少开支。我已经有了足够的夏装，尽管不是新衣服。扣税后 780 加元的抚恤金确实让人入不敷出。"就是这样，直到 1957 年 3 月因心脏病再次发作逝世，他也从未出售过任何一件藏品。

1960 年，明义士的妻子安妮和儿子明明德将明义士藏品捐赠给多伦多大学所属的皇家安大略博物馆，多伦多大学以 40000 加元作为回报。但他们并没有接受这批钱款，而是委托博物馆以此设立了"明义士基金"，除用作明义士博士论文《商戈》一书的出版经费外，大部分用来资助多伦多大学和博物馆内中国文物的研究。

---

① Dong Linfu, *Cross Culture and Faith: The Life and Work of James Mellon Menzies,* Toronto: University of Toronto Press, 2005, p.135.

② 鲁档 J109-03-11，《山东教会大学国学研究所第八年年度报告》。又，刘书铭 1938 年 6 月 7 日致明义士信（英文）。

由此可以看出，明义士的收藏是响应“上帝”的召唤。为了探明中国上古时代的“上帝”观及其文化背景，他将自己的一生献给了商文化的研究。从这层意义上来说，他的收藏是为了“上帝”，也是为了便于自己对中国文化的研究。他是一个虔诚的基督教徒，从不以自己的藏品换取经济上的私利。在这一点上，他与那些打着文化和宗教之名而行盗窃文物之实的怀履光之流，显然不能同日而语，而应予区别对待。

第四章 回国以后

明氏为作者老友，外人之注意殷墟考古工作者，彼为第一人。前年在华盛顿相遇，知彼以研究中国之“戈”，新得博士学位，时年六十有三。西人治学精神，可佩如此。

——董作宾:《甲骨学六十年》

1936 年 6 月 20 日，明义士告别齐鲁大学，开始了他为期一年的休假生活。说是一年的休假，实际上真正的休息时间也只有半年。因为光是往返旅途，就得占去长达近半年的时间。明义士的这次回国，就经过了三个月的漫长旅行，直到这年的 9 月 15 日才到达目的地——加拿大多伦多市。他本打算假期结束后返回济南，在齐鲁大学完成自己的学术生涯。孰料，由于 1937 年 7 月 7 日日寇发动了全面侵华战争，明义士的计划被全盘打乱，这也改变了他后半生的命运。

明义士回国以后的经历，大致可分为三个阶段：（1）1936 年至 1943 年供职于皇家安大略博物馆；（2）1943 年至 1946 年任职于美国务院战时新闻局；（3）1946 年因心脏病发作，赋闲休养。

01 皇家安大略博物馆的不愉快经历

1936 年至 1943 年的七年时间，明义士是在多伦多度过的，具体说来，这期间他任职于皇家安大略博物馆。其间，他于 1942 年获多伦多大学哲学博士学位。当时，该博物馆隶属于多伦多大学，能够在自己的母校就读，并获得博士学位，从表面上看来是一件值得庆贺的事情，但对于明义士本人来说，这中间却经受了意想不到的艰难。

让我们从 1940 年 3 月 6 日明义士致皇家安大略博物馆馆长卡雷利的信中，来了解一下明义士在这段时间中的不幸经历。引文虽然长了些，但对我们理解明义士的人品、理念，尤其是这期间的生活和工作经历却大有裨益。

亲爱的卡雷利博士：

写信首先告诉您一件事，加拿大联合教会海外传教协会已经答应我的请求，同意我将回中国的期限推迟到1940年年底。这一决定是在今年年初作出的，我接到通知时您已经离开这里了。此前我曾与您讲起过，但当时还没有最后决定。海外传教协会是根据华北日军占领区的混乱情况作出这一决定的。我们豫北差会的传教士们已经从该地撤离，差会也遭到了日军的抢掠。最近，我的老家彰德（今称安阳）总站的四座建筑物被日军焚毁。传教士们被安置在别的地方，伺机待命。有几个人被临时安置在济南齐鲁大学，那里虽也已沦陷，但医学院和神学院仍在当地坚持工作。我们的大部分学生和教职工则仍流亡在华西地区。因此，海外传教协会批准，让我推迟返回中国，延期期限是1940年年底。

海外传教协会知道，在过去的几年中，正是您的热心襄助，我才得到洛克菲勒基金会的资助并在皇家安大略博物馆做研究工作。

您知道，我为安大略博物馆所做的工作主要是以保存在该博物馆中的藏品为研究对象，完成两篇专题性著作。其中之一是您多次鼓励我做的，就是研究中国商代墓葬出土的成套青铜礼器和兵器，兼及铸造方法和技术，写一部题目为“中国青铜时代”的专著。这部著作文字部分现已基本完成，如果配上线图和图版所需的照片，就能在今年夏末出版，比如说10月1日。因此，绘图的工作最好能在4月1日开始。这样的话，就可能在9月以前印刷出来。自从在展室里您和我谈过您的要求和希望后，我几乎把全身心的精力都投入到这部著作的写作上了。

但正如从前我对您说过的，长期以来我的研究兴趣主要集中在商代文化上，甚至从1914年我在彰德第一次发现商代晚期都城（传统编年认为在公元前1400~前1122年，实际的绝对年代应为公元前1311~前1038年）殷墟遗址的时候开始，就已经将我的一生同认识和解读商文化联系在了一起，这对于我的福音传播是如此重要，以至于我始终认为这项研究是在华传教取得成功的基础。我之所以能够待在皇家安大略博物馆，也正是因为这里有可供研究的商代考古资料。所以，当我于1936年9月抵达多伦多后，就来到这个博物馆，并在多伦多大学注册攻读中国考古学的博士课程。我确定的研究题目是“商代文化”。从1936年秋天到1938年1月，甚至直到这年的夏天，我几乎没有休息日，义务为博物馆服务。因为我休假期间的工资是由海外传教协会承担的。他们乐意支持我在皇家安大略博物馆的工作，因为这个博物馆为了让加拿大人更好地了解中国和中国人民，做了许多有益的工作。

自从日军占领了济南，齐鲁大学被迫西迁后，海外传教协会同意了您对我的邀请，使我能在洛克菲勒基金资助下，在皇家安大略博物馆从事研究工作。就这样，我在这里度过了1938年和1939年两年的时间，现在已经是第三个年头了。在我这次的回程延期申请中，我提出的理由是要完成我在多伦多期间研究成果的出版任务。这项工作必须在多伦多皇家安大略博物馆中完成，因为我所使用的资料大都保存在这里。

除了兵器外，我在安大略博物馆所做的研究还包括了商文化的其他方面。作为一个文化的整体，它们是彼此不能分割的。这包括：（A）骨文化——甲骨文和其他骨制品。（B）玉石文化。除了本馆的藏品外，研究范围还涉及收藏于芝加哥自然历史博物馆中方法敛博士的藏品、桑尼森藏品和芝加哥艺术研究所藏品等。（C）陶文化。这是其他各项研究的基础。这还包括一项关于白陶的专门研究，我个人的白陶收藏曾在1927年的军阀混战中遭受到惨重损失。（D）青铜器铸范和冶金技术。在安阳时我就曾对殷墟出土的范模和它们的出土地点进行过研究。所有这些课题都同商代的历史、宗教和生活方式等密切相关，构成了当时社会生活的背景。这些资料对于正确认识商代人类生活的整个面貌，无疑是极为重要的。

现在，先生，您可能会认识到，如果没有认真的、细致的研究，这样一项研究成果是不会轻而易举地取得的。这项成果面向普通学生，要求是言简意赅，但精力的投入却是巨大的。我希望有机会向公众讲述我的研究成果，现在需要的是有关的图像资料。皇家博物馆收藏的大部分商代文物，在安阳时我就曾见到过，因此对它们的出土情况比较熟悉。我还在开封向怀履光提出过许多忠告，帮助他鉴别器物的真伪、时代及价值等，以免被古玩市场上充斥着的赝品所蒙骗。这样做，对于我个人来说有害无益。因为这样一来，古董商会把价格提高。尽管我尽力想把自己熟知出土地点的文物抢救下来，但却无能为力。怀履光为皇家安大略博物馆收藏的商代器物在时代上不成问题，因为在古董商运到开封之前，我都是经过手的。

您知道，1927年豫北差会曾遭受到军阀的大肆劫掠。我于1914年至1927年十三年间收藏的甲骨、陶器、青铜器和其他资料，也在这次劫难中丧失殆尽。这不仅是对于我个人，而且对于整个中国考古学来说，都是一个巨大的无法弥补的损失。因为被摧残的这些资料，对于商文化的研究具有相当重要的学术价值。但我一直在为中国、为更好地理解她的文化和她的人民而工作。我对自己说：“我失去了器物，但从这些遗物中所得到的知识却不会丢失。”我常常拿这话来安慰自己。这是我希望以皇家安大略博物馆的资料为基础，出版我的研究著作的主要原因。这些藏品，我不只是见到过并经过手，而且，有些与我失去的那些藏品有着密切关系。

这些话在您离开多伦多之前我就曾对您讲过，在这里我把它写给您。现在，您应该对我在过去两年里所做的工作有个清楚认识了。研究工作已经完成，现在就等着付梓出版了。器物中的赝品得到了甄别，成组成套的遗物都已归位，骨器、玉器、石器、白陶和铜器范模也都已得到鉴定和研究。

这些年来，无论是在河南，还是在多伦多，我的所有这些研究都毫无保留地与怀履光交谈过。今年，他不顾我的抗议，在课堂上不加说明地引用我的研究成果。如果只是在课堂上，我可以不予追究，但他在出版物中也这样做，我必须表示强烈抗议。我以各种各样的方式帮助他，但我坚决反对他在文章中剽窃我的研究成果的做法。在古代社会，你可以强迫奴隶为你卖力，但你却不能逼迫他割断自己的喉咙。

怀履光声称自己只是在援引安大略博物馆的藏品，但他忘记了，当初对这些商代器物做出正确断代，统统是基于我本人的经验；他也忘记了，无论是他本人还是为他提供古物的开封古董商林某，自己从没有到殷墟遗址来过。即便对林某这样的古董商人的能力估计再高，他们对于商文化也不会有多少真正的认识；况且，林某也是通过他在安阳的买主获得古物的。这些安阳的古董商我都认识。就是对于我本人，他们也是极尽欺骗之能事，让你上当。我从来不指望从他们手里买东西。他们感兴趣的是做买卖，而我则是尽力从出土物本身获取事实的真相。对于我来说，自己在遗址上采集的遗物，即使是残瓦碎陶，却包含着历史的真实；而从古董商手里买来的东西，尽管价钱不菲，但你不能指望获知真实的出土地和有关信息。因为他们总是对真实的出土地点秘而不宣，以防他人从中获利。与这些古董商人打交道二十多年，我学会了如何从细微的线索中获得有价值的信息，如何从身边大量的赝品中分辨出真伪。我知道哪些发现有重要的价值，并花很多时间去弄清有关的事实真相。运用这些经验和知识，我澄清了安大略博物馆的藏品中，哪些是确确实实的商代遗物，哪些过去被定为商代而实际上不是商代遗物，或者是赝品。这就是我在这里工作的成果。作为向知识界和公众传播文化知识的博物馆，应当掌握这些信息。如果一个博物馆被一些未加甄别的古物所充斥，那它就无异于一个庞杂的古玩店。知情的学者们在此可以获取有用的信息，而广大的普通参观者就会被那些似是而非的说明引入歧途。

我们的展览就发生过这样的错误，直到我来这里发现后才改正过来。怀履光在《伦敦新闻》上发表了一篇所谓“汉代庭院”的文章，并据此在布展中按照他的意思陈列出来。遗憾的是，他把属于公元 1300 年的明代遗物误定为公元前 200 年汉代的东西了。结果这个展览一错就是三年。这只是怀履光许多错误中的例子之一。他所制作的商代遗物登记表和发表的线图、照片资料，简直是错误百出。我不想在我做出订正后再由他来发表，或者让我的名字与他联名出现在封皮上。因为我会为他的那些低级错误而感到羞耻。我也决不会对存放于二号库房、发表在《洛阳金村古墓》一书中的资料负责。因为我从未到过洛阳金村，不想因此而败坏我的名声。因为我不掌握第一手资料，无从知道这所有的出土物是否都属于同一时期。

学术界可能乐意知道二号库房里的藏品（据说均为墓A出土）是否真的与那套带有铭文的编钟同出。还有，刻有铭文的青铜壶到底与哪些器物共存？与银器及其他刻铭青铜器共出的器物又是哪些？后者当中有一件可推定为公元前210年，即秦始皇三十七年。最后，出自金村的大量的瓦，到底是来自哪些墓葬？对于这些事情，如果可能的话，参与其事的怀履光都有责任予以澄清。我的收藏之道很简单。我独自一人来往于遭盗掘的地方，从劫余的残物中采集第一手资料。对于一个负责任的科学家而言，他亲手获得的一枚琉璃珠，要比黄金分量更重。这就是我在豫北二十五年中所做的工作。我知道这样的收藏很难有惊人收获，成效也很慢，但我却可获得事实的真相。

在过去的三年里，我就是以这些知识来整理安大略博物馆中那些来自豫北地区的藏品的。凡是经过我手整理的东西，我都对学术界负责。也许我是庸人自扰，但为了不至于被人误解，我还是要作如下声明：怀履光最近发表的关于豫北地区商代和西周早期文化的论述，所根据的均非第一手资料，因此，对于学术界来说谈不上什么贡献。对此，他会为自己辩解，说这些东西是从开封或别的什么地方的古董商手里买来的，他们担保过这些东西出自安阳、浚县、辉县或三彪镇，等等。他们是那么说的。但古董商的话可以作为科学证据吗？直到我来博物馆后，才逐个弄清哪些器物来自安阳、浚县或者其他地方，哪些并非如古董商人所说的，来自安阳或浚县等地。每次到开封，我都留意对这些东西进行鉴别。来这里后我仍然在做这类工作。怀履光说这很简单，但这是耗费了我一生的精力才得到的结果。我的研究态度与他截然不同。与他共事三年半，我发现自己很难以诚实的态度做自己的研究。他是如此专横，你只能为他干活，而不可能有你自己的工作。

为了更清楚地说明我的观点，这里拿怀履光正在开设的关于商代器物的课程作例子。我知道皇家安大略博物馆中的确有很多商代藏品，但也有很多不属于商代的东西。有几件器物我不敢肯定，它们有可能是商代的，但现在没有足够的证据。但在怀履光的讲稿中，这三项器物全被当作商代的了。我天天跟他讨论讲课的内容，因为这本讲稿要以皇家安大略博物馆的名义出版。因为我身在其中，我要为博物馆负责，要为学术界负责。我宁肯得罪怀履光，也要保护自己的学术声誉。

按说，以我现在的位置不宜给怀履光本人提什么建议，但事情已经发展到这个地步，我诚恳地提出两点请求：一个是他申请的“中国古代文化概论”，我知道这只是“商代文化”的别名。这是我的博士论文题目，这一点可由包括您、布莱特教授、麦克里斯教授和米克教授在内的指导委员会作证。我请求让怀履光停止这本书的出版。他有许多其他工作要做：（1）壁画；（2）中国的犹太人；（3）唐代文化；（4）雕塑；（5）金村古墓A；（6）宋代瓷器。这些都在等着他来完成。

另一个请求是关于安大略博物馆给我的承诺，出版两部有关商代的专著。一是《商代的青铜容器和兵器》；二是《商代文化》。这两部著作都以皇家博物馆的资料为研究对象。

如果兑现两项承诺有困难的话，我请求将二者合而为一，统称《中国青铜时代文化》，内容包括骨器、石器、玉器、陶器和青铜器，及与之有关的兵器和冶铸范模等。这部著作将以青铜兵器为重点，其他内容将是概略性的。这样，既兼顾了博物馆的藏品，也反映了几年来我的研究成果。

我还得坚持自己的研究应该是自由的，不应非要按照博物馆的要求去做。我有能力胜任此事。否则，我一直是在一种遭人误解的情况下受雇于博物馆的。我不认为自己"助理研究员"的职责只是协助怀履光，并以他的名字出版有关商文化的著作。我将以我个人的名义出版，并对此负责。

实际上，在怀履光已经出版的两部著作中，我曾提供了不少资料方面的帮助，尽管在他的著作中从没有提及过。但今后我将停止这种帮助而专心于自己的这两部书的写作。我发现为他工作得不到任何好处，并因自己没有为出版做好准备而自责。

您以前曾答应让茅小姐为我绘图，我十分感谢。古德夫人现在有其他工作要做，并且眼睛也不太好，不应再坚持绘图这样的工作。但我知道怀履光本人正在计划给茅小姐安排其他工作。她一直做得很出色，但我时常担心她被分派到更多的工作而无暇顾及我的绘图。我不想因为绘图而影响我的出版。我知道绘图工作虽然简单，但为了描绘准确，也不是一件容易的事，比如要正确表示出戈的"勾喙"，或器物装柄的方式等，常常需要很多的指导。我必须有一位绘图师帮忙。怀履光很可能会借口我的书稿还没有准备好，而把茅小姐指派过去为他工作。三年来他就是这样对我横加限制的。

怀履光是考古部主任，部里的事情都得按他的命令去做。他所感兴趣的事情必须马上做。令人不满的是，他仍然不断地来询问我有关藏品的知识和信息，然后在课堂上不加说明地使用。这样的询问，每天都在十几次，有时时间还很长。他上课的地点就在资料室，而我一般在库房或自己的办公室。我经常可以听到他的讲课，但他从来没有提到他这些知识的来源。您的儿子就在他的课堂上，您可以直接向他打听。现在，我必须对他出版这本讲义的做法提出抗议。我过去不知道他向我问这问那，最终目的就是以他自己的名义将其出版。我告诉过他这样做是不人道也是不光彩的剽窃行为。经常，在问过我后，他会说我告诉他的只是让他确认了自己的认识，然后他就会记录下来讲给学生们听。他确信这都是他自己的观点。

我要强调的是，我必须是在自由的情况下完成我的书稿。对我来说，如果得到诸如绘图、图版等方面的协助，这并不困难。但如果我什么事都要得到怀履光的批准，并受制于他，那我宁可马上辞职。我不能再面对这样的场面，因为我的精神已不堪重负。尽管我经常超量服用催眠药物，但仍是整夜地睡不着觉。我的身体已经因此受到损害。

发生这种事情，我感到很遗憾，尤其是您不在这里，我不知道向谁叙说苦衷。今天，我看见怀履光同麦克里斯教授商量什么，事后我也找到麦克里斯，向他解释了这里发生的一切。他劝我给您写信。后来我又同您的代理人格林娜威小姐商量，并请她帮我打印了这封信。这就是问题的经过。关于这封信，我还没有告诉怀履光。就在今天，3 月 5 日，他又来问我关于石刀和石镰的问题，我回答了他的问题。

我认为，除非他放弃出版商文化讲义的想法，否则我必须搬出那资料室。我不想一再被盘问。尽管海外传教协会已经允许我延期回中国，但我也做了马上辞职回到齐鲁大学的打算。在那里，我可以得到哈燕学社的资助出版我的书稿。齐大至今还为我保留着哈燕学社负责人的位置。我为怀履光所做的一切，得到的竟然是恶意的回报。我不会再保持沉默。我为他工作，他认为是理所当然；但我为自己工作时，麻烦就来了。

对于洛克菲勒基金会，及我对基金会的职责，我没有什么可说的。只是怀履光本人一再向我强调，我是一名助理研究员，决不能独自个人与基金会方面联系。按照他的解释，我是专门协助他出书的。如果这个助理研究员的位置如他所想象的那样，是为他提供出版所用的资料，那我到这里来实在是出于极大的误会。如果我辞去这个职务，我就有义务给洛克菲勒基金会写信，说明事实的真相。我的学术声誉要求我这样做。

在您回来之前，我会满怀信心地做我的青铜器研究。我已获准将在 3 月 25 日至 28 日的美洲东方学会远东分会上发表一篇论文。因为我今年夏天只有两周的休假，去年也只有一周的假期，我想请假应该会得到批准。怀履光知道我要去参加会议。

祝身体健康，生活愉快！

您真诚的

明义士

为了更好地理解这封重要的信件，我们须对它的背景有所认识。当初，对于明义士来说，1936 年的这次回国与其说是休假，倒不如说是利用较为充裕的时间，对于自己的商文化研究作一认真总结。

他知道，多伦多皇家安大略博物馆中的中国文物，包括大量的商代甲骨文和青铜器，也有待深入地作一番研究。这些文物大都是20年代通过怀履光之手盗运来的，其中的许多器物出自安阳，明义士在安阳时都曾看到过，并在文物真伪和年代的鉴定方面帮过怀履光不少忙。此时，怀履光已于三年前从“河南主教”的位子上退休，在该博物馆东亚考古部当主任。当时的皇家安大略博物馆在行政上与多伦多大学有隶属关系，博物馆的研究人员同时也承担多伦多大学的教学任务。怀履光就是多伦多大学的汉学教授。明义士之所以选择在多伦多度假，与怀履光和皇家安大略博物馆丰富的中国文物藏品有直接的关系。因此，刚刚到达多伦多，明义士便来到皇家安大略博物馆工作。

明义士在皇家安大略博物馆的工作是得到加拿大海外传教协会的同意的，并且该协会一直为他提供工资。因为协会方面认为，明义士在该博物馆的工作，能使明氏将来在中国的工作受益。现在的问题是，我们不知道明义士是何时到多伦多大学攻读博士学位的。1938年12月，明义士在写给朋友的信中，还说自己将在来年的夏天回中国①，没有提及攻读博士学位的事。

明义士做出攻读多伦多大学博士学位的选择看起来是很突然的，因为此前他从未向任何人讲起过此事。他做出这一决定，可能与在当时中国国内政局不稳的情况下海外传教协会的善意劝阻有关系。此外，还可能受了当时在皇家安大略博物馆和多伦多大学东亚系任职的卡雷利和怀履光两人的影响。

如上所述，早在1924年怀履光便成为继克劳福德之后皇家安大略博物馆新的经纪人，对博物馆远东部的发展“贡献”极大。也许是

① 1938年12月3日明义士致美国友人、收藏家约翰·哈德雷·考克斯（John Hadley Cox）的信（英文），明明德家藏。

从怀履光那里，卡雷利首先了解到明义士丰富的文物藏品。其实，他们两人并不陌生。早在 1917 年，明义士随“中国劳工团”赴法国前线，顺道回国探亲，就来到多伦多参观过这个博物馆，并于 1918 年将在法国修路时挖掘出土的石器、陶片等古物邮寄给该博物馆。1921 年，从前线归来的明义士又将自己于 1917 年在殷墟遗址采集到的石器等出借给博物馆。几年过去了，卡雷利知道明义士的收藏日渐丰富，收藏经验和鉴定水平也非一般人可以企及。于是，1927 年 1 月 12 日，卡雷利试探着发出一封信，劝说明义士将自己的藏品卖给博物馆，并邀请明义士担任皇家博物馆在中国的经纪人。[①]我们没有发现明义士的回信，但事实是明义士既没有卖给他们任何藏品，也没有答应做他们的经纪人。因为对于中国文物的收藏，明义士有自己的一定之规。关于这一点，我在本书第三章已经述及。

与明义士形成鲜明对照的是，得到强大经济援助的怀履光在经纪人的位置上极为卖力。在 20 年代末 30 年代初，“华人逐渐取代了西方传教士，更多地承担起在教会事务方面的工作，这使怀履光有更充分的时间用于收藏，他至少把一半的精力花在了文物收集上”。怀履光的这一举动，甚至招致了其他传教士的不满。[②]怀履光果然“不负重望”。在接下来短短的十年间，他使该博物馆的中国艺术品收藏数量大增，尤其是来自安阳、洛阳两地的商周青铜器、玉器和甲骨等，大都是价值很高的稀世珍品。1933 年，怀履光年满六十，从“河南主教”的位置上退休。鉴于他对皇家博物馆的“突出贡献”，他顺理成章地成为该博物馆远东部主任，并兼任多伦多大学东亚系教授。

---

① 1927 年 1 月 12 日卡雷利致明义士的信（英文），皇家安大略博物馆藏

② 李巍：《从传教士到汉学家——加拿大圣公会主教怀履光》，宋家珩主编：《加拿大人在中国》，东方出版社 1998 年版，第 276 页。

如前所述，早在1911年，明义士和怀履光便已相识，怀履光还是明义士夫妇的证婚人。从年龄和教会工作的资历来说，明义士要远远低于怀履光。但在对中国文物的鉴定水平和研究深度方面，明义士却要高明得多。尤其是怀履光藏品中那些来自安阳的文物，明义士可谓是了如指掌。关于这一点，怀履光本人和卡雷利都十分清楚。卡雷利想利用明义士的丰富经验，对博物馆中的商周文物来一个彻底断代和分类。怀履光对于明义士的到来也自有打算。就这样，在他们两人的支持下，明义士顺利申请到美国洛克菲勒基金会的资助，以“助理研究员”的名义在博物馆暂时有了工作职位。

但事实证明，明义士的这一决定实非上策。接下来在多伦多的四年，虽然物质上的生活条件是在中国无法相比的，但是对于明义士来说，这是他一生中精神最为压抑的时期。而造成这种情况的主要原因，是明义士与他的上司怀履光之间的异常紧张的个人关系。有人解释他们之间关系紧张的原因是性格方面的差异①，但从明义士写给卡雷利馆长的这封信中，我们可以看到明氏心情压抑不得志的真正原因。

明义士这样一位秉承“博爱”教义的虔诚的基督教徒，又经过长年的中国儒家文化的熏染，居然会以如此严厉的措辞来控诉自己的上司兼长辈，如果不是到了忍无可忍的地步，是不能想象的。明义士希

---

① 如彼特·斯特伯格在《金希望》（*The Golden Hope*）一书中写道：“那是在三十年代末和四十年代初两人同时供职于皇家安大略博物馆的时候，二人之间的关系变得紧张起来。一向把自己列入主教行列的怀履光在来任职之前就坚持自己必须被委任为教授，稍后又出任主任之职。而他给明义士的则只是助理研究员的职位。他们两人都学有所长，而脾气性格却大相径庭。怀履光性情武断，盛气凌人，同时善于搞人际关系；而明义士则性格孤僻，态度谦和，不喜欢炫耀自己。这从他们的文章风格中也能得到反映。按照路易丝·沃姆斯利的说法，这种个人性格之间的争斗阻止了明义士。其结果，使他在自己贡献甚多的学术领域中再难有所收获。”（第139~140页）路易丝·沃姆斯利在其《河南主教——怀履光》（*Bishop in Honan*）一书中有类似观点，见该书第170页。

望作为一馆之长的卡雷利了解事实真相，并为自己主持正义。但后来的情况并没有按照明义士预期的那样发展。

1941 年，明义士完成了博士论文《商代青铜文化》的写作，并向答辩委员会提出答辩申请。未料这部厚达 240 页、洋洋数十万言的论文，竟遭拒绝，理由是“论述过于宽泛”。怀履光和卡雷利两人都是该委员会成员。论文遭拒绝的真正原因不言自明。

事情到了这个地步，明义士进退两难。中国方面，战时传来的消息都很悲观；而在多伦多，自己为得到博士学位已经奋斗了五年多的时间，不忍心就此前功尽弃。他别无选择，只能按照委员会的要求，重起炉灶，写出让他们“满意”的论文来。

但不顺心的事情一件接着一件。洛克菲勒基金会的资助期限为 1941 年 4 月底，并不能因为拿不到学位而延期。无奈之下，他写信给加拿大海外传教协会，述说自己的苦恼，并希望协会支持他继续申请洛克菲勒基金。① 好在海外传教协会及时向明义士伸出援助之手，答应为他提供一年半的工资，让他安心工作，完成博士论文的写作。②

不是说论述“宽泛”吗？这次，明义士选择了商代青铜兵器——戈，作为研究对象。好在对于铜戈他已关注多年，轻车熟路。第二年，一部题名为《商戈》的论文再次提交到答辩委员会。这部厚达近 500 页的专著，虽然是以铜戈的类型学和年代学研究为目的，但涉及的内容则包括了商文化的编年、商王世系、商文化特征及其与周边文化关系等一系列历史学和考古学问题，无论是在研究的广度还是在深度方面，在当时西方乃至在中国学术界，都堪称高水平。这一次，最

① 1941 年 1 月 8 日加拿大海外传教协会贝斯德致明义士的信（英文），明明德家藏。
② 1941 年 2 月 12 日贝斯德致明义士的信（英文），明明德家藏。

终获答辩委员会的通过，拿到了这张饱渍自己六年心血的博士资格证书。

通过这件事，明义士对自己以前及眼下的处境已经非常明白。自己虽然是满腹经纶，但由于曾经谢绝来自博物馆方面的经济援助，并拒绝将自己在中国国内的藏品卖给他们，他已经在不知不觉中得罪了卡雷利。想想在写给卡雷利的那封信中，自己还为一贯恪守的收藏之道颇感自豪，并对于怀履光那种带有明显破坏性的收藏而大加指责，看来自己过高地估计了他们的道德水平。为了得到想要得到的东西，他们是不择手段的。当然，他也不会再提及自己论文出版的事。

明白了自己在皇家安大略博物馆的处境，按说在得到了博士学位后，明义士应该尽快返回中国，回到那个令他朝思暮想的齐鲁大学。海外传教协会也早在一年前就这样建议过，并随信转寄明义士一封来自美国哈燕学社总部伊利瑟夫给葛思德的信。[①] 信中对明义士在齐大的工作给予了肯定，并盼他早日回到齐大，主持那里的“哈燕”项目。[②] 但此时的齐大早已将文科迁往四川成都，而明义士的甲骨等藏品则仍藏在济南的齐大校院里。这令明义士感到非常为难。一方面，他需要回到济南，和他的藏品在一起，继续他的学术研究；另一方面，国学研究所和哈燕项目的管理和运作都在成都。经过再三考虑，他决定留在多伦多，观望一下事态的发展。

也许是因为皇家安大略博物馆觉得对于明义士在学术上的贡献再也不能熟视无睹，也许是怀履光已经完成了自己的出版计划，1942 年 10 月 15 日，卡雷利给了明义士一纸保证书。算是对两年前明义士那

① 1941 年 1 月 8 日贝斯德致明义士的信（英文），明明德家藏。

② 1941 年 1 月 3 日伊利瑟夫致葛思德的信（英文），明明德家藏。

封长信的回应。保证书这样写道："为了保证著作者的名誉，博物馆在以后的出版物中对于明义士先生在博物馆工作期间取得的研究成果，都应予以说明。"[①] 但这一切似乎来得太晚了。

在皇家安大略博物馆工作期间，明义士对流散到海外的中国古代文物，尤其是那些属于商代的甲骨、青铜器和玉器等，给予格外的重视。他同美国各个收藏中国文物的博物馆和私人收藏家保持密切联系，并以自己丰富的经验，帮助他们鉴定、研究、布置展览。在当时的北美学术界，许多人把本属于商代的青铜器、玉器和骨器等文物判定为周代以至汉代。而这些对于明义士来说，是再熟悉不过的。在这里，他找到了自己的用武之地。他曾帮助芝加哥艺术馆、芝加哥自然历史博物馆和庐氏古物馆等单位和个人鉴定其藏品。[②] 他甚至专门前往美国，协助芝加哥自然历史博物馆举办过一场关于商代玉器的特展。[③] 他丰富的经验和谦虚的为人，深受同行的称赞。

明义士在中国的丰富经历、汉学研究的精深程度，尤其是他与中国知识界存在的密切关系，引起了美国方面的注意。显然，为了维护在亚洲和太平洋的利益，美国需要明义士这样的人才。1943 年，接受了美国国务院战时新闻局的邀请，明义士离开多伦多，前往旧金山就职，开始了为期七年的美国生活历程。

---

① Decision of the Directors of the Royal Ontario Museum of Archaeology re the Rev. J. M. Menzies and the Material Assembled by him in his Research Work at the Museum, October 15, 1942.

② 大量信件说明，1936 年至 1942 年间，明义士与他在美国和欧洲的朋友及同行保持着密切的通信联系，其中多是讨论流传到海外的中国文物藏品。仅 1938 年一年，明义士同芝加哥自然历史博物馆 C. Martin Wilbur 的通信就有七封之多。

③ C. Martin Wilbur, "Shang Jades Exhibited", *The Field Museum News*, No. 4, Vol. 9, April, 1938.

02 从旧金山到华盛顿

还是让我们从明义士的一封信来了解一下他在美国任职期间的生活经历吧！

这封信是明义士于1948年3月22日致多伦多大学校长希德尼·司密斯的。此时，明义士已经完成了在美国的使命，而重返中国的愿望一次次破灭，明义士正面临一生中新的抉择。因此，在这封信里，明义士对自己在美国的生活有简单的总结，也流露出对于不能重新回到中国这一现实所带来的失望和沮丧。

信的全文如下：

亲爱的司密斯校长：

自从收到您于2月12日的来信，到现在已经有一个多月了。我不否认，这封来信带给我的感觉是失望和沮丧。因为从来信中得知，加拿大政府和英国、美国政府协调一致，禁止自己国家的公民进入山东省首府济南，因为那里正在被共产党的军队所包围。今天，3月22日，我刚刚接到通知，被告知齐鲁大学的加拿大籍教职员工已撤往南京。上次给您的回信中，我说到自己马上就要启程回到中国，但现在的情况与那时已经完全不同。事已至此，我不得不从另一个角度考虑您的提议。我希望这封迟到的回信多多少少能表达我的歉意。在这之前，我确实很难给您一个确定的答复。

我很清楚，要建立一个具有一定实力的东亚研究机构并形成自己的特色，绝非是单靠个人在短时间内可以完成的。这一点，1947年斯卡博（Scarborough）的报告已经指出过，见该报告附录一第三节第102~113页东亚研究部分。这项建议最早由安东尼·伊顿在1944年提出，继而由恩斯特·博文论证如何借助大不列颠在这些学科研究上的优势，以促进我们的学科发展。加拿大总是希望向不列颠看齐，因为两国的联系密切，人们希望加拿大的东亚研究从不列颠那里得到启迪，以赢得同样的赞誉。近年来，人们围绕东西方文化和生活方式的争论有增无减，对于东方文化存在着很大误解。因此，东亚研究无论是在加拿大，还是在其他地方，都很有必要得到加强。正是在这种需要的感召下，鉴于当前面临的形势，我决定将我后半生的汉学研究由中国转向加拿大。我知道，这说起来容易做起来难，我的后半生会为此不得安宁，但我不能总这样等下去，我必须有个开端。用中国的一句俗话来说，叫作“万事开头难”。

这是自1905年以来我所面临的最困难的选择。那年，作为应用科学院的一名学生，我选择了去中国传教（原文如此——引者）。从此以后，我的生活变得很简单，也很单纯，那就是尽力使我接触到的中国人（包括农民、学生和知识分子）相信，作为一个生活在中国社会中的基督教徒，与他们作为一名崇尚中国传统文化的真正的中国人，两者之间并没有任何矛盾。这使我的生活充满欢乐，并由此引导我转向对中国传统文化的研究。我在中国的生活被两次世界大战所中断。第一次世界大战期间，我作为英国远征军随“中国劳工团”在法国服役；第二次世界大战时期，我先是在美国战时新闻局做中国问题专家，后来任职于美国国务院。因为这两次都是临时的任务，对于我来说，做出决定并不困难。在这两次世界性的灾难中，我为中国人民，同时也为同盟国，尽了自己的一分力量。每一次从事这样的工作，我都坚信能回到中国，在那里度过我的余生，今年我已经63岁了，不会有几年工作的时间了。我在这里的医生估计，按照正常情况，我可以活到70岁。1946年我患心脏病，就是这位医生给我诊治的，因此他对我的情况很了解。我的父亲活到93岁，母亲活到81岁。我的哥哥今年75岁，妹妹61岁。他们两人都还健在。

在这里给我治病的这位医生曾经在美国海军特种部队服役，有丰富的海外生活经验。他支持我回到中国，回到齐鲁大学，尽管那里充满困难和危险。他说，在那里我可以做自己熟悉和喜欢的事情，这对于我的身体有益。

我想，在这里我应该向您说明一下，在我写给您的第一封信里，我强调了自己在中国考古学和古文字学方面的研究。自1943年以来，我在美国战时新闻局和国务院所做的工作都与中国时局方面的问题有关。随信寄去一封美国国务院写给加拿大海外传教协会的信，信的内容是感谢协会允许我离任赴美为同盟国工作。这封信提到了我在美国的工作性质。在华盛顿，我的工作集中在政策、计划和行政执行方面。我向您提这些事情，不是我在有意夸口，我只是想避免给您留下一种错误印象，即认为我这人只关心中国古代历史，而不熟悉或对现代或当代中国政治事务不感兴趣。

我之所以离开国务院，是因为我的服役期——战争期间和战后六个月——已经结束。如果我是美国公民的话，当我的上司要求我留下来时，我很可能已经被继续留任了。但在1946年5月我生病前，我已经在回国意向书上签了字，并着手为重返中国做准备。1946年7月17日我的任期结束，这是很正常的，因为随着战争的结束，裁员和人员重组是必然的。我给您寄上美国国务院下发的任期结束通知书，上面写明了我的工作类型为CAF-12，文职，年薪是5905美元。我也附上我的工作效率等级考核成绩证明，结论是“非常好”。我被告知，这已经是相当高的级别。没能得到最高级别的“非常出色”，是因为我不能十分熟练地使用打字机，也不会开车。

皇家安大略博物馆和多伦多大学东亚系之间存在极深的矛盾，我对此感到遗憾。我情愿相信像您所说的，事情不会总是这样，“因为‘多大’和博物馆关系密切，便难免有这样那样的矛盾”，“无论在何种情况下，东亚系的系主任应该在博物馆兼职，职位相当于东亚部副主任”。我相信这项任命不仅仅是一个礼仪性的头衔，而且有助于加强多伦多大学对博物馆工作的兴趣，避免因分治所带来的在研究课题和人员安排方面可能出现的冲突。离开了博物馆的中文图书馆，东亚系的工作就不可能正常运行。对于东亚系来说，积累和扩大这个图书馆的藏书量以满足学术研究的需要，是一项重要的工作。因为我对目前的实际情况不甚了解，因此，对其他的可能存在的困难就不多说了。我总是担心博物馆和东亚系之间发生矛盾，如果您愿意，我打算前往多伦多了解事情的细节，然后与您和您的委员会就有关问题进行讨论。

美国东方学会第158次年会将于4月30日在纽约召开，届时我将应邀前往。在此之前，我将出席4月2日在同一城市举行的“东亚学学者协会”筹备会议。加拿大海外传教协会的阿姆斯特朗博士建议我和我太太出席于4月20日在多伦多举行的年会。因此，我可以提前几天去多伦多，比如4月12日至16日，或者，如果您觉得方便的话，也可于年会结束后在多伦多滞留几天。

您真诚的

明义士

读完这封信，相信读者对于明义士在美国的经历和写这封信时所面临的情况已经有了基本了解。抗战期间，中国国内的形势和他在美国的工作都不允许他离开自己的岗位；抗战胜利后，因劳累过度，积劳成疾，于 1946 年 5 月突发心脏病。关于这段生活经历，读者可阅读一下乔治·泰勒——明义士在美国任职期间的上司——于 1946 年 6 月 24 日致加拿大海外传教协会负责人阿姆斯特朗的信[①]，从中可以看到明义士对在美国的工作是如何尽心尽责，以致劳累成疾的。值得注意的是，他负责对华的宣传，通过他那流利的汉语、对中国和中国人民的深刻了解，鼓励当时正处于战争灾难中的中国人民，使他们对胜利充满信心。可以想见，当时有许多的中国人曾经通过电波，收听到他在大洋彼岸的正义声援。

尽管身患严重的心脏病，明义士仍在积极疗养，为重返中国做准备。1948 年初，就在他动身前往中国的前夕，政局的动荡再一次使他的希望破灭。现实是如此无情，正如明义士自己所说，当被告知自己不能重新回到中国，他面临着一生最艰难的抉择。面对现实，他选择了在多伦多大学继续从事他的考古研究，以度过余生。遗憾的是，也许是出于年龄和身体健康方面的原因，明义士没能继续留在多伦多大学东亚系继续他的学术研究。这无论是对于他个人，还是对东亚系来说，都不得不说是一种损失。

面对如此频繁的打击，明义士的心情自然可以想象。读者想必也会受到情绪上的感染。实际上，明义士在美国的工作和生活还是充满了乐趣。这种乐趣，既来自华盛顿国会图书馆丰富的中文图书，也来

① 1946 年 6 月 24 日乔治·泰勒致阿姆斯特朗的信（英文），明明德家藏。信的全文见本书附录二。

自同熟识的汉学家商讨学术。在一封写于1947年11月17日给自己儿子的信中，他这样写道："每当我研究起这类的中文资料，我就感觉身体好多了，觉睡得好，饭也吃得香。这也使我对重返齐鲁大学充满了希望。"①

1947年冬，也正是在这个图书馆，明义士与他的老朋友董作宾见面了。

关于这次会见，在上面提到的那封信中有所涉及，有趣的是，我们在整理明明德先生捐赠给山东大学的明义士收集的考古资料中，发现了一份经仔细保存的董作宾先生赠明义士博士的书法作品。书法是用甲骨字体写成的，下面有董先生的行书自跋，介绍书写内容及因由：

> 中华民国二十五年春第十三次发掘殷墟，得此龟腹甲右下约四分之一。武丁世卜甲，狩兼记擒获之辞。笔画中涂饰朱砂，鲜丽如新。三十六年十二月二十二日写于华盛顿国会图书馆以赠阔别十余年之老友明义士先生。董作宾并识。

老朋友之间的这次聚会给董作宾先生留下很深的印象，两年后他还在著作中写道："明氏为作者老友，外人之注意殷墟考古工作者，彼为第一人。前年在华盛顿相遇，知彼以研究中国之'戈'，新得博士学位，时年有六十三。西人治学精神，可佩如此。"②

另外，与董作宾先生的墨宝精心卷在一起的还有一幅中华民国国

---

① 1947年11月17日明义士致明明德的信（英文），明明德家藏。见本书附录二。

② 董作宾：《甲骨学六十年》，《董作宾先生全集甲编》，（台北）艺文印书馆1977年版。

民政府参军长吕超将军的书法作品，题头为“大美利坚合众国参战三周年纪念”，由此可知应作于1944年。书法为篆文，内容是：“为公理正义而战，为世界和平而战。以战则胜，以攻则克。”这件作品应该是明义士在旧金山任职期间接受自中国政府代表团的赠品，文字的内容表现了抗日战争的正义性质和中国人民必胜的信念，故为明义士所精心收藏。

03 退休以后

明义士以优异的工作业绩完成了在美国战时新闻局的服务。1948年3月，他从海外传教协会正式退休，但仍侨居华盛顿。一方面养病，一方面静候重返中国的时机。当时的他正在为不能重返中国而深感沮丧。不久，他收到董作宾寄自芝加哥的信，信的全文如下①：

子宜老兄：

大示及惠寄庐氏铜器书、照片玉斧一张，均奉到。感谢之至！

关于甲骨文字研究，老兄不但是西方学者第一人，也是在中国研究最早之一人。弟素常敬佩的！弟之殷代文化讲义，请老兄多加指教，万勿客气！承蒙过于推奖，实不敢当。前天会见葛德基先生，听他说，您不久可以到中国去，非常高兴，希望过芝加哥时能够一谈。如果中国政局安定，我们能在中国共同研究甲骨文，是最所盼望的！对于福利尔陈列馆所藏的玉戈文字，我也

① 1948年4月23日董作宾致明义士的信，明明德家藏。明义士本人对这封信很重视，特将它翻译成英文，附在原件下面。

疑心是伪刻的，大约仿铜器的铭文，字体、文法都是周代，而原物则是商代的。不知老兄意见如何？庐氏铜器铭文，有许多好资料，俟将来细看一过，如有新发现，再为奉告。

秋间，弟打算再到东部一游。届时老兄若未走，当再图一会。芝城天气已充满春意，东部想亦桃红柳绿、樱花盛开了。

即祝

健康！

弟 董作宾

一九四八、四、二三

“在中国共同研究甲骨文”何尝不是明义士的梦想？但现在，这一美好愿望也只能是一个可望而不可即的“梦想”了。

将近六年的美国生活，使他积累下十分丰富的流散到北美的甲骨文、青铜器和玉器资料。与同行们探讨和研究这些博物馆私人藏品，成为他最大的乐趣。信中提到的收藏青铜器和玉器的“庐氏”，就是美国一位非常有名的私人收藏家。

身在北美的明义士自然也在牵挂那些凝聚了自己大半生心血的藏品。他一直打算有朝一日回到中国，将分散在北京、天津的甲骨等文物聚集到济南，捐赠给齐鲁大学，并希望在齐鲁大学继续他的学术生涯。为此，他多次给在中国工作的同事和孩子们写信，让他们妥善安排这些文物藏品。但他从未授意任何人将这些东西运回加拿大。但出人意料的是，他存在天津的部分藏品，包括青铜器和甲骨文等，还是于 1948 年 9 月被同事们装箱，托运回多伦多。他设想回中国的种种可能，便把这些文物存放在火车站的仓库里，随时准备启运回中国。关于这批文物被运出中国和抵达多伦多后的情况，请参考本书第六章

第 4 节。

1949 年 10 月 1 日，中华人民共和国宣告成立。11 月 4 日，齐鲁大学医学院院长杜儒德（Ernest B. Struthers）代表齐大，给包括明义士在内的身在海外的齐大外籍职员写信，告知齐大已于 8 月 30 日复校，在国内的外籍教员已经从杭州和福州返回济南校园，并说新政府对齐大复校表示欢迎，学校正在恢复正常，等等。① 可以想象，读到这封信后明义士是何等的高兴。因为，从来信所言，他重返中国就不再只是梦想了。

但在加拿大政府内部，就是否承认中国在国际上的合法地位问题却存在很大争议。1950 年 6 月，在时任加拿大驻华临时代办穰杰德（Chester Ronning）先生的斡旋下，加拿大政府已经基本同意承认中国，并让穰杰德着手谈判问题。但“朝鲜‘三八线’上的隆隆炮声淹没了沟通南京和渥太华的微弱电报声”。因朝鲜战争爆发，中加两国没能坐在谈判桌前，就建交问题达成协议。②

面对这样的现实，明义士颇为失望。对于长期处于战争苦难中的中国人民，明义士心里充满了同情。但毕生从事中国文化的研究，明义士对于中国的未来满怀信心。在一封写于 1954 年的给美国友人的信里，他这样写道：

> 对中国的未来，我们是充满信心的。她有着至少 3500 年的成文历史，从中您可以发现，在这生生不息的历史长河中，这个伟大的民族对自己的未来历来都是信心百倍。这一点，在整个世

① 1949 年 11 月 4 日杜儒德（E. B. Struthers）致海外齐大外籍职员的信，明明德家藏。

② 有关这段历史，可参看刘广太著《朗宁传》第 8 章《紫金山下（1947~1950）》，河北教育出版社 1999 年版。

界历史来看，都是独一无二的。①

退休后的生活，对于明义士夫妇来说是十分拮据的，他们甚至不得不向子女伸手借钱来度日。尽管如此，他们也从来没有出售过任何一件文物，以换取经济上的利益。面对中加两国之间因没有正式的外交关系、自己重返中国的希望彻底破灭这一现实，如何处置这些藏品，成了明义士的一块心病。他曾萌生过将藏品捐赠给皇家安大略博物馆的念头，却一直没有付诸行动。主要原因，当然是与怀履光的矛盾并没有得到丝毫缓和。一直到1957年去世，他在遗嘱中指定由妻子和儿子继承这部分文物，也没有把文物捐赠给皇家安大略博物馆。

此后，美国的博物馆曾有意收购这批文物。但在皇家安大略博物馆的一再要求下，权衡再三，明义士夫人和明明德先生于1961年将明义士藏品悉数捐赠给该博物馆。作为回报，博物馆设立"明义士基金"，一方面用来资助出版明义士的博士论文《商戈》一书，另一方面用于资助对明义士藏品的整理与出版。这是后话，本书后文还要提到。

① 1954年3月12日明义士致恒慕义（Arthur W. Hummel）博士的信，现藏山东大学考古系资料室。

第五章 学术贡献

明义士先生是外国人当中，收集和研究甲骨卜辞最著名的。他眼光的敏锐，是难与比拟的。……如果他不是外国人，以致研究中国的学问有很多不便的话，相信其成就不可限量。

——许进雄:《殷虚卜辞后编·编者的话》

自1914年因“上帝的指引”发现殷墟，至1957年因病在多伦多去世，明义士几乎用了毕生的精力，致力于商代甲骨文和青铜文化的研究，取得了显著成就。

纵观明义士一生的学术研究，可以1936年回到加拿大为标志，分为两个阶段。前一阶段起于1914年，下至1936年，重点在甲骨的整理与甲骨学的研究；后一阶段为1937年至1957年，偏重于商代青铜文化的研究。

01 甲骨的整理与研究

甲骨学是一门深奥难懂的学问，素有“绝学”之称。它不但要求研究者具备扎实的古文献功底，还需对宋代以来的金石学有基本的修养。这对于任何一个生于斯、长于斯的中国人来讲已属不易，更不用说对于像明义士这样一位来自欧美的外国人，其难度是可想而知的。但明义士克服了语言文字上的障碍，通过自己的勤奋，最终成为一位杰出的甲骨学专家，被甲骨学大师董作宾先生称为甲骨文研究“西方学者第一人”[①]。大致说来，明义士在甲骨文著录、辨伪、缀合、断代和释读等诸多方面都有所贡献，奠定了他在甲骨学研究上的学术地位。

① 1948年4月23日董作宾致明义士的信，明明德家藏。

1. 甲骨著录

资料是科学的基础，任何一个学科的进步和发展都离不开资料的积累。就甲骨学而言，甲骨文的著录出版同样是甲骨学研究的基础性工作。明义士生前编纂的甲骨著录有三项，即《殷虚卜辞》《殷虚卜辞后编》和《柏根氏旧藏甲骨文字》。

《殷虚卜辞》

对于20世纪初刚刚起步的甲骨学来讲，甲骨文的著录出版无疑是一项基础性工作。当时已经出版的甲骨资料只有《铁云藏龟》《殷虚书契》和《殷虚书契菁华》等数种，尚远远不能满足学术研究的需要。明义士深知资料对于学术研究的重要性。尽管自己的研究能力有限，他还是花了一年半的功夫，从自己所收藏的5万片甲骨中选出2369片，亲手临摹，于1917年出版了他的第一部著作——《殷虚卜辞》。

这部书完成于他应召即将前往法国服役的前夕，在其英文版的《序言》中，他写道：

> 将工作延伸到对中国古代文明的研究，对笔者来说，这只是第一步。该书是“史前中国”丛书的第一卷，尽管该书涉及的是成文史而非史前意义上的资料。这些关于中国古代最早历史的记载，对于追溯长久以来已变得若明若暗的中国上古文化与宗教的起源，意义不言自明。正因为如此，笔者常常感到在自己具备研究能力之前尽快出版这些资料的紧迫性。因为对于汉学界来讲，这些资料是十分重要的。设若战争（指第一次世界大战——

引者）不能及早结束，至少本书能为汉学研究提供一些基础性的资料。

从这里，我们可以看到作者视学术为公器的科学态度。这种达观认识，就是在今天看来，也是值得大力提倡的。

《殷虚卜辞》是明义士的第一部甲骨文著作，也是西方学者研究甲骨文的第一部著作。该书是第一部甲骨文摹本，开创了甲骨文著录的一种新方法。据作者本人讲，该书著录的甲骨是从自藏的 5 万多片甲骨中精选的。尽管限于作者当时的认识水平，书中有不少地方存在着失真、漏刻的现象，但在甲骨真伪混杂的当时，作者审慎选材，避免了有些著录中较多赝品混入的情况，为学术界提供了一批值得信赖的甲骨资料，因此具有重要的史料价值。该书当时印数有限，只有 190 册。1972 年台北艺文印书馆依原书再版重印。

因为摹本难以避免的失真等弊端，明义士曾计划出版该书的拓印本。他将这批甲骨实物单独存放在一个箱子里，以便日后重新整理、施拓。1927 年军阀混战，包括明氏甲骨在内的大量藏品都在安阳住所遭毁坏，这箱甲骨则跟随明氏本人转运北京，继而运到济南齐鲁大学。他准备存在这里完成该书的拓印及出版工作①，但未能如愿。明氏在自己的著作中对此有记载：

笈中尚余未拓第一批甲骨，后或续印拓片一卷。初甲骨到手，著者随到随描。时新见甲骨，所摹未免上下左右颠倒，或误刮痕为笔画。年半后，所见既多，乃纳藏箱中，以新得碎片另始

① 鲁档 J109-01-101，第 137 页，1936 年 6 月 10 日燕京大学哈燕总干事包德致明义士的信，提到明义士的四项出版计划，其中三项即为《殷虚卜辞》拓本的出版。

> 起源。又屡次比较原物重新改正印稿。三易手稿，此书始克问世。……当时著者任宣教士，工作甚忙。暇则执笔秉刀，俯印石上，改正底版。排列虽失于不美，而形体正确，未始非得爱者之目，三年日研结果，足证非亲校底稿，亲修印石，不能出版。①

其为读者负责之精神，由此可见一斑。

1948 年齐大准备第二次南迁杭州和福州，远在加拿大的明义士对这箱甲骨也是倍加关注，让其子女和齐大的同事最先把它运到上海，以便他回到杭州迁址后的齐大校园继续完成这项计划。后出于种种原因，明义士没能回到中国，这批甲骨也辗转到了南京博物院。②好在 40 年以后，胡厚宣先生主持编纂的《甲骨文合集》收录了其中的部分精品，多少可以弥补见不到拓本的缺憾。尽管如此，我想，学术界仍然愿意看到更为全面的拓印本《殷虚卜辞》早日问世。

《殷虚卜辞后编》

这是明义士的第二部甲骨学著作，完成于 1928 年，书名为《殷虚卜辞后编》，以示同先前的《殷虚卜辞》既有联系，又相区别。甲骨的来源，明义士本人有记载：

> 一九二四年（甲子，民国十三年），余有疾一月，才好了，小屯人打墙，发现一坑甲骨，为余所得。其中有大的。一九二七、一九二八（丁卯、戊辰，民国十六、十七）二年间拓本成，即

① 明义士:《甲骨研究》，齐鲁书社 1996 年版，第 20 页。

② 有关详情，请看本书第六章《藏品流布》中的有关内容。

《殷虚卜辞后编》。[①]

据胡厚宣先生《战后南北所见甲骨录》说，当时明义士共拓印五份，除自留一份稿本外，还分赠给自己的好友马衡、商承祚和容庚等著名学者，在学术界产生了一定影响。但直到四十多年后的1972年，这部书才正式由台北艺文印书馆出版发行。

该书的编者许进雄先生说，他所根据的皇家安大略博物馆的藏本，是该博物馆从明义士夫人和儿子明明德那里接受的捐赠品的一部分。如此说来，它应是明义士自留的《殷虚卜辞后编》的稿本，共上下两册，“拓本共是2819片，有7片可与他片缀合，故为2812片。其中2片被撕去，以及确实伪刻的2片，模糊无法辨读的3片，实数是2805片”[②]。许进雄编辑时，按董作宾的五期断代法分期，每期又分甲和骨，再分类编排，共分祭祀、求年、气象、卜夕、卜旬、田游、方国征伐、疾病等八类。许进雄定其年代为第三、四期。不过，据明义士本人的《序言》（详下），它们多属于第一、二期。

从大量的信函中，我们知道明义士对于这部著作给予了极大关注。1932年来齐大伊始，他便于11月20日写信给燕京大学负责哈燕学社事务的总干事包德（Lucius C. Porter），询向有关出版事宜：

> 关于甲骨拓本，不知您以前是否有出版方面的经验。燕京大学的藏品出版了没有？如果已经出版，是在什么地方出版的？花费如何？我有很多这方面的材料要出版，但我想知道，在北京或

① 明义士：《甲骨研究》，齐鲁书社1996年版，第19~20页。

② 明义士著，许进雄编：《殷虚卜辞后编·编者的话》，（台北）艺文印书馆1972年版。

者华北地区，哪里有最好的“珂罗版”印刷厂？[①]

包德在 12 月 1 日的回信中回答了明义士的问题，说燕京大学的藏品已在印刷之中，并告知明义士可直接与文化制版所（Wen Hua Chih Pan So）的一位姓李的先生联系。[②]

明义士曾将《殷虚卜辞后编》的出版列入 1932~1933 年度的“哈燕”出版项目，但由于通货膨胀和资金本身的缺口，这一计划未能实施。[③]1936 年 3 月 23 日明义士在写给葛思德的信中，抱怨哈燕学社给齐大的经费太少，只够支付职员的薪水，包括《殷虚卜辞后编》在内的其他手稿都不能得到及时出版。[④]

在 1936 年 6 月回国前夕完成的《1935 年 7 月至 1936 年 6 月国学所第六年度报告》中，明义士提到他已通过包德博士向哈燕学社提出出版《殷虚卜辞后编》的正式申请，因为“出版这样一部大部头的拓本，仅仅指望国学所的经费显然是不够的”。但不知何故，包德在 1936 年 11 月 30 日写给齐大校长刘书铭的信中，却说他从未收到过这样的申请。[⑤]明义士回国后，由哈燕学社资助出版《殷虚卜辞后编》之事便无人问津了。

不过，因为这批甲骨拓片有重要的研究价值，所以在 40 年代初，曾经有几位著名学者重新提及出版之事。对此，曾毅公在写给明义士的信里说得比较清楚[⑥]，不妨节录如下，或许对于甲骨学史的研究有参

① 鲁档 J109-01-100，第 18~19 页，1932 年 11 月 20 日明义士致包德的信（英文）。
② 鲁档 J109-01-100，第 20~22 页，1932 年 12 月 1 日包德致明义士的信（英文）。
③ 鲁档 J109-01-100，第 12~16 页，1934 年 7 月明义士所作“哈燕”报告（英文）。
④ 鲁档 J109-01-000，第 123~126 页，1936 年 3 月 23 日明义士致葛思德的信（英文）。
⑤ 鲁档 J109-01-000，第 144~145 页，1936 年 11 月 30 日包德致刘书铭的信（英文）。
⑥ 明明德家藏。

考价值：

子宜师：

……

我在去年出了一本《山东金文集存》(先秦编)，送了一本给容希白（庚）先生，请他指正。在他给我回信的时候，信末曾问到您现在何处，《殷虚卜辞后编》为何十余年来至今尚未出版。当时我给他回信时，把您的行踪告诉他，《后编》之是否出版，则以不知答之。这是在去年十一二月间的事，不过是朋友间的普通的酬答和关心罢了。但是，我在新年寒假中，因须到北京"尊古斋"调查他们所藏的古量器，和参观容希白先生的藏器，并且请求测量他藏的几个勺的容量，和在厂甸看一看书摊和古玩摊。当我到北京的第二天，拜访《甲骨文编》的著者孙海波先生。在谈话中，孙先生也问道："明先生的甲骨，何以尚不出版？如不出版，闻有人将要代他出版了。"当时我听了很惊奇，但是何人为明先生出版呢？孙先生不肯明白地谈，此事就暂时放着。当我和孙先生约定一天去访容先生时，容先生见面时对我说："你要借看的明先生的甲骨拓本，我已经把它和其他的拓本同于省吾先生换了一个'戈头'。"当时容先生就取来一个锦匣，里面放着一个"水磨绣""错金书"特别精致的"许伯龙戈"(这戈是双剑誃藏品中四个精品之一，山东出土)。容先生说："你看了这戈，算是代了甲骨拓本罢！"当时我曾说："听说有人要出版这批甲骨吗？"但是容先生答复的很不清楚。以后又讨论请教了其他的问题，就过去了。后来又在孙先生家和容先生等聚餐，又谈到您这批甲骨拓本的问题，容先生说："这些拓片，在此十余年来，很受了若干的麻烦。曾寄上海借给已故的叶玉森看过，又曾寄到日本，借给郭沫若，其他在北京的唐兰、陈梦家等。东借西借，实在无法应付，所以把它换了那个戈头。因为我是研究金文的人，甲骨文字，还是请你们研究甲骨的人用吧。至于出版的问题，我和省吾选出重要的部分，预备由北京图书馆出版。”当时我曾提出此批甲骨既为明先生所有，而明先生为齐鲁大学国学研究所主任，此甲骨文字似由齐大出版为宜（此语乃我大胆的话，因在当时我既不能代表您，更不能代表齐大，尤其是我更不能负如此重大的责任。不过因我和您的关系，不能不使我作如此的试探，聊表寸心）。容先生对此也未有任何的表示。当容先生离去后，曾和孙先生谈此问题。关于拓片之让归齐大或请在未付印前有使您知道此事的机会，或归齐大出版等。如有可议，我愿从中奔走，虽然不是我的责任。但是孙先生仿佛是无能为力。孙先生说：“听说按版权法，一个稿本在十五年中作者如不自行出版，在十五年时别人就可以出版。”关于您的问题，是在这次我回北京时如此的经过，一点也未漏的完全报告给您。归济后，曾与林仰山牧师谈及，他也以为应当让您知道此事的经过。

……

曾毅公顿首拜

（一九四一年）二月二十日

也许因为曾毅公先生的那几句话，容庚和于省吾先生后来并没有将出版的计划付诸实施。鉴于该书迟迟不能发表，而内容又十分重要，胡厚宣先生于1951年发表《战后南北所见甲骨录》一书，收录《殷虚卜辞后编》拓本843片，只是所根据的不知来自谁的藏本。

值得提及的是，任何一家藏本均未提及明义士本人的序言，而明义士生前是写有序言的。据李学勤先生讲，明义士所写《殷虚卜辞后编》的序言，是曾毅公的翻译稿，写在一日记本上，好像并没有完成。李先生以附录的形式发表在 1981 年第 5 期《文物》杂志上。该序言有助于我们了解明义士本人对甲骨分期的认识，将在下文中予以讨论。

这批甲骨的实物现藏北京故宫博物院。关于其流传经过，本书第六章第 3 节中有详细介绍。

《柏根氏旧藏甲骨文字》

柏根氏（Paul D. Bergen）是美国长老会传教士。他于 1883 年来华传教，1905 年出任潍县广文学校（即济南齐鲁大学的前身之一）校长。①

1904 年至 1908 年，柏根氏与同驻潍县的美国人方法敛和驻青州的英国人库寿龄等一起收藏甲骨。学校移至济南后，其甲骨藏品便陈列于齐大附近的广智院内。1933 年春，明义士到广智院参观，发现这批甲骨，经院长魏礼模（H. R. Williamson）同意，请人拓墨，附以摹写，并作释文，写成《柏根氏旧藏甲骨文字》一卷。该书最初发表于《齐大季刊》1935 年第六和第七两期，后以线装单行本发行，有《序言》。前 24 页著录拓本、摹本和释文，后 36 页为考释。该书著录甲骨 74 片。原物现藏山东省博物馆。②

据说，这批甲骨早在潍县时就曾为方法敛所摹写，手稿封存于美

① 张拱生：《晚清山东高等教育概览》，《山东史志资料》1983 年第 3 辑（总第 5 辑）。

② 王恩田：《甲骨文在山东》，《人文与自然》1999 年第 4 期。该文说："柏根氏所藏，连同没发表过的共 122 片，现在也收藏在山东省博物馆。"不知为何当年明义士只著录了 74 片。

国芝加哥自然历史博物馆（The Field Museum），后经白瑞华（Roswell S. Britton）于1938年连同其他收藏者六家，题名《甲骨卜辞七集》刊行于纽约。方氏摹本共76片，较明义士所见者多出2片，故白文于此佚去之两片注明“missing”（佚失）。1978年，旅居美国的台湾学者严一萍根据明义士的单行本，重新写成《柏根氏旧藏甲骨文字考释》，由台北艺文印书馆印行。该书对明氏的《考释》多有评述。

2. 甲骨流布

在收藏、研究甲骨的同时，明义士对殷墟早年出土甲骨的情况也细心留意，并特于《甲骨研究》（初编）中设《甲骨发现小史》和《收买甲骨者》两章，为后人了解甲骨的流传提供了重要线索，成为研究甲骨学史的重要材料。1937年董作宾、胡厚宣编著《甲骨年表》一书，内中涉及1899年甲骨发现至1928年殷墟科学发掘之前近30年间甲骨的出土与收藏，便多赖《甲骨研究》的记述。正如有学者评价的那样：“明义士对小屯每宗甲骨出土及流传情况，因‘身临其境’而了如指掌，故所著《甲骨研究》讲义记载最为准确、详赡和具有权威性。”[①] 著名考古学家李济也评价道：“他（明义士——引者）能通过当地的挖掘了解甲骨的出土情况，并常到小屯询问挖掘者掌握甲骨出土的信息。适当的职务与他的考古天才有机地结合起来，为他在外国学术界中对甲骨文研究作出特殊贡献开辟了道路。”[②] 当1996年明义士《甲骨研究》由齐鲁书社再版时，有学者以《踏破铁鞋无觅处》为题撰文，指出“此书由于印量小和未公开发行，因此存世很少，早已成为个别图书馆或不多学者秘不示人的‘孤本’”，该书的再版，“实在

---

① 王宇信：《甲骨学通论》，中国社会科学出版社1989年版，第40页。

② 李济：《安阳》（中译本），中国社会科学出版社1990年版，第16页。

是一件值得祝贺的喜事”。[①]

3. 甲骨的整理

> 整理的工作，是琐碎繁重、利人不利己的。但若不经过这种技术的手续，则研究本身是无从下手的。
>
> ——陈梦家:《甲骨缀合编·序》

甲骨文是具有很高史料价值的出土文献。由于早期发掘的非科学性，以及它本身又是价值连城的古董这一特点，在使用甲骨文材料的过程中，就存在一番对甲骨资料进行“整理”的功夫。具体地说，这样的整理工作可分为辨伪、校重和缀合等。它要求整理者对于已出土和出版的甲骨文资料熟记于心，并要有极大的耐心和甘为人梯的奉献精神。明义士就是这样一位对甲骨文进行系统整理的开拓者。

辨　伪

甲骨文自1899年发现并被认识到其所具有的价值后，北京、上海、山东潍县、河南彰德府的古玩市场就出现疯狂的抢购甲骨之风，很快由一斤只值数钱的“龙骨”，被爆炒成为每字值银二两五钱的“古董”。随之而来的便是伪造甲骨。伪片出现之初，由于缺乏鉴别方面的经验，即使是国内收藏行家亦不免受骗上当。明义士也曾在这方面吃过亏。据董作宾、胡厚宣《甲骨年表》1914年一栏记载:“明氏初得大胛骨，乃新牛骨仿制者，售者欺外人不识真伪，举以鬻之。未久，乃腐臭不可闻迩。然明氏从此悉心考究，终成鉴别真伪能手。”

① 王宇信:《踏破铁鞋无觅处——祝方辉博士整理明义士〈甲骨研究〉出版》,《殷都学刊》1997年第4期。

李济先生亦对此评价颇高：

> 伪造甲骨的出现，在很大程度上扰乱了古玩市场，产生了两个主要后果。一方面，由于保守派学者虔诚地尊崇许慎《说文》的一千多年的权威，于是以这些伪造品为确凿的证据说明所有甲骨文都是伪造的古文字，是一批冒牌的学者为欺骗大众而杜撰的。另一方面，几个有远见卓识并研究过真的而非伪造的甲骨文的学者，为了探索区别甲骨真假标准而更发奋工作。这个队伍中的一个先锋是《甲骨研究》的作者明义士。①

出版于1917年的《殷虚卜辞》一书收录甲骨2369片，只有1片赝品混入其中，且后来为明义士本人所揭示，由此可见明氏在甲骨辨伪上的功底之深。②

明义士甲骨辨伪经验的获得，有着其他人无法比拟的条件。因为他常年居住在安阳，对当地的古董商和作伪者非常了解。据他讲，当时最为有名的作伪者名叫蓝保光。明氏曾见到过成百上千的蓝保光伪刻甲骨。因此，对于明义士来讲，鉴别甲骨的真伪并非什么难事。③

明义士在甲骨辨伪方面的成就，在其多部著作中有所体现。比较集中的是在《甲骨研究》一书中，他指出柏根氏赠给济南广智院的70余片甲骨，“甲骨皆真，矢镞器真，字伪刻；厌胜器字皆伪造”。在其《柏根氏旧藏甲骨文字考释》一书中，也指出“按七十三、七十四二片，除记数字之‘三’‘八’字外，余均为伪刻”。

① 李济：《安阳》（中译本），中国社会科学出版社1990年版，第16页。

② 此赝品即《殷虚卜辞》第758片，见明义士：《甲骨研究》，齐鲁书社1996年版，第37页。

③ 明义士：《论殷虚出土的明氏鹿即古代的廌》，本书附录一。

方法敛 1906 年所著《中国初时文字》收甲骨少数，“十二图为小龟甲全壳，只缺尾部等，真确，颇有参考价值。原有卜辞六句，四全、二残，共存三十字。第四、五、六、七、八、九图六矢镞，器真文伪刻。第十、十一、十三图骨料不成器，文伪造不成体例。第十四、十五、十六、十七、十八、十九、二十图为七片真正甲骨。……由此推测，或库方二氏所收藏真假各半”。

林泰辅 1921 年编著的《龟甲兽骨文字》卷二第 29 页之 12、16 为伪刻。

对“家谱刻辞”的辨伪，显示出明义士在这方面独到的观察力。所谓“家谱刻辞”，是指现藏英国不列颠博物馆的一件牛肩胛骨刻辞和一件鹿角刻辞，最早于 1912 年由金璋发表在《中国古代皇家遗物》和《骨上所刻之哀文与家谱》两文中。明义士在该书中认为二者“刻文疑伪”和“器文皆伪造”。他是最早指出“家谱刻辞”是伪刻甲骨的学者之一。①

对伪刻甲骨的辨识，为学者放心使用甲骨文史料提供了方便。明义士在甲骨辨伪方面的贡献，值得后人铭记!

校　重

甲骨校重是甲骨学发展到一定阶段的产物。所谓“校重”，就是剔除甲骨著录中的重见甲骨片。造成这种“重见”的原因，主要是在甲骨文非科学发掘时期甲骨和甲骨拓片往往辗转流传反复易主，有的

① 不过，对“家谱刻辞”的讨论至今仍是聚讼纷纭，多数学者主张为伪刻。有关的辩论可参考以下文献，胡厚宣:《甲骨文“家谱刻辞”真伪问题再商榷》,《古文字研究》第 4 辑，中华书局 1980 年版;《甲骨文“家谱刻辞”伪刻的新证据》,《夏商文明研究》，中州古籍出版社 1995 年版；于省吾:《甲骨文“家谱刻辞”真伪辨》,《古文字研究》第 4 辑，中华书局 1980 年版。

甚至拓墨数份。收藏家把新收集到的甲骨墨拓，再与手中原有的拓本编在一起出版。有时同一片甲骨，会在先后出版的几种著录书中出现；也有时一片甲骨，会在同一种著录中前后不同的地方出现。由于这些原因，甲骨著录书中就出现了重片的问题。著录中重片的出现，给甲骨学研究带来诸多不便。明义士于1933年6月发表在《齐大季刊》第2期上的《表校新旧版〈殷虚书契前编〉并记所得之新材料》（以下简称《表校》）一文，就是较早涉足这一领域的成果之一。

《殷虚书契前编》由著名学者罗振玉编印，是甲骨学上一部很重要的著作，在30年代以前共有三个版本。明义士所谓的"新版"，即1932年重印珂罗版桑皮纸本，八卷，线装四册；而所谓"旧版"，即指1913年珂罗版影印双宣纸本，八卷，线装四册。明义士在《表校》中分列"遗漏""改正倒置""删复""重出拓片未经删除者""因剪裂一片为二之损失""次序之不一致"和"拓片见于别书者"等七项，就新、旧版《殷虚书契前编》进行校对，多所创见。此后，有严一萍和雷焕章等中外学者对此进行研究，但均没有超出明氏的结论。① 不唯如此，明义士在该文"拓片见于别书者"一项中，将新版《前编》同《龟甲兽骨文字》《铁云藏龟》《戬寿堂所藏殷虚文字》及《殷虚书契后编》诸书互相校勘，得重见拓片37例，为后来的学者提供了极大便利。

正如有学者所言："著录非科学发掘时期出土甲骨的不少书，或多或少地都存在重片问题，使用时，需要首先校重。幸运的是，前辈学者已为我们作了这项工作，我们应永远感谢他们。"②

---

① 张秉权：《略论〈殷虚书契前编〉的几种版本》，国际中国古文字学研讨会、香港中文大学合编：《古文字学论集》1983年9月5日第一版。作者文中"大致说来，明义士所指出来的，已经相当详尽"云云，对明义士的这篇文章有较高评价。

② 王宇信：《甲骨学通论》，中国社会科学出版社1989年版，第218页。

缀　合

大家知道，由于埋藏、发掘、转手、传拓等多方面的原因，一块甲骨往往残断为数片，并为不同收藏家所收藏。把残片或残碎后著录在书中的甲骨拼合到一块，恢复其本来面目，就是通常所说的“甲骨缀合”。同校重和辨伪一样，这也是甲骨学研究的基础工作之一。

最早注意甲骨缀合的是国学大师王国维，他于1917年缀合了《戬寿堂所藏殷虚文字》1、10与《殷虚书契后编》上8、14，发现了上甲至示癸的世次，纠正了《史记·殷本纪》的错误，得到学术界的首肯。明义士是较早从事甲骨缀合工作的学者之一，其成就为学界所知。如容庚说：“明义士、商锡永、董彦堂、郭鼎堂、孙涵博，皆曾致力于缀合之工作。”① 陈梦家也说：“最早留意及此者，则为明义士氏。氏于1983年在《齐大季刊》第二期，曾发表一部分。”②

陈梦家说明义士是“最早留意”甲骨缀合的学者，应该是指有目的地专门从事这一工作，而不是像王国维那样，在研究中出于偶然的发现。据曾毅公在《甲骨缀存》第55片之下说：“此片之上方一版，明氏子宜于庚午（民国十九年）曾以意补之，以寄容希白先生。容氏录之《殷契卜辞》中（《殷契卜辞释文》第九页）。”可见，明氏至迟在1930年就已经着手这一工作并有所获。

陈梦家所说的《齐大季刊》1933年第2期上的文章，即我们前面已经提到过的《表校新旧版〈殷虚书契前编〉并记所得之新材料》一文。明义士在文章中说：“《殷虚书契前编》之最大缺点是往往以原系一骨而散列于各处……是仍欠整理工夫也。书中实有许多块片尚

① 《甲骨缀合编·容序》，北京修文堂书店1950年版。

② 《甲骨缀合编·陈序》，北京修文堂书店1950年版。

能对合者。但予以数载之工作，知能对合之片固不限于《前编》。兹将《前编》(《前》)，与本书（即新版《前编》——引者）、《后编》(《后》)、《菁华》(《菁》)、林泰辅《龟甲兽骨文字》(《林》)、《铁云藏龟》(《龟》)、《戬寿堂所藏殷虚文字》(《字》) 等书所录之能对合者列表明之，以资参证。”该文共发表缀合所获 29 例，涉及甲骨 65 片。其中的一例是将《前》2.3.5、《前》2.4.1、《菁》10.1、《林》1.27.8、Hopkins（金璋）621 和《明》376 等 6 片甲骨缀合而成，对于研究“大邑商”等商代地理问题提供了近乎完整的一版甲骨文史料，堪称甲骨缀合的经典之作。

明义士的缀合成果还见于他于 1933 年春出版的《甲骨研究》一书中，如该书第 69 页缀合的《后编》上 8.14 与《戬》上 1.10、《后编》上 2.3 与《后编》上 2.7、《后编》上 7.7 与《后编》7.9 等，是他缀合工作的新收获。

另据许进雄 1972 年编辑出版的《殷虚卜辞后编》中《编者的话》，该书许多拓片都是由二片缀合而成，说明明义士当年就已经做过缀合的工作。

明义士不但自己致力于甲骨缀合，还鼓励引导他的弟子曾毅公从事这一工作。1939 年，曾氏《甲骨缀存》一书付梓，特于此书《自序》中，写道：

> 丙子之夏，明子宜师返国。良师遽别，请继以为学之道。师乃诏毅曰：“甲骨出土洹滨，今且三十余载。铁云籀启其先河，傭庐静庵发其枕秘。功等凿空，绝学斯显。时贤硕彦，率有名篇。契学昌明，于焉略备。起例发凡，固彬彬乎其盛矣！分条钻索，尚有待于将来。若子商之谱系，人地之考证，甲骨之断代，卜法

之推究，词类之比勘，残片之缀合，凡此荦荦，其尤著者。苟能勤事勘研，会通比较，则殷商文献其有补乎！余虽从事斯业，积稿盈箧，然增益修补，杀青有待。其有意乎！当共勉之。”（按，师有《商帝系世祖谱》《卜辞汇考》诸作；甲骨断代于戊辰［民国十七年］前已有发明；残片缀合，《齐大季刊》第2期曾发表一份）毅获教之余，数年来未敢或忘。然赋性愚暗，且渐末学。虽有造述，未能自信。独学寡偶，请益无从。既忧患之频频，且感室家之多累。时作时缀，所业几废。是则内怍于心，而尤惭乎明教者也。今缀存排比，将次完成，谨记师说，用志缘起云尔。

实际上，《甲骨缀存》就从《表校新旧版〈殷虚书契前编〉并记所得之新材料》一文中选录21例；《甲骨研究》中的3例，也被收入其中。应该说，《甲骨缀存》一书凝聚了他们师生二人的心血，是他们共同合作的成果。曾毅公后来在甲骨缀合上又有许多新的发明和贡献，在学术界有很大影响。这是后话，兹不多述。

4. 甲骨学和商史研究

将地下出土资料与文献资料结合起来研究历史，即所谓“二重证据法”，是国学大师王国维最先倡导的。明义士对此极为赞赏，并力图贯彻到自己的研究中去，多有所获。以下是明义士涉猎过的几个专题，有的是在前人研究基础之上的进一步推进，有的则是发前人所未发，具有开拓性的探索。

商王世系

自1917年王国维先生发表《殷卜辞中所见先公先王考》，甲骨文中商代帝王的世系已算是基本就绪，但对于卜辞中“商祖名甲者之次序”则存在不同的意见。具体而言，就是卜辞中的“甲”和“甲”，到底相当于文献中的哪两位名甲之商祖？

关于“甲”，罗振玉释为“羊甲”，认为“羊甲即《史记》之阳甲”，王国维、董作宾均从之。明义士认为：“此说久立而非。”在《甲骨研究》第八章第84、85页，根据《簠文》帝系39、147、146，《前》Ⅰ.42.2、Ⅰ.19.5等片中商王世系的排列次序，考证出“甲”即文献中的“沃甲”。而罗、王等人未识别的“甲”，明义士则认为是真正的“阳甲”。并根据《前》Ⅰ.42.2中“甲”作“甲”，认为《山海经·大荒北经》注引《竹书》所说的“和甲”，实即阳甲之误，而王国维以为“和甲为祖甲之伪”是错误的。

事实证明，明义士的上述考证是完全正确的。

1933年5月，与明氏《甲骨研究》讲义面世几乎同时，郭沫若先生所著《卜辞通纂》在日本完成并出版发行。郭老称：“余于殷之世系，除仲王、廪辛而外，其为罗、王诸家所未知或遗误者，遂得有所揭。”所谓“为罗、王诸家所未知或遗误”而为郭老所“揭发”者，指的正是“沃甲”和“阳甲”。他们这两位学者，身在异国却各自研究同样的问题，而且几乎是同时得出了完全相同的结论，甚至连所用论据也无大差别，堪称甲骨学史上的一段佳话。①

甲骨断代

殷墟的发现和考定，使甲骨文属于殷商晚期自盘庚至帝辛时代的观点逐渐为人们所接受。但根据《古本竹书纪年》的记载，盘庚迁

---

① 见明义士：《甲骨研究》，方辉序，齐鲁书社1996年版。

殷至纣辛之灭共历273年，每片甲骨究竟属于哪一位商王在位时期？这就牵涉到对甲骨文的分期断代问题。1917年，王国维在其著名的《殷卜辞中所见先公先王考》一文中，首先利用卜辞中的“称谓”来考证甲骨文的年代。这里的“称谓”，即占卜时商王对自己亲属的称呼。商王室有自己的一套称谓制度，可概括为：凡长时王一辈者，则皆称父；长二辈乃至二辈以上者，则皆称为祖；与时王同辈而年龄较长者，则称兄。对先王配偶的称谓，亦皆仿此。王国维虽提出以称谓断定卜辞时代的端绪，但限于当时公布的材料，未能进行更为深入的研究。明义士在其1928年编纂完成的《殷虚卜辞后编》中，利用这一方法，并辅之以字体等因素，对其中1924年小屯人因打墙挖掘出的一坑300余片甲骨加以分类断代。他的这一研究结果保存在该书的《自序》中。令人遗憾的是，这篇序言当时没有随其拓本一起分赠给马衡、容庚和商承祚等好友，皇家安大略博物馆所得到的一份拓本也没有见到。因此，长期以来不为人所知。所幸，李学勤先生在曾毅公所藏的笔记本中，发现了明氏的自序，并在一篇探讨甲骨分期的文章中，以附录的形式将其公布于世。[①] 这篇序言对于认识明义士甲骨分期的见解，很有帮助；对于讨论多年的“历组卜辞”问题，也有所助益。文字不长，摘录如下：

一坑之集合。

此屉之整理，先分二部分。一部分为田猎、游行之事，一部分为祭祀之事。此卷之所著录者，则为关于祭祀部分者也。

此一部分之已整理者，按时代之先后，区之为二，即甲屉与

① 李学勤:《小屯南地甲骨与甲骨分期》,《文物》1981年第5期。

丙屉也。其残余不联续之卜文，加在小四方孔中。

甲屉二（3051—3076。此为《殷虚卜辞后编》原拓本编号，下同——引者），武丁时：

武丁称小乙为父乙，母为母庚，阳甲为父甲，盘庚为父庚，小辛为父辛。此屉诸骨，为武丁后半期所卜者。此时代以前之字体，在兽骨重要部分所得者，在一二集中。

甲屉三（3077—3095）：

与甲屉二同。但无直接提及父乙及字形之整理。

甲屉四（3096—3126）：

与甲屉二及三同。

甲屉五（3127—3145）：

祖丁称武丁为父丁。在此时代中之兽骨，未有称祖已为兄已者，其字形为大。小乙乃其孙之所称，因其先祖中已有祖乙之称在祖庙中也。予曾以长时间，疑此大字诸兽骨，或属于盘庚、小辛及小乙之时代，彼等之称及祖丁，但此骨之有父丁及小乙者较之，可决属于祖庚时代。

甲屉六（3146—3161）：

与甲屉五同时，并不在祖庚时代以前，且无祖甲时王宾字体之特点。其字形大而粗糙。

甲屉七（3162—3187）：

与甲屉五、六同。

丙屉二（3220—3239）：

祖甲称武丁为父丁，孝已为兄已，祖庚为兄庚。此时代之字体，变为小而细整，尤以王宾等字，特用一种横笔。

丙屉三（3240—3263）祖甲时。

丙屉四（3264—3293）康祖丁时。

丙屉五（3294—3329）同上。

丙屉六（3330—3354）武祖乙时。

丙屉七（3355—3381）同上。

开头所谓“一坑之集合”，即1924年小屯出土的一坑甲骨。明义士以卜辞中的称谓，考订它们大部分属于武丁和祖庚、祖甲时代，即现在所通行的董作宾“五期说”的第一、二两期，少量属于康丁和武乙之时，即“五期说”的第三、四两期。

此《序言》虽然未曾发表，但在甲骨学界却有一定影响。如陈梦家先生就曾对此有过评论：

> 1928年明义士将其未收于《殷虚卜辞》的甲骨一千余版（实为两千八百多片——引者）拓成墨本，名为《殷虚卜辞后编》（未印）。其未完成的叙言，曾将1924年冬小屯村中一坑所出三百余片加以分类，企图以称谓与字体决定甲骨年代。此坑所出我定为康丁、武乙、文丁三王卜辞，而明氏误认“父丁”为武丁（其实是武乙称康丁），“父乙”为小乙（其实是文丁称武乙），因此他的断代不免全错了。[①]

但问题并不那么简单。通过近十年来学术界对“历组卜辞”时代的讨论，人们发现，20世纪二三十年代明义士根据称谓所作的断代是正确的，而陈梦家的批评则未免失之武断。李学勤先生说：“历组卜辞基本

① 陈梦家:《殷虚卜辞综述》，科学出版社1956年版，第135~136页。

上就是《甲骨文断代研究例》定的第四期（武乙、文丁时）的那类卜辞，早在1928年，加拿大学者明义士作《殷虚卜辞后编序》（未成稿），便曾以这类卜辞属于武丁后半期到祖庚。1960年以后，我通过一些疑难的研究，达到了和明氏相同的看法。”① 李先生提出两条卜辞，即《合集》15和《南明》477，都是“父丁排在小乙之后，自系武丁。如果说父丁是康丁，那么这些祀典中就是把武丁和祖甲这两位直系的明王略去了。无论从历史还是从卜辞惯例来看，这都是不可能的”。1973年小屯南地发掘出土的甲骨材料中，也可找出几个类似的例子。尤为重要的是，李学勤先生指出并论证了《南地》2384、2100“历组”与“出组”是同时的“卜王”卜辞，而“出组”属于祖庚、祖甲时期，是没有疑问的。② 正如李学勤先生所指出的那样，明义士对该坑甲骨所做的分期研究，“取得了在当时属于前沿性的成果”③。

当然，“历组卜辞”的断代，至今还存在着某些争议，但越来越多的证据表明，把它们归入早期是可信的。明义士早年有关甲骨断代的论述，为这一问题的解决提供了重要的依据。

明义士在这篇序言中，首次以“字型”作为断代依据，具有方法论的意义，因而受到学术界的高度评价：“明义士1928年最早进行的甲骨文分期断代整理，是他将中国传统的金石学方法与西方近代考古学的类型学理论相结合的天才实践，因而可以公正地说，他在甲骨文的分期断代研究和整理方面走在了同时代学者的最前头。”④

---

① 李学勤：《殷墟王卜辞的分类与断代·序》，《考古与文物》1992年第6期。

② 李学勤：《小屯南地甲骨与甲骨分期》，《文物》1981年第5期。

③ 李学勤：《明义士对于一坑卜骨的整理》，《社会科学战线》2008年第9期。

④ 王宇信、杨升南主编：《甲骨学一百年》，社会科学文献出版社1999年版，第136页。

征人方

帝乙、帝辛对人方的征伐，是商代晚期持续时间久、规模最大的一次战争。尤其是卜辞中对关于这次战争有比较完整的记载，系联了若干重要的地名，对于商代历史地理的研究，意义重大。因此，自从郭沫若在《卜辞通纂》一书揭示出该问题以来，许多著名学者对此投入了相当多的精力。

明义士是较早注意到这一问题的学者之一。在其写于 1933 年 3 月的《表校新旧版〈殷虚卜辞前编〉并记所得之新材料》一文中，专列《人方之为齐地》和《攸侯喜考》两节，把他能见到的有关征人方的卜辞排列起来，并结合相关的青铜器铭文以及历史文献记载，对这次战争作了深入的探讨。

明氏所辑录的卜辞有:《前》3.27.6 +《前》4.18.1;《虚》154;《前》2.6.6;《林》1.9.12;《前》2.5.1+ 明藏;《虚后》2995（即《南明》786）;《前》2.15.3;《前》2.15.5。此外，明氏还引用自己于 1915 年和 1916 年在殷墟获得的四片人头骨，其中一片有字两行，一行曰“且乙伐”，一行曰“人方白”，并将其摹本附在文章之后。①

明义士得出的结论是:“纣辛伐人方，师出于十年九月丁酉日。……率师者为攸侯名喜。是月之初，告于大邑商，九月三十日师次于雇，十二月二十日在售，十二月三十日在濡（亦作鬻，或作濡餗。盖为一地）。十一年正月十日师入于攸鄙之永，正月二十日入于攸（攸或其都）。二月三十日至于齐”，“甲骨言至于齐，或即至于临淄而止也”，“人方即齐地之夷方”。

① 据孟世凯《甲骨学小词典》（上海辞书出版社 1987 年版）“人头骨刻辞”条，此片人头骨刻辞现藏故宫博物院。

明氏进而指出，《觯尊》言“王来征人方隹王十祀又五”，《前》3.28.5 言派卜王二十祀，与《前》2.16.6 亦为派卜言征人方在𣶃䭾又在攸，知此两版为同一时代。“是则纣辛之伐夷方有十祀之役，有十又五祀之役，复有二十祀之役。前后三兴师矣。”

商代的征人方，“攸”地所在是关键。明义士以甲骨、金文和文献三方面对此加以论证。

首先，甲骨所见之攸，见于以下卜辞：《簠文·征伐》38；《簠文·游田》37；《簠文·贞类》16；《前》5.30.1；《前》2.16.5；《前》2.17.1。从上述有“攸”作地名的辞中，明义士认为，“攸地边境内有永，附近有与”，“攸应在齐之西，殷墟之东”。

其次，金文所载之“攸”和“永”，见：《捃古录》2.1.26《攸作父丁彝》；《捃古录》2.34.14《父已鼎》；《集古录》1.20《父丁尊》；《贞松堂集古遗文》卷 6《鬲从簋》；《捃古录》3.2.18《鬲从鼎》。从上述地名的互联关系判断，明义士认为，攸与卫地近，攸“应在殷墟之东或东南”。

再次，明义士认为，卜辞中的“攸侯喜”即“攸”地之诸侯，见于文献典籍。这是以出土资料“直证”文献史料的成功范例，考证很精彩，但似未引起学界的重视。文字虽长，但仍不妨照录如下，以见明氏汉学文献之功底：

> 由上列甲骨与金文观之，可知攸乃一地名，位于殷墟之东，临淄之西。而攸侯喜即攸之诸侯也。惟后人未于史书中认识之。现存书籍之论周灭商者皆立于周之立场。攸侯喜乃商之将帅，遂成为周之仇敌。《孟子·滕文公章句下》曰：“‘有攸不为臣。东征，绥厥士女，匪厥玄黄，绍我周王见休。惟臣附于大邑周。’其君子实玄黄于匪，以迎其君子。其小人箪食壶浆，以迎

其小人。救民于水火之中，取其残而已矣。《太誓》曰：‘我武惟扬，侵于之疆，则取于残，杀伐用张，于汤有光。’”周书《多士篇》为周谕示商遗民归服周朝之文字，谕文之要义在篇末，曰：“王曰，告尔殷多士。今予惟不尔杀。予惟时命有申。今朕作大邑于兹洛。予惟四方无攸宾。亦惟尔多士。攸服奔走。臣我多逊。……王曰，又曰。时予乃或言尔攸居。”

上引二段之注释常释“攸”为关系代词“所”，余则读为攸侯喜之名，并认为有其可能。周克商后，百姓归顺，甚至多士得迁于洛，为周之百僚。但有攸不为臣，并在东方奄地作抗周运动。于是周公东征践奄，民众齐来欢迎，惟四方无攸来宾。攸又服奔走于多士中，使不“臣我多逊”。攸侯喜乃一武人，先曾压迫百姓甚力。周书《梓材》篇曰：“监无攸辟。”是言周克攸侯之后，设监督理，不许再用攸之辟刑。有以百姓乐于归顺周朝。周公平东夷之方法有二：（1）东征。除书籍载有践奄事外，铜器中尚有多处论及。如《贞松堂集古录遗文》卷六第六页白懋父簋：“戲东夷大反白懋父以殷八师征东夷（下不录）。”此处所谓之东夷系指商攸侯同部之人，被逐于东南以后，又名为淮夷南夷等。（2）安民。除书籍所载外，有《据古录》二之三，八十七睘卣：“隹十又九年（王国维考为克商八年）王在厈王姜命作册睘安人白（夷伯）人白宾睘贝布扬王姜休用作文考癸宝器。”至于攸侯之结局，似演为后世之谚语。《易经》常有“有攸往”“无攸利”句。“有攸往”何解？《坤》卦曰：“君子有攸往，先迷后得主，利。西南得朋，东北丧朋，安。贞吉。”有攸往，先迷而后得主，意似先未顺主，后则悔而归之。……是故《易》曰“利”。“西南得朋”何解？盖言归周后成为西南周之友人矣。“东北丧朋”何解？意指先时率师伐东北之人方，因招该国民众之仇恨也。若攸侯居奄，即鲁地；人方即齐地。此即东方分为齐鲁之一因。

笔者注意到，明义士对于《孟子》一书中“攸”字的解释，已经为权威学者所接受[①]，但其他见解似乎尚未引起学术界的足够重视。

商代末年征人方的问题，至今仍是学术界关注的热点。经董作宾[②]、陈梦家[③]、李学勤[④]诸位先生的研究，有关的卜辞和铜器铭文可以说已网罗齐备，商王征人方的日程也已大致排列出来，但对于人方和征人方所经过的地名的位置，学者间还存在尖锐分歧。王恩田先生根据山东境内新出有铭青铜器，综合各家意见，重新排定“十祀征人方日程表”，并对有关地名进行考证。[⑤]其考订人方在山东境，攸地在今鲁南滕州市，比较接近明义士当年的推论。

可以预见，对于商代末年征人方的问题，学术界还会继续讨论下去。学术上的任何进步，都是以前人的研究成果为基础的。客观来讲，明义士在这一课题的研究上是具有开创之功的。可能是因为《齐大季刊》发行量小而不易为人们所看到，他在这一问题上的学术观点长期以来很少引起学术界的注意。[⑥]希望笔者的这段文字有助于改变这一状况。

---

① 如杨伯峻《孟子译注》说：“旧注把‘攸’字当‘所’字解，恐误。根据甲文和晚商金文都有攸国之名，故译文作攸国。”（中华书局 1960 年版）

② 董作宾：《殷历谱》，中央研究院历史语言研究所，1945 年。

③ 陈梦家：《殷虚卜辞综述·方国地理》，科学出版社 1956 年版。

④ 李学勤：《殷代地理简论》，科学出版社 1959 年版。

⑤ 王恩田：《人方位置与征人方路线新证》，《胡厚宣先生纪念文集》，科学出版社 1998 年版。

⑥ 笔者注意到，李学勤先生是为数不多的注意到明义士该学术观点的学者。他在所著《殷代地理简论》第 37 页曾有所提及。

《周易》为商卜辞所衍变

“《周易》为商卜辞所衍变”这一说法，是明义士在《商代文化》一文中提出的。他说：

> 《易》之内容必为文王以前之物，为解释甲骨之要典。骨上记载无阴阳之说，而《易》则以之为主。但骨上之六卜，每组十日，以尽六十日，与《易》中之六爻必有固定关系；且骨上与卦中，其排列次序均由下而上。

在《柏根氏旧藏甲骨文字考释》一书中，他开宗明义，进一步阐发道：

> 甲骨卜辞，就所见数万片中言之，每片契辞一段，段三五行，行字数不等，其文，旁行左读，或旁行右读，亦不一律。惟各段先后之次，率自下而上为序，几为通例，而于卜旬契辞，尤为明显。盖一周六旬，其卜皆以癸日，自下而上，与《周易》每卦之六爻初二三四五上之次，自下而起者同。而《周易》爻辞，亦为六段，与六旬之数尤合。疑《周易》为商代卜辞所衍变，非必始于周也。凡卜辞自下而上读，为无甲子之契辞所必守，而后辞中之代名词可得其解。然亦间有因兆茔地位关系，不守此通例者，其辞则必兼载卜日之甲子，盖例出变通，以甲子定先后，免混淆也。

甲骨学家严一萍对此评价说：“疑《周易》为商卜辞所衍变，实具卓见。”[①] 20世纪50年代，著名考古学家屈万里写有《易卦源于龟卜考》一文，就卦画上下顺序和甲骨刻辞的顺序、《易》卦反对的顺序和甲骨的左右对贞、《易》卦爻位的阳奇阴偶和甲骨刻辞的相间为文、《易》卦九六之数和龟纹等方面，作了详细的比较考证，得出的结论是，“《易》卦和龟卜必定有因袭的关系”，“《易》卦因袭龟卜”。[②] 屈氏是在没有看到明义士著作的情况下写成该文的，其论述较之后者自然是更加缜密，论据也更加充分。然以明氏一个外国人身份，先于中国学者作此合理的假说，足见其在汉学研究上的悟性之高。现在，由于商代和西周早期的甲骨和青铜器上《易》卦的揭示，明义士“《易》之内容必为文王以前物”这一推论，已经得到证实。[③] 当然，《周易》是否来源于龟卜，还有待进一步研究。近年来的研究表明，“《周易》是在龟卜的影响与作用之下产生的一种筮术”，“龟卜对《周易》的建立及完善，产生过一定程度的影响和作用，这一点是可信的”。[④]

文字考释

明义士在甲骨文字考释方面有不少中肯的见解，多散见于他在齐鲁大学期间发表的几篇论文，尤其是《柏根氏旧藏甲骨文字考释》一书中。但正如明氏的其他论著一样，因最初发表在《齐大季刊》上，流传不广。尽管又有单行本，但发行数量仍有限。加之众所周知的政

---

① 严一萍：《柏根氏旧藏甲骨文字考释》，（台北）艺文印书馆1975年版。

② 屈万里：《易卦源于龟卜考》，《“中央研究院”历史语言研究所集刊》第27本，1956年4月。

③ 张政烺：《试释周初青铜器铭文中的易卦》，《考古学报》1980年第4期；张亚初、刘雨：《从商周八卦数字符号谈筮法的几个问题》，《考古》1981年第2期。

④ 刘玉建：《中国古代龟卜文化》，广西师范大学出版社1992年版，第259页。

治上的原因，其见解无论是在大陆，还是在台湾，权威的甲骨文字工具书未见采及。[①]现选数例，以见明氏考证之功。

释“贞”：贞，《说文解字》：“贞，卜问也。”按卜辞贞字，凡数千见，其语皆作“甲子卜贞云云”，或“甲子卜在口，贞云云”，或“甲子卜在口，贞云云”，或省“甲子卜口”，而但契“贞云云”者，即本旬之例是也。贞之意义，显明为卜问，而汉儒每每训“正”，训“当”，于卜辞中未能通其训诂。《尚书·洛诰》为卜新邑洛之记事，于贞卜之意义及思想，颇能证明。文曰：“余惟乙卯，朝至于洛师，我卜河朔黎水；我乃卜涧水东、瀍水西，惟洛食；我又卜瀍水东，亦惟洛食。伻来以图，及献卜。王拜手稽首曰：‘公不敢不敬天之休，来相宅，其作周匹休。公既定宅，伻来，来视予卜休，恒告，我二人共贞。公其以予万亿年敬天之休，拜手稽首诲言。’”上所引文虽长，而明示于吾人者有数事：一、卜新邑，有三卜，皆惟洛是（按是、食同音假借）。二、卜后使使献卜兆于王，王以兆为天赐之休。……“我二人共贞”，以前文视之，即二人共卜问之意。训“正”训“当”皆不能通于现有甲骨上贞卜之事实。《洪范》：“七乩疑……曰贞曰悔。”《左传·僖公十五年》传：“蛊之贞，风也；其悔，山也。”贞、悔连用，与《洛诰》同，盖卜辞中“其每”“弗每”亦常见也（按每、悔、诲古皆同字）。《周易》爻辞为商及周初之文辞，贞字亦多见，卜问之谊，皆可通之。……罗振玉引《说文》“鼎”字注云：“古交以贞为鼎，籀文以鼎为贞。”罗氏证以金文，颇是其说。然王襄《簠室殷契征文·人名编》第三十六片（重见罗振玉《殷虚书契续编》卷三第

① 严一萍在所著《柏根氏旧藏甲骨文字考释·自序》中说：“《柏根氏旧藏甲骨文字》一书，台湾公私均未收藏，故李孝定氏撰《甲骨文字集释》未见采及。余于1970年7月游日时，承松丸道雄先生以藏本见借复影，遂有此书。”（台北艺文印书馆1975年版）

四十三页一片）“贞王鼎从望乘”，贞、鼎同在一片，其非一字可知。贞、鼎混用，盖起于周。商时二字，固自有别地。商前最初文字，贞、鼎二字之构造，亦非同一系统，故根本二字并未发生关系也。

释“冎”：冎，未详。卜辞屡见，与𡆥同字。按，冎象肩胛骨及骨臼之形，其中之“\”与“卜”，则象骨之纹理及卜兆之形，疑即“骨”字，假借为罪辜之辜。𡆥其简字也。卜辞之“㞢𡆥”“亡𡆥”，疑即“㞢辜”“亡辜”，与《周易》“无咎”“无尤”同意。

释“示”：《说文解字》：“示，天垂象，见吉凶，所以示人也。从二,三垂日月星也。观乎天文，以察时变，示神事也。”按丅象祭坛之几，一竖一横之石片构成之形。……或作亍，则示祭坛上之祭物；或作示，则象几上祭物所流下酒水之滴。许氏所训，乃晚周及汉之思想，殊非溯谊。郭沫若谓丅乃丄之倒置，乃生殖神之偶像，卜辞有祖字，乃谓为生殖器之崇拜，可谓妄诞不经矣。

释“疒”：疒，从爿，爿象床形。从亻。象人卧于床上之形，似有疾意。

辨“㞢”非“之”：㞢，旧释之，与之同字。按卜辞之㞢与之，分析颇清，并非一字。如《殷虚卜辞》第二〇九八片“㞢于之”，《后编》卷下第三十三页八片“己亥卜古，贞众之。十二月”，《戬寿堂所藏殷虚文字》第十二页二片（重见《续编》三. 七. 六）“贞王伐𢀛方受㞢又”，“贞王㞢日于之㞢”，㞢、之同在一片，其非同字可知矣。

明氏的考释，间有不妥乃至错误之处。如，因不明卜下贞上一字为贞人名，将贞和贞上一字分读，显然错误；谓“贞鼎混用，盖起于周”，亦与事实不符，等等。但他对上述诸字的考证，不乏真知灼见。其实，这样的创见在他的著作中还可指出不少，希望将来的甲骨文字书能够给予充分的注意。

对于甲骨学和商代历史的研究，明义士曾有十分庞大的计划。笔者曾在山东省档案馆查找到一份档案，记录了1934~1935年明义士所写的未完成著作的目录[①]:《殷虚卜辞类稿》(未完成)、《卜辞中商代之战争》(部分完成)、《商代器皿形式考》(资料已收集)、《殷虚卜辞文字索引》(完成卡片索引)、《殷虚卜辞考释》。

设若没有战争的原因，明义士如愿按期回到中国，并继续他在齐大的研究的话，无疑将会有更多的成果问世，从而进一步奠定他本人和齐鲁大学在学术界的地位。上述每一项工作的完成，尤其是《殷虚卜辞类稿》和《殷虚卜辞文字索引》这两部工具书的完成，将十分有助于甲骨学的发展。对此，董作宾曾寄以厚望：

> 二十年前曾见明义士先生拟编的甲骨索引，将每一卜辞所见的文字，分隶于每字之下，如一辞十字，必备十卡片，检查甚为方便，但是积少成多，因为工作繁重，终于未能完成。[②]

实际上，尽管这是一项繁重的工作，明义士还是在他1836年回国时已经完成了卡片索引。现在，这些卡片连同明氏的其他笔记，以及当年盛放它们的那三个大木箱，又一次横跨太平洋，静静地陈列在山东大学考古系的资料室里。[③]如果他没有那次回国休假，如果没有日本人当年的入侵，如果休假结束后他能按时回到中国，那么那些甲骨文学者们的案头就可能在50年代增加这样一部文字索引的工具书。

---

① 鲁档J9-3-11。

② 董作宾:《平庐文存补遗》,《董作宾先生全集乙编》,(台北)艺文印书馆1977年版。

③ 1999年6月，明明德先生将父亲当年在齐大期间的日记、卡片、藏书、拓片和照片等捐赠给山东大学。详情请参看本书第六章第6节。按，其中的三个木箱已于2004年移交给安阳市明义士故居。

当然，历史是不能假设的。多少有些值得回味的是，直到1967年《殷墟卜辞综类》一书出版，学者才有了一部比较完备的甲骨文字资料汇编，而该书的作者岛邦男是一位日本学者！

5. 明氏鹿

近代考古学来源于地质学和生物学。这就注定了从它诞生之日起，考古学就是一门综合性学科。在中国，近代考古学的开拓者如安特生、德日进、布达生、师丹斯基等，大都是外国的地质学家、古人类学家和古生物学家等，由此可见一斑。因此，中国的近代考古学从一开始便有良好的自然科学传统。

虽然没有接受过系统的考古学和人类学训练，但明义士对科学考古学的基本方法并不陌生。他深知古生物遗存对于复原古代环境所起的作用，并对此给予了极大的关注。1924年，他将小屯村村民挖掘出土的动物标本仔细收集起来，送交古生物学家亚瑟·苏厄毕（Arthur De C. Sowerby）鉴定，没想到由此产生了一个新的鹿种的命名，这就是CERVUS（RUCERVUS）MENZIESIANUS spec. Nov.，学者把它翻译成孟氏鹿。[①]既然明义士有汉语名字，这种鹿又以他的名字来命名，因此还是叫“明氏鹿”为好。要知道，此事发生在1924年，而且，殷墟是属于那种一向不被古生物学家看重的已经进入成文历史时期的遗址。明氏此举确乎非同寻常，显示出他在考古学上良好的知识和修养。

据苏厄毕研究，新命名的明氏鹿是一种喜欢生活于低洼沼泽地带、个体硕大的鹿种，与生活在东南亚的Sambur或北美的一种叫

① 张光直:《中国新石器文化断代》,《“中央研究院”历史语言研究所集刊》30，1959年；收入《中国考古学论文集》，生活·读书·新知三联书店1999年版。

Wapiti 的麋鹿类似，分类上属于 rucervus 的亚种。共存的其他动物遗存，经鉴定，计有红鹿（elaphurus davidianus，M. Edw.）、波氏麋鹿（cervus Kansuensis Pocock）、托氏獐（capreolus bedfordi，Thomas）、四不像鹿（elaphurus davidianus Milne-Edwards）、水牛（bubalus,L.）、象（elaphas indicus L.）和淡水鱼以及贝类等。在根据这些材料写出的鉴定报告中，苏厄毕认为，商代安阳地区的气候比现在要湿热得多，植被覆盖率也高，植物有森林和芦苇等。①

明义士并不满足于此，他认为，这个以自己名字命名的新鹿种应在甲骨文和文献典籍中有所反映。具体说来，就是古代的“麋”。为此，在后来任教于齐鲁大学期间，他写了一篇题为《论殷虚出土的明氏鹿即古代文献中的麋》的文章，对自己的观点进行阐述，并介绍了这些标本的来历。该文是英文打印稿，据笔者所知，还从未在公开场合发表过。我把它译成中文，作为本书附录一予以刊布，以不枉明氏的热心与贡献。

02 商代青铜文化研究

明义士的青铜文化研究，可以《商代青铜文化》和《商戈》两部著作为代表作。前者写于 1941 年，是明义士为申请多伦多大学博士学位而撰写的博士论文。全文共分为两个部分。第一部分是商代文化综论，共四章；第二部分则是关于商代青铜戈的类型学专题性研究。因为文章第一部分的主要篇幅涉及难度较深的中国古代文献和商

① Arthur De C. Sowerby, “Horns of a New Deer and other Relics from the Waste of Yin, Honan, China”, *China Journal*, Vol. XIX, No. 3, September, 1933.

代甲骨文资料，对于当时参加论文审阅的多数西方学者来说，可谓曲高和寡。因此，这一部分没有被允许包括在最后所提交的博士论文之内。但明氏将其打印数份，仍名之为《商代青铜文化》，装订后分赠自己的好友，因此仍有一定影响。1942 年 11 月，明氏只以第二部分即《商戈》作为博士论文参加答辩，并最终获得博士学位。此后，经进一步修改，明义士将两部分重新合而为一，仍名《商戈》准备正式出版，但在其生前始终未能如愿。1961 年，明氏家人将明义士藏品捐赠给多伦多皇家安大略博物馆。按照双方的协议，博物馆设立“明义士基金”，用途之一便是资助《商戈》的出版。1965 年，该书最终由多伦多大学和皇家安大略博物馆出版。书中的有些观点，即使在今天来看，也是极富见地的；而作者根据有关考古线索所作的推论，许多竟为日后的考古发现所证实。因此，评论明义士的学术贡献，这部著作是不能不谈的。

纵观全文所论，大致可以分为五个部分，即商代的历史纪年；商代帝系；考古学反映的商文化；商戈的类型学研究；中国的地理环境、中国文化的来源及中外文化交流。五个章节联系紧密，又各自独立成章。其中，《商代帝系》一章基本是《甲骨研究》有关部分的英译，只在个别地方作了充实，对这一部分的评介可见上述有关内容。为使读者对文章各部分内容有大致了解，以下不妨将其余四章作分章介绍。

1. 商代的纪年

年代学是历史学和考古学研究的基础。大家知道，我国历史有明确的纪年始于西周共和元年，即公元前 841 年，这是因为司马迁的《史记·十二诸侯年表》开始于这一年。对于此前的历史记载，多以在位王年的时间加以推算。问题是文献对西周各王在位年数的记载往往有出入，因此，西周以至商代、夏代年代学一直是影响夏商周“三代”历史研究的关键问题。近年来国家将“夏商周断代工程”列为“九五”重点科研项目，组织力量，多种学科协同，投入大量经费，力图解决“当前对社会影响最大的三代纪年问题”，目前已经取得阶段性成果，并有望在1999年结题。[①] 这一方面说明这一学术课题的重要性，另一方面也证明当前的学术发展已为这一课题的进行提供了充分的条件。这些条件当然不只是来自古代文献，更得到了诸如科学测年技术和天文、历法方面的支持。半个多世纪以前的三四十年代，上述条件自然差得很远，但这并不妨碍学者们对这一问题发表自己的看法。就明义士本人来说，他认为现阶段所有的年代数据都不能说正确无误，他“只想得出一个更加符合实际的年代数据，以使考古学上的发现能够在同一个时代框架中寻找到本应所处的位置，也便于考古学家们在处理考古材料时有一些绝对年代数据可以比照”。[②]

众所周知，夏商周三代历史编年的关键，在于对周武王灭商确切年代的推断。这一问题长期以来众说纷纭，据说已有40多种推算结果。明义士把这一年定在公元前1038年。他是如何推定的呢，不妨将其英文原文翻译如下，读者自己可加以考评。

长久以来，一种流行的说法是根据汉代刘歆的“三统历”，将武王伐纣的年代推定在公元前1122年。这是一种传统的说法，近年来已被证明存在明显的错误。最为可信的推断方法应以古本《竹书纪年》的记载为准。其中的一段话被《史记·周本纪》裴

① 现已结题。请见夏商周断代工程专家组:《夏商周断代工程报告》，科学出版社2022年版。

② 明义士:《商代青铜文化》，皇家安大略博物馆藏打印稿，第107页。

骃《集解》和《通鉴外纪》几次提到，这就是："自武王灭殷以至幽王，凡二百五十七年也。"周幽王的在位年数是清楚的，即始于公元前 781 年，终于公元前 770 年，周王朝将都城由西安迁至洛阳，也是在这一年。文中的"以至幽王"，一般理解为至幽王去位之年，即公元前 770 年。值得注意的是，这里没有提及迁都洛邑之事，而像迁都于殷和商纣灭亡这样的大事，《竹书纪年》都是特别予以关注的。显而易见，"以至幽王"宜理解为幽王在位之始而非之初，即公元前 781 年。这一点还可从古本《竹书纪年》的纪年方式得到证明。该书有关商代的记事，系之于商王下；记西周事，周幽王以前的则系之于周王之下，但至周幽王始，根据的却是诸侯国晋国国王的在位年数；再后来，当魏兴起之后，则系之于魏王或梁王名下。我们知道，《竹书纪年》是一部魏国的史书，这个国家直到公元前 403 年才得到周王室的承认。在此之前，魏一直是晋国的一部分。这正是该书在公元前 403 年以前以晋国纪年的原因。《水经注》引《竹书纪年》曰："幽王立，晋文侯以后，启以晋纪年。"（经核查，无该引文——引者）《水经注·洧水》下又引《竹书纪年》曰"晋文侯二年"，今本《竹书纪年》置此于周幽王二年之下，并错误地注为应是晋文侯元年，而非二年。以上所论清楚地说明，"自武王灭殷以至幽王，凡二百五十七年"，指的是周幽王继位之年。由此，我们便可推算出武王伐纣的具体年代，即前 781 年前推 257 年，为公元前 1038 年。顾立雅（Herrlee Glessner Creel）教授在《中国文化研究》一书中引用王国维的说法，认为在公元前 1027（王氏用的是周幽王去世之年即前 770 年与 257 年相加所得到的结果）。美国华盛顿弗利尔艺术博物馆的 C.W. 毕士普推算后得出结论说，武王伐纣之年当在公元前1027年至前1050年之间。我推得的年代正在其间。这只是目前所能得到的结果，当然还有待于将来考古和历史资料的证实。

以此为基础，参照古本《竹书纪年》等有关其他记载，明义士将盘庚迁殷和商灭夏等重大事件的年代确定下来，制定出夏商周三代历史分期表：

夏代（Ⅰ&Ⅱ）	2005~1535 B. C.
商代Ⅰ	1534~1312 B. C.
商代Ⅱ	1311~1039 B. C.
周代Ⅰ	1038~771 B. C.
周代Ⅱ	770~482 B. C.
周代Ⅲ	481~207 B. C.

应该指出的是，在根据古文献论证三代编年问题之前，明义士用了较多的篇幅对当时影响甚广的“古史辨派”提出一些批评意见。他首先对“疑古学派”所使用的史料批判法和史籍考证法作了肯定，但同时指出，“疑古学派”所谓“层累地造成古史”学说，认为中国上古史中的大部分都是古人出于自己的需要所做的政治宣传，所谓先秦典籍的年代实际上非常晚，甚至可晚到公元3~4世纪。这种提法无视殷墟考古和甲骨文研究已经取得的成就，显然有失公允。其结果，在一定程度上造成了上古史的空白，给中国古史研究带来了不少混乱，并造成大学里的年轻人轻视人文科学和社会科学，削弱了历史教育的权威性。长此以往，将会动摇维护国家稳定的传统的

道德基础。①

明义士赞同王国维提出的研究古史的“二重证据法”，即将文献记载同地下出土的实物资料相结合。在第三节，他利用地下出土的甲骨文资料，探讨《尚书》诸篇的成书年代。认为《盘庚》《高宗肜日》《西伯勘黎》《微子》和《牧誓》等五篇虽然可能在春秋时代被校订过，但应该视作信史，因为其语言特征和思想观念与商代甲骨文十分相似。他还指出，《高宗肜日》应成文于周初，读起来很像商代甲骨文，但文中四次提到“天”即天命，显然是周人的思想观念。商代甲骨文也有“天”字，但只是作为地名而存在，从未用作神灵之意。商人的至上神是“帝”或“上帝”。后来的许多学者也持有这种观点，正所谓不谋而合。②

2. 考古学反映的商文化

中国古史问题的最终解决，有赖于科学的考古发掘。据明义士本人称，他长期以来就希望殷墟遗址能够得到科学发掘。因此，自 1928 年秋前中央研究院历史语言研究所第一次发掘殷墟起，他便给予了极大的关注。他还经常前往发掘现场参观，即便是远在济南齐鲁大学任教期间，他也尽可能回到安阳参观考察。就这样，他与主持发掘的多位中国考古学家成为好朋友。他对 1928~1937 年安阳殷墟 15 次考古

① 明义士:《商代青铜文化》，皇家安大略博物馆藏打印稿，第 3~4 页。按，“古史辨派”在 20 世纪初的思想解放运动中起过很大的进步作用，应该给予肯定。但因怀疑过度，破多立少，难免造成古史的空白。欲了解近年来国内对“古史辨派”的评价，请参看陈星灿:《中国史前考古学史研究（1895~1949）》，生活・读书・新知三联书店 1997 年版，第 76~81 页；李学勤:《走出疑古时代》，辽宁大学出版社 1994 年版。

② 刘起釪:《〈商书・高宗肜日〉的写成时期》，《殷都学刊》1985 年第 3 期；又见《〈商书・高宗肜日〉的写定与所受周代的影响》，《古史续辨》，中国社会科学出版社 1991 年版；日本学者林巳奈夫也有类似主张，见所著《饕餮纹表现的是什么？》一文，收入蔡凤书译:《日本考古学研究者中国考古学研究论文集》，东方书店 1990 年版。

发掘的成果给予高度评价，认为“殷墟的发现和考古发掘，为中国上古史提供了真实可靠的第一手资料”，“开创了中国古代历史和文化研究的新时代”，并说“现在，无论你是不是学习考古，你都会知道，对中国古代历史的研究是以客观的、科学的方法为基础的，而不再是立足于推理想象和政治宣传之上。考古学使人们重又相信，真理只有一个，正像科学在其他学科领域中的作用一样，它同样适用于对中国文化和历史的研究”。[①]

文章写作时，除了 20 年代末和 30 年代的几篇发掘报告外，殷墟发掘的成果大多还没有公开发表。明义士尽可能收集有关殷墟发掘的中外文资料，并根据自己参观所得，对考古学反映的商文化进行了比较全面的概括，内容包括遗迹、遗物和商代的精神文化等诸多方面。遗迹方面涉及著名的侯家庄西北岗大墓及附属于这些大墓的祭祀坑等；遗物方面，除了常见的陶器、青铜器和玉器以外，作者对于白陶和原始瓷器给予了格外关注。他提到，这种用高岭土做成的白陶，肯定是贵族乃至商王的专用品。皇家安大略博物馆收藏的一件白陶豆残片的底部，刻有一“王”字，从字形判断，应属于商王武丁时代。殷墟出土的原始瓷器，经测定烧成温度可达 1000 摄氏度以上，最高达到 1350 摄氏度。他认为，尽管从这种原始瓷器到唐代成熟瓷器之间还存在一系列发展阶段上的缺环有待填补，但它们无疑是中国瓷器的最早形态。“从这里，我们又一次领略到商代青铜文明所达到的高度。”

作为一名“上帝的使者”，明义士对商代的宗教生活尤其是商人的“上帝”观产生了浓厚的兴趣。这种兴趣，早在 1931 年发表的《商代的文化》一文中便已显露出来。在此文中，专辟“宗教背景”一节

① 明义士:《商代青铜文化》，皇家安大略博物馆藏打印稿，第 3~4 页。

展开讨论。他认为，“帝”或“上帝”是商代的至上神。商人虽然也崇拜自己的祖先，但这些祖先只能起到沟通上帝与人间的媒介作用。据他本人统计，“除了19片重复发表的甲骨以外，‘帝’字在130片卜辞中至少出现过147次”。他还将每片卜辞的出处作成索引附于文章最后。据此，他对商代人眼里“帝”的功能作了归纳，如“帝命雨”“帝使风”“帝若”“帝受佑”，等等。商代甲骨文虽然有“天”字，但此字从大从口，一般只用作地名，如“天邑商”等，将“天”与“天命”作为至上神的概念，开始于西周初年。他统计，“天”字在商代甲骨文中共出现6次，见于5片甲骨之上。

明义士对商代卜辞中“帝”和“天”的统计，几乎涵盖了当时所能见到的全部资料。这些资料对现在有关课题的研究想必仍有一定参考价值，故照录如下，以供有兴趣的读者参考利用。

甲骨文所见“帝”字索引：

1　藏龟　2，1
　　戬寿　32，5
　　续编　5，22，10
2　藏龟　87，4
3　藏龟　89，3
　　后编　2，7，6
4　藏龟　109，3
　　戬寿　32，4
　　续编　6，25，6
　　续编　5，28，10
5　藏龟　159，3
6　藏龟　178，4
7　藏龟　191，4
8　藏龟　271，4
9　藏龟　257，3
10　藏龟　267，111 拾 遗 1，1（？）
12　之余　7，2
　　后编　1，30，12
　　续编　3，42，7
13　前编　1，31，1
14　后编　1，19，1
15　后编　1，26，5
16　前编　4，17，5

17	前编	4，17，5
18	后编	1，26，15
19	前编	3，24，6
20	明	2137
21	前编	4，17，7
22	后编	2，9，6
23	前编	5，25，1
24	前编	6，30，3
25	明	2087
26	前编	6，21，3
27	前编	6，21，3
28	前编	7，1，1
29	佚存	236
30	前编	7，1，2
31	前编	7，1，2
32	林	1，11，1
33	林	1，11，18
34	菁华	10，8
35	林	1，11，6
36	林	1，29，11
37	林	2，25，5
38	库	574
39	库	575
40	库	577
41	明	718
42	明	718
43	明	3099
44	明	3110
45	明	3110
46	燕京	592
47	库	213
48	库	213
49	库	490
50	佚存	40
	续编	1，1，3
51	佚存	508
52	佚存	935
53	邺中	2，45，14
54	别录二	5，2
55	别录二	5，2
56	后编	1，28，14
57	佚存	36
58	佚存	36
59	别录二	2，2
60	别录二	3，6
61	佚存	65
62	藏龟	35，3
63	藏龟	123，1
64	前编	1，50，1
65	前编	1，50，1

66	前编	3，18，5
67	明	207
68	前编	3，21，3
69	续编	2，4，11
70	库	134
71	库	186
72	明	1382
73	库	437
74	后编	2，24，12
75	明	2500
76	库	552
77	库	607
78	库	720
79	库	1286
80	别录	1，1
	佚存	227
81	藏龟	61，4
82	前编	7，15，2
83	前编	7，15，2
84	前编	7，38，1
85	前编	7，38，1
86	藏龟	220，3
87	续编	6，13，12
88	福氏	11，75
89	后编	2，30，2
90	后编	2，16，17
91	后编	6，7，2
92	燕京	732
93	后编	2，14，4
94	前编	3，24，4
95	前编	4，17，7
96	前编	5，38，7
97	林	1，25，3
98	燕京	785
99	库	1738
100	库	521
101	续编	5，2，1
102	续编	5，2，1
103	库	1811
104	前编	6，58，4
105	林	1，11，3
	福氏	10，1
106	续编	5，14，4
	福氏	10，1
107	续编	3，2，1
	福氏	9，23
108	续编	3，12，4
	福氏	9，34
	福氏	9，37
109	明	2312

110 明 1919
111 明 2255
112 燕京 855
113 后编 1，4，16
114 续编 2，18，9
佚存 5，13
115 前编 1，22，2
116 前编 4，17，4
117 前编 4，27，3
118 后编 2，32，15
119 明 308
120 续编 2，7，1
福氏 3，143
121 续编 2，7，1
福氏 3，143
122 林 2，25，3
123 粹编 895
124 粹编 1036
125 天壤 24
126 天壤 47
127 粹编 1073
128 粹编 1073
129 粹编 811
130 粹编 12
131 粹编 431
132 粹编 810
133 粹编 1311
134 金璋 496
135 金璋 345
136 金璋 362
137 金璋 391
138 粹编 259
139 粹编 376
140 粹编 13
141 粹编 13
142 粹编 1113
143 粹编 1113
144 粹编 1128
145 续编 1，2，1
146 粹编 1268
147 粹编 1268

商代甲骨文所见“天”字索引：

1 金璋 621（《明》376 可与此片相缀合）

2 金璋 621

3　前编　4，15，2

4　前编　2，15，7

5　林　　1，27，8

6　菁华　0，1（上述诸片可缀合为一整版）

殷墟15次发掘的成就有目共睹。但受当时客观条件的限制，考古学家对殷墟以外的商代文化遗址所知甚少，对商文化分布区的认识深受传统历史文献的束缚，认为商文化的分布不出今黄河下游地区。如1937年出版的《中国考古学史》这样写道："商代文化区域为自黄河以南，东迄山东一带。昔年王国维已有此假定，在此两年来发掘之结果，尤足证明此说不谬。"[①] 所谓王国维之假定，见于他的名篇《殷周制度论》。文章开门见山，指出："中国政治与文化之变革，莫剧于殷周之际。都邑者，政治与文化之标征也。自上古以来，帝王之都皆在东方。……夏自太康以后以迄后桀，其都邑及他地名之见于经典者，率在东土，与商人错处河济间，盖数百岁。商有天下，不常厥邑，而前后五迁，不出邦畿千里之内。"[②]

明义士对此则不以为然，他根据当时的考古发现，对商文化的四至提出了自己的见解：

> 王国维和其他史学家将商代青铜文化局限于现在的黄河下游地区，实不足据。实际上，华北和华南的农业丰产区，都已在商文化的覆盖之下；并且，商文化很可能已经延伸到了富有锡矿的云南境内。

---

① 卫聚贤：《中国考古学史》，商务印书馆1937年版，第210页。

② 王国维：《观堂集林》第2册，中华书局1959年版，第453~454页。

具有商文化风格的器物在中国北方和南方的主要农耕区（300毫米降雨线以内）都有所发现。如易州北境发现了商代“邶伯”的青铜器（现在美国波士顿）；山东青州府的苏埠屯有成套的商代青铜器出土；陕西西境的宝鸡斗鸡台发现了成组的青铜器和玉器（现分别收藏于美国大都会博物馆和弗利尔艺术博物馆）[①]；湖北宜昌出土了商代风格的青铜爵；在安徽的寿州和湖南的长沙等地，据传都有早至商代的遗物出土；基至远在香港的岛屿上，也发现了与西周陶器相似的刻纹和印纹陶片。这一切都无可辩驳地表明，商文化和由之延伸出的中国文化因子，已经广布于中国人口最稠密的地区。[②]

明义士上述结论的得出是在半个世纪以前，所根据的也只是零星出土遗物，可谓卓见！现在我们知道，这一观点已为此后大量的考古发现所证实。当代考古学的发现表明，当年王国维等认为的商文化分布区只不过是商王朝的王畿区域，或称为商文化中心区，而商文化的实际分布区，向西可达关中渭水流域，东至胶东半岛，北至京津以至辽东地区，向南已越过长江，到达江西赣水流域。[③]由此，我们不得不为明氏敏锐的感受力所折服。

---

① 宝鸡斗鸡台1901年发现的这批器物，世称“端方祭器”。明义士说：“关于这项发现有各种不同说法。最为通行的意见认为整组器物均属西周早期。但此说的反证是青铜器风格和铭文明显具有商代特征。另一种说法认为，这组器物是周人灭商后运至陕西境内的。这种意见虽可解释器形和铭文的问题，但周人何以冒长途搬运之险，难以说通。笔者认为最为合理的解释是，斗鸡台本身就是商人族支的葬地。实际上，早在商王武丁时期的甲骨文中就有关于周人的记载。关于现在看到的全部器物是否原属同组，本身也有疑问。……以我之见，只有大盂、小盂、尊和那件祭台属于原套。”说见《商戈》，第21~22页。

② 说见明义士：《商戈》，第66~69页。

③ 宋新潮：《殷商文化区域研究》，陕西人民出版社1991年版。

在明氏提交的《商戈》一文中，他将以殷墟为代表的青铜文化放在中国青铜时代的中期。他指出，中国的早期青铜文化大约结束于公元前 2000 年；公元前 2000 年至公元前 1300 年属于中期青铜文化，这是中国青铜文化发展的顶峰；自公元前 1300 年至公元前 500 年为青铜文化晚期。这些预见性的推测也已越来越多地为考古发现所证实。

3. 青铜戈的类型学研究

“年代”和“区域”是考古学的两个基本概念。在特定的区域范围内，年代学的建立和完善是考古学家首先要面临的问题。而考古学的作用就表现在，它不仅能为人们提供确实可信的实物资料和文字资料，更重要的是可以根据这些资料建立起可靠的文化编年体系。要实现这一目标，器物类型学研究是唯一可行的方法。

类型学，顾名思义，是研究事物类型、式样的学问。考古学上的类型学借自生物学，最早产生于 19 世纪中叶的欧洲。随着 20 世纪初近代考古学的传入，到 20 年代末、30 年代初，中外学者开始将它用于对中国考古遗存的研究，并取得可观成果，如安特生对仰韶文化及甘肃史前文化的研究（1923 年）、梁思永对山西夏县西阴村遗址陶器的分析（1930 年）等，便是考古类型学运用的早期范例。到 30 年代末，以器物类型确定文化性质及相对年代的方法已广为中国学者所接受。不过，正如有的学者指出：“上述研究只是在横的平面的层次上判断遗物是否属于一个类型，虽然也具有年代学的意义，但更重要的却是表现在文化性质的区别方面，至于史前文化之间或一个文化内部的器物之间有无变化及发展关系，则多未涉及。”[①] 明义士对商戈的类型

① 陈星灿：《中国史前考古学史研究（1895~1949）》，生活 · 读书 · 新知三联书店 1997 年版，第 314 页。

学分析，正是对“一个文化内部的器物之间”发展关系的研究。虽然他不是考古学科班出身，此前的研究重点又多集中在甲骨文上面，但西亚的考古实践和长年对中外考古学研究的关注，使他对学科前沿问题的敏感性认识丝毫不亚于一个科班出身的职业考古学家。在多年收集资料和研究的基础上，他认为：

> 看来，选择兵器作类型学的研究是必要的。……现在已有比较充足的资料来进行这项研究，它可以为将来更加全面、完整的年代序列建立一个基础。实际上，我本人已经认识到，在中央研究院的最终考古报告发表之前，现有资料应该说是不充分的。我急切地盼望殷墟发掘报告的早日出版。因为日军的入侵，中央研究院在殷墟的发掘不得不终止下来。当和平到来，殷墟的发掘可以重整旗鼓的时候，拙作或许会在中国青铜文化研究领域中找到它存在的价值。①

他之所以选择商代青铜兵器——戈作为研究对象，不仅是因为戈这种兵器发现数量多，而且还因为作为军旅之物，铜戈在地域的分布上较之其他器物要广远，便于作文化交流方面的研究。

1965年出版的《商戈》除“前言”外，全书共包括三个部分。第一部分为“典型器物的型式分类”，探讨商戈的发展演变序列；第二部分是“与商戈有关的综合研究”，分别对商代戈的质料、纹饰、铭文和功能等问题进行了专题性研究；第三部分为所有标本的线图。

在“前言”中，作者引述汉字“戈”在英文中的几种不同译法，

① 明义士:《商戈》，第5页。

如“lance”“spear”“halbert”“halberd”等，认为无论哪个词，都不能准确表达“戈”这一古代中国所特有的兵器种类。因此，他主张借用英语“Ko”这一词语来称呼它。这也是此书径直称名为 *The Shang Ko* 的缘由。

第一部分即商戈的类型学研究，是全书的重点所在。作者收集了公开发表和欧美公私收藏的有关戈类标本 177 件（其中 77 件收藏于多伦多皇家安大略博物馆），首先按其用途分为两大类。

第一类：仪仗类。包括第Ⅰ至第Ⅳ型。

作者所划分的Ⅰ型戈是新石器时代和青铜时代常见的石镰，弧背，尖首，单面刃，一端可插入木柄内。他认为，从功能上来说这种石镰就是戈的前身。他承认，这一推论虽是建立在器形、质料和装柄方式相似的基础上，但在二者的转换之间还存在缺环。[①]

Ⅱ型戈集中了玉石质的 30 件器物标本。作者指出，尽管这类标本与同时期的青铜戈在形制上比较接近，但却袭用了传统的玉石质料。这种突出的保守性明显地可由它们的用途加以解释：王室的宗教和仪仗活动、死者的随葬品、装饰品或护身符、社会地位的象征等。

Ⅲ型、Ⅳ型戈都是青铜质，其作用同样适用于礼仪或作随葬品使用。这一点可由其一成不变的形制、精美的纹饰和不实用的造型来证明。Ⅲ型戈的内部有突出的尖角，末端可用来悬挂穗形装饰物；Ⅳ型戈的内部作成圆弧形。这两型戈的内上都有精细的装饰图案。

第二类：实用类。包括第Ⅴ型至第Ⅹ型。Ⅴ型到Ⅹ型都是实战型的戈，分量较重，造型实用。

第Ⅴ型和第Ⅳ型为直内戈，内部为方形，援部为尖首，刃部锋

① 按，明义士的Ⅰ型戈中，只有 IA 式标本 No.5 才是真正意义上的仪仗器，其他标本都是实用的镰刀。

利。装柄方式有两种，即绑缚于裂开的柄或插入有孔的柄上。这类戈在各个部分的分割上极为合理，纹饰和铭文都出现在内部而又不会为装柄所害。

Ⅶ型和Ⅷ型戈平面形状与上述两型相似，但内部为銎内。Ⅶ型内部为方形，Ⅷ型内部为圆弧形，右下方有马刺。

Ⅸ型戈平面为三角形，有两穿用以缚柄。

Ⅹ型戈为窄长条形，镧部较窄，援的中脊线与木柄形成一钝角。

在各型之下，作者尝试排出它们演变的序列，即“式”的划分。他以大写的英文字母来表示“式”。如在Ⅱ型戈和Ⅴ型下，作者分别排出 A 至 F 五个式别。至于他划分式别的依据，在与论文同时提交的“论文摘要”中有如下交代：

> 笔者试图寻求各型之间的关系和它们的相对年代序列。立论的证据，一方面是考古学上的共存关系，尤其是那些出自殷墟的器物标本；另一方面是将铜戈上的铭文与已知的青铜容器和甲骨文中的名字相系联。有时候同一名字可同时见于这三种不同的材料上。因为甲骨和铜容器在数量上要多得多，其时代也较容易判断。采用这种交叉断代的方法，我们便可获知单件戈的年代，并进而探知某类戈的演变序列。研究的结果表明，前九类戈的演变顺序尽管可以排列出来，但实际上它们在晚商文化的早期便都已存在，而且很可能贯穿于晚商文化的始终。我们因此可以断定，公元前 13 世纪之前中国青铜文化是相当有创造力的。第Ⅹ型戈的年代应该在商周之际，它们与商式戈有密切的传承关系，但援与铋之间的钝角显然昭示着一个新时代的开始。

明义士的类型学研究尽管考察对象是单种器物，但在类型学理论和商文化年代学的建立上应占有一席之地。在型的划分上，既立足于器形，又兼顾到器物的质料和功能；而式别的确定，主要运用了相似原则。运用这一方法，他将商戈分为 10 型 43 式，既涵盖了商代戈类器物的种类，又排列出各类戈发展演变的逻辑序列，即所谓“型型有别，式式相因”，在当时应该说是类型学研究的一次成功尝试。但受客观条件的限制，文中所用的标本大多是采集品，缺少明确的层位关系可以参考，因此影响了作者对各式戈所处绝对年代的判断。尽管采用“铭文系联法”确定了个别标本的绝对年代，但这类标本毕竟是少数。况且，金文和甲骨文中同名异代的现象很常见，这个方法也不能说万无一失。正因如此，作者在对各式标本绝对年代的判断上出言谨慎，除了判定第Ⅹ式铜戈时代为商周之际外，其他各型式都贯穿了晚商文化的始终。

“铭文系联法”是作者确定器物绝对年代的方法之一，这里不妨举一例说明。第 16 号标本被作者定为Ⅱ型 B 式，绝对年代为文丁之时。该标本是一玉戈，为美国哈佛大学福格艺术博物馆藏品。器长 307 毫米，保存完好。正面有几何形文饰和 11 个字的刻文。此前被认为是赝品，或是器真铭伪。明义士在 1940 年见过原件后，认为器、铭俱真。他写道：

> 刻文可释作：“口㯥往王大乙，在林田武舞。”字体与同时期甲骨文风格相合。第一字“口”，为人名，见于罗振玉《贞松堂集古遗文》9、6、1，作“口，父辛”。或可释作“曰”，为开头语。第二字较复杂，由两部分组成。此字见于甲骨卜辞，作祭名。这件标本中被祭对象为大乙，即商王朝的建立者成汤。因此，该标

本不能晚至西周，因为只有商王的子孙才能向商先王致祭。后半句是说在一个叫林田的地方表演“武舞”。这种特殊的祭祀活动曾见于甲骨卜辞《前编》2、39、2：“癸亥卜，在师贞，王在害（？）姝其餗往，正（征）王。”同版还见有康祖丁之名，故该卜辞应属文武丁之时或其后。这件玉戈标本也大致属于这一时期。王国维谓“餗”为以蒸粟致祭，孙海波则认为祭以酒。两说皆可。此字还见于《后编》2、22、13。其意可解释为：为行将踏上征程的人们准备蒸粟，用这些食物向祖先献祭，让出征的将士领受圣粟。此字还见之于苟尊（《三代》11、32、7），也见于《易经》卷四：“鼎折足，覆公餗，其形渥。”由此可知，蒸粟确是用于祖庙的祭祖活动。《诗经·小雅·伐木》两见“速”一般解释为“邀请”之意。我认为这里的“速”即“餗”。诗的后两节还有饮酒和乐舞等活动，同玉戈及甲骨卜辞所见别无二致。①

从这里，我们不仅可以了解到明义士“铭文系联法”的含义，而且可以看到作者对甲骨金文和传世文献典籍的谙熟，其对该玉戈年代、性质的判断得到学界公认。李学勤曾有专门讨论，所引用的材料和所得结论与明氏完全一致。②

4. 中国的地理环境与中西文化交流

也许因为作者是一位西方学者，文章在深入研究商文化的同时，从未将中国看作一个孤立的文化区。在讨论中国地理环境的有关章节中，“世界的中国”这一观念得到明确的体现。他将欧、亚大陆形象

① 明义士：《商戈》，第15~20页。

② 李学勤：《论美澳收藏的几件商周文物》，《文物》1979年第12期。

地比喻成一副手掌相连、手指外伸的老式手套：欧洲由希腊、意大利、西班牙、法国和大不列颠以及斯堪的纳维亚五个互相分离的“手指”组成，中欧和俄罗斯是其掌心；亚洲则由小亚西亚、包括埃及在内的美索不达米亚和阿拉伯半岛、印度、马来半岛区及太平洋岛屿以及东北部西伯利亚、朝鲜和日本等五个“手指”组成，由作为掌心的中国和中亚将它们连在一起。而连系这双“手套”的则是更北部由冰雪覆盖着的北极地区。人们习惯强调的是“手指”之间的文化传播关系，实际上作为连接两个“掌心”的欧亚大陆以及北极地区曾经是一条更加稳固的交通纽带。

在谈到中国和世界其他民族和地区的关系时，明义士写道：

> 中国通常被认为是一个有异于其他民族的国家，她同世界上其他地区少有往来，这些地区包括欧洲、美洲、近东、印度、马来半岛和太平洋诸岛等。但实际情况却远非如此。因为作为一个人种单一、人口庞大的国家，中国确如其名字所说，是“天下之中”，并通过向外延伸的通道，与其他分散各处的文明中心保持联系。每一次由其内部战争、革命或文明进步所造成的强有力的脉动，都会引起整个世界的震撼。历史上不只是外部世界对中国产生过冲击，更多的则是中国给世界带来的震动。因为地处天下之中，中国有多条通道与外界相通，并对世界产生着影响。这样的通道至少有五条。

接下来，明义士结合史书记载和考古发现，就连接中西方的这五条通道进行了阐述。

首先是中国和欧洲的交通路线。从东北经满洲里南部、西伯利亚和俄罗斯，这是一条水路，沿塞内加尔河、贝加尔湖、安加拉河、叶尼塞河、鄂毕河、额尔齐斯河，穿过乌拉尔河，到达上伏尔加河流域，并最终到达黑海和爱琴海地区。另外，从戈壁沙漠的卡尔干和乌格也有一条通向塞内加尔和贝加尔湖的道路。这是一条非常古老的通道。明义士列举希腊境内特洛伊（Troy）遗址发现的两件白玉斧和在西伯利亚叶尼塞河上游一个叫奥格拉克梯（Oglakty）的遗址上发掘出土的带有汉字的丝织品，证明早在青铜时代，这条通道业已存在。明义士还认为，北欧、不列颠和爱尔兰发现的铜戟（Halbert），同更早的中国的戈尽管在形制上有差别，但前者的产生，可能在观念上受到了后者的影响。二者之间的这种联系，很可能是通过这条水路来沟通的。他还指出，当时所能见到的铜戈最早是在殷墟出土的，属于商代Ⅱ期文化。而铜戈的起源，应该到早期青铜文化中去寻找。他的这一推论，随着新中国成立后二里冈早商文化和二里头夏文化的认识而得到印证。

其次，是中国同东北亚和美洲的交往。这一地区与中国关系最密切的无疑是朝鲜和日本。作者根据正史中有关朝鲜和日本的早期记载，结合朝鲜境内发现的汉代乐浪郡墓葬遗存以及日本出土的铜铎、铜剑和燕国刀币等遗物，论述了中国古代文化对两国的影响。作者认为，从松花江、黑龙江到库页岛及日本海，是古时中国通往日本的一条重要途径。①

明义士指出，从文献上考察，自公元以后，每隔二三百年，中国文化都会掀起对外传播的强烈冲击波，并认为正是这种冲击波，促使亚洲人越过白令海峡，最早到达了美洲大陆。从种族上来讲，美洲

① 古代中国东北地区与日本国的文化交流，仍是当今中国和日本学者共同关心的问题之一。参看［日］菊池彻夫等:《青森县虚空藏遗迹出土陶器之共同研究》，蔡凤书译，《东南文化》1999年第1期。

的因纽特人和生活在西伯利亚北冰洋沿岸的人群同种，他们有着十分相近的体质特征和风俗习惯。明义士举出东北亚人和中国文化接触的例子，如衣着方面，东北亚人一条胳膊袒露，就可能受了商文化的影响，因为商代甲骨文的“衣”字便是这种装束的象形；又如殷墟出土的鲸骨，便可能来自东北亚；白令海和美洲艺术中的圈点及曲线图案，很可能是中国文化波及的结果；前者用动物肩胛骨占卜的行为，追根溯源，也来自商文化甚至史前时代的山东地区。他最后得出结论说：“上述这些中国文化波及东北亚和美洲的例子，并不意味着中国人曾向这些地区移民，尽管不排除有少数旅行者到达该地的可能。它们所能告诉我们的是，伴随着中国社会内部重大历史事件的发生和文化的震动，某些无形的观念上的输出确实存在着。”与长期以来国内外有关古代中国人移民美洲的附会之说相比，明氏的看法无疑是审慎的和可取的。

尽管有广大的沙漠相阻隔，但在上古时代，近东是另一个同中国有密切交往的地区。明义士引述《史记》《汉书》中的有关文献记载，详细讨论了自汉武帝以后汉王朝同西域以及古罗马帝国的交往关系，进而推论，这些交往既然可以发生在公元前 2 世纪，也同样可以发生在更早的先秦乃至史前时期。他援引发现于古罗马境内的两件战国时代铜壶和在我国境内寿县、洛阳、西安等地出土的东周时期的琉璃珠，作为先秦时期两地交往的证据。最早关注琉璃制品在中西交通方面的意义，明义士应该是第一人。到了 20 世纪八九十年代，中国玻璃起源研究成为一个热门话题。[①] 限于条件，明义士不可能像今天的考古学家们所做的那样，对这些琉璃制品进行科学分析以确定它们

① 安家瑶：《古代玻璃器研究》，《中国考古学年鉴》（1988 年），文物出版社 1989 年版。

的产地，但由此可看出明氏观察问题的眼光之敏锐。

明义士相信瑞典考古学家安特生的说法，认为仰韶文化的彩陶同中亚安诺遗址发现的彩陶风格相似，从而推测两地应有某种形式的交流关系。在当时的中国，“中国文化西来”说有很大的市场，许多对中国抱有偏见的西方人更拿安特生的发现作为其立论的根据。明义士参加过西亚的考古发掘，他本人在安阳殷墟及周围的遗址上也曾发现过彩陶遗存。根据自己的观察结果，他认为两地的彩陶图案确如安特生所说，存在相似的因素，但不能据此便得出中国文化外来的说法。

与印度的交流是明义士探讨的第四个内容。历史上联系印度的通道有三条，即绕过青藏高原的西路、从海上航行的水路和穿越今四川、云南通往缅甸的南路。受赫斯丁（Von Stael Holstein）的影响，明义士对南路给予高度重视。他援引《史记》《汉书》中的有关记载，指出汉代的远征队曾尝试通过这条道路前往印度，但却西行进入西藏山区，从而错过南下进入缅甸和印度的机会。而早在先秦时期，佛教便对楚文化产生过影响，楚文化中因此有古印度文化的因子。由云南大理南下的“滇缅之路”，便是楚国著名诗人屈原在其《招魂》一诗中曾经描绘过的地方，而佛教和棉布最早传入中国，也是通过这条道路到了楚国，比从西路到达中国的时间要早得多。中国与印度古代文化交流的研究在80年代引起学者的关注①，近年来更成为热门话题之一②。

关于同东南亚及太平洋诸岛国的关系，明义士援引法国学者麦

① 综述性的研究可参看萧兵:《楚辞文化》之《楚与印度：可能的文化交流》一节，中国社会科学出版社1990年版，第221~225页。

② 明义士在这里采用的是1937年3月罗兰（Rowland）在芝加哥《艺术报》(*The Art Bulletin*）上发表的观点。有关早期佛教南传系统研究的最新进展，请参看《东南文化》1994年第1期刊登的专栏文章。饶宗颐:《蜀布与Cinapart ta》,《梵学集》，上海古籍出版社1993年版。

克林（R. Maglione）的看法，认为公元前两千纪广泛分布于南亚次大陆的萨姆荣森彩陶文化（Samrongsen Culture）同仰韶文化及赤峰红山后文化之间有“亲缘关系”。他还根据自己对南海北部湾和越南境内出土铜戈的考察，明确指出：“南亚次大陆青铜时代的铜戈，同商代的同类器有着非常密切的关系，从其形制判断，那里的青铜时代或可上溯至公元前 500 年前后。”进而推论：“种种迹象显示，对马来半岛和云南东南部锡矿的进一步研究，可能会为我们解决中国青铜时代的起源问题提供有价值的线索。……在这个问题的研究上，广东珠江三角洲平原以其重要的地理位置和农业经济应给予充分的注意。”

目前，属于商代前期的铜矿遗址已在江西瑞昌被发现，有的学者已指出商代中原地区高度发达的青铜文化与南方丰富的铜矿资源有密切关系。[①] 明义士上述有关商代锡矿的论述，似乎也应引起我们的注意。

接下来，明义士讨论了地理环境对中国古代文化的影响，并根据当时有限的考古资料，对商代青铜文化的区域提出自己的见解，得出了具有预见性的结论。他的观点可归纳为以下几点：

（1）300 毫米年降雨线在中国的自然地理上是一个非常重要的分界线，它同时也是中国农业经济和游牧经济的分界线。

（2）中国文化基本上是本土起源的，所谓“混合文化说”不符合中国历史的实际。

（3）中国文明的核心是农业。尽管受地理条件的限制，可分为北方旱地农业区和南方稻作农业区，但两地的生活方式并不存在本质的

① 张永山：《武丁南征与江南“铜路”》，《南方文物》1994 年第 1 期；金正耀：《晚商中原青铜的矿料来源研究》，《科学史论集》，中国科技大学出版社 1987 年版。

不同。

（4）作为有商一代的都城所在地，殷墟遗址代表了商文化的最高发展水平。大多数中国学者将商文化的区域限定在黄河中下游地区，与考古发现所反映出来的情况相比，这种观点未免显得过于保守。他列举商代器物出土地点，如河北易州发现的铜盉、陕西宝鸡端方器物群中的两件玉戈、山东青州苏埠屯青铜器群和湖北宜昌发现的铜爵等，认为它们大致构成了商文化分布的四至。

上述结论在今天看来也许并无特别之处，但在20世纪40年代初期提出这种认识，则显现出作者所具有的敏锐眼光和超前的判断能力。当时中国史前考古刚刚处于起步阶段，所积累的资料尚不足以支持探讨中国文明起源这样的大课题，明义士关于中国文明起源和文明核心的有关论断，更多的是立足于他对商代甲骨文和器物类型学的研究。但他力图把中国文化放在整个世界文化中去认识，去研究，无疑代表了学术研究发展的趋势。这对于当前考古学的学科发展也有启示作用。他不像有些西方学者，囿于种族及历史的偏见，在毫无证据的情况下便得出或支持所谓“中国文化西来”说。他对中国文化起源所作的推论，是基于自己对商文化多年研究的积累。在经受了大半个世纪考验后的今天，愈益显示出其超越前人的学术眼光和远见卓识。

5.“屭氏之钟”研究

对“屭氏之钟”铭文的成功释读可以显示明义士对古文字尤其是金文研究所达到的水平。

所谓“屭氏之钟”也叫“屭羌钟”，因其作器者为“屭羌”，称作“屭羌钟”并无不妥，不过该钟除了记录战争过程的61字铭文之外，另有“厵氏之钟”4字，属于编钟的自铭，因此建议按自铭来予以命名。这套编钟共14件，其中的2件于1931年初由怀履光为皇家安大略博物馆收购，怀氏曾请明义士对铭文做释读以搞清楚其年代。本书第四章开头明义士致皇家安大略博物馆馆长卡雷利的信中曾有所提及。大家知道，因这套编钟铭文首次提到“长城”二字，对于研究中国古代的长城史和东周历史至关重要，因而自发现之初便引起学界的广泛重视。皇家安大略博物馆的沈辰先生近期撰文，对这两件编钟入藏皇家安大略博物馆的经过，同时也对“厵氏之钟”，做了详细的考证和介绍，廓清了以往有关这套编钟出土与收藏过程的不少错误说法。①

按照怀履光的说法，这2件编钟于20世纪20年代末出自洛阳金村战国大墓，怀氏从开封古董商蔺石庵处以一千两百鹰洋的价格购得，并于1931年春节后寄往多伦多皇家安大略博物馆，另外12件则被蔺石庵卖给了上海大收藏家刘体智，后来几经周折，于1936年为日本住友家所购得，至今收藏在以收藏青铜器而闻名的日本泉屋博物馆。

明义士大概是1932年年初收到怀履光寄给他的2件编钟资料的，4月18日完成考释并将自己的研究结果寄给怀氏。他将自己的释读结果写在4张卡片上：

唯廿又〇祀屭羌乍伐厥辟韩宗

瀫逹征秦迮齐。

入长城先，会于平阴。

① 沈辰：《传说与实证：青铜古钟背后的史卷拂尘》，《美成在久》2017年第7期。

武侄寺力，訇敚楚京，

赏于韩宗，令于晋公，邵于天子。

天子用命，则之于铭。

武文○剌，永世毋忘。

考释原稿全铭为8列61字，多有残泐。令人惊奇的是，在明义士所写的这短短的4张卡片上，明氏对每个字均做了释读，而且给出了释读依据。除了对第一列第4字、第七列第8字两个字未做释读而仅标以“○”符之外，对其他59字的释读，与今天最权威的释读完全一致，尤其是对铭文中两处“韩”字的正确解读，对于理解该器物的国族十分重要。明氏顺着这一线索，判断发生于韩国与齐国之间的这场战争，具体年代为公元前404年。大家知道，“驫氏之钟”在出土之后不久就引起学界的广泛关注，刘节、唐兰、徐中舒、陈梦家、杨树达等古文字学家都在第一时间对编钟铭文做了释读。起初他们都认为钟铭所记载的这场战争就是发生于周灵王二十二年（公元前550年）的晋、齐之战，1935年温廷敬指出这是发生于周威烈王二十二年（公元前404年）韩、齐之间的一次战争，并为大多数学者所认同。[①] 明氏的释读是独立进行的，没有参考其他学者的文章，其所得结论比温氏的释读早了三年！尽管后来明义士读到了其他学者的论文，但他仍然坚持自己的观点，未做丝毫改变。稍感遗憾的是，因为4张卡片上的英文都是手写体，今天我们通读尚有困难，但明氏对编钟铭文的释读和所做解释是清楚的。尤为值得指出的是，后来出土的清华简《系年》第二十二章记载了这场战争，引证了明义士、温廷敬所做的释读

① 有关钟铭考释的各家意见，请参看孙稚雏:《驫羌钟铭文汇释》,《古文字研究》第19辑，中华书局1982年版。

是完全正确的！[1]让人感到遗憾的是，明氏的这一考证结果只是寄给了怀履光本人，并没有公开发表，而且就连怀履光和后来他们任职的皇家安大略博物馆对明氏的研究成果也一直未加采信。若明义士地下有知，一定会为自己的研究结果被出土文献证实而倍感欣慰！

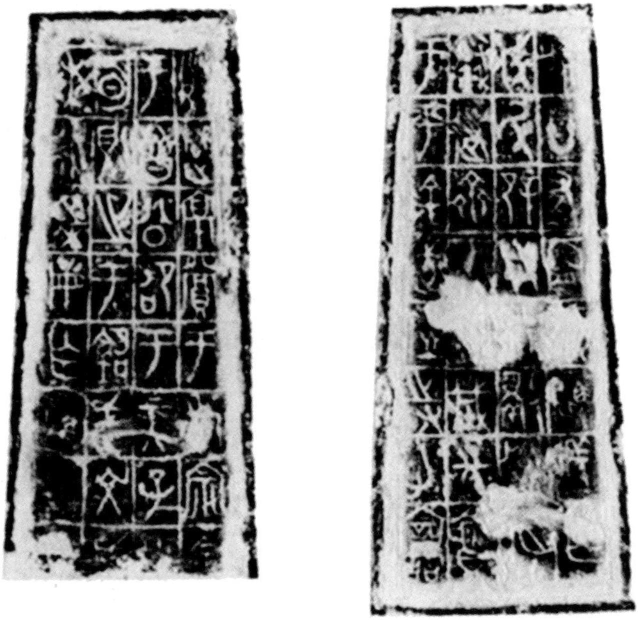

屭羌钟铭文

① 赵燕娇:《屭羌钟：见证两千余年前齐鲁历史风云》,《中国社会科学报》2023 年 2 月 22 日。

第六章 藏品流布

在天津麦克尼士先生的阁楼上，存放着一批很有价值的甲骨和其他文物。它们被密封在主阁楼烟囱的后面。其中有两个大木箱，里面有两个镀锌铁皮盒，甲骨就放在铁皮盒的抽屉里。除了弗朗西斯和埃尔文以外，我谁也没告诉过，因为我一直希望能回到中国。……这些东西应该留在中国。

——1947 年 7 月 11 日明义士致
格兰斯通小姐的信

明义士自1910年来华，到1936年6月离开中国，除去因一战赴法国服役和回国度假因抗日战争爆发而滞留北美的时间以外，他在中国度过了二十多年的光景。其间他到底收藏到多少文物？现在藏于何处？保存状况如何？这肯定是大家十分关心的问题。对于他的藏品数量，尤其是甲骨藏品的数量，多年来在学者中间也一直存在不同意见，而且各家统计的结果差别很大，以至影响到学术界对出土甲骨总量的统计结果。根据笔者近年来追踪的结果，应该说现在已经有了一个较为可信的结论。

据笔者调查和统计，除了1928年毁于战乱中的部分藏品外，明义士藏品现分藏于国内外五家博物馆，即南京博物院、山东省博物馆、故宫博物院、加拿大多伦多皇家安大略博物馆和维多利亚艺术博物馆。

另外，明义士在回国以后的1936年到1948年间收求到不少现存于国外公私收藏家手中的金石拓片和照片等。1999年，在加拿大驻华大使馆的帮助下，明明德将它们连同明义士在中国时收藏的碑刻拓片等资料，一同捐赠给山东大学。这是明义士藏品的第六处归宿。

下面，您不妨循着笔者的记述，追寻一下明义士藏品的踪迹。

01 明义士藏品入藏山东省博物馆

山东省博物馆现有明义士旧藏各类文物3万余件。这些文物原藏于齐鲁大学校园，在经历了八年的全民族抗日战争和四年的解放战争后，终于在50年代初期重新回到中国人民的手中。其间的经历颇带有传奇色彩，有的学者已撰文介绍①，而某些细节则需要根据新资料来加以更正和补充。这些新材料有的来自山东省档案馆，有的则是明义士家庭通信。

1932年底，明义士前来济南齐鲁大学任职。为了研究的便利，他从历年的收藏品中选出一部分，由安阳运抵济南。在齐大时，他曾用其中的精品，办起了一个古物陈列室，以供教学和参观之用。齐大浓厚的学术风气和良好的治学环境，使明义士决定将在这里度过自己的余生。他计划将自己分藏在安阳、北京和天津的藏品逐渐聚拢到济南，然后捐赠给齐大。因此，当1936年启程回国度假时，他根本没有想到这竟是与齐大的诀别。他将这些文物和自己的日用品统统留在了校园中，计划休假后回到齐大继续他的教授生涯。我曾引用山东省档案馆的一份制作于1948年7月23日的档案材料，上面说“(明义士)收集有甲骨三万余片，于1936年返国时携回一部分，存加拿大博物馆”②。现在细审该档案，这是一份有关明义士来往书信的摘要，而在这句话之下，并没有记录任何书信的内容。其所记载的明义士“于1936年返国时携回一部分”云云，根据并不充分。

1937年七七卢沟桥事变爆发，华北陷入了日本帝国主义的控制之下。身在加拿大的明义士担心他的藏品安全，急切地打算重返中国。但考虑到中国国内的动荡形势，出于对明义士夫妇人身安全的考虑，加拿大联合教会海外传教协会几次做出善意的劝阻。其间，在明义士

---

① 严强、席伟:《甲骨入藏山东记》,《文物天地》1986年第1期; 胡厚宣:《甲骨入藏山东补记》,《文物天地》1986年第3期。

② 方辉:《明义士的甲骨收藏与甲骨学研究》,《殷都学刊》1994年第1期。

的积极努力下，齐大校长刘书铭曾于1938年五六月间访问了加拿大和美国。在多伦多期间，明义士同刘书铭会面。当他得知占领济南的日本兵尚未抢占齐大校园，他的藏品还完好无损时，深感欣慰。为了齐大博物馆管理上的方便，也为了减轻一年来自己为齐大购买图书所带来的经济负担，明义士决定将齐大博物馆中属于自己的文物藏品捐赠给齐大，由此获得的补偿用作在加拿大购书的经费。刘书铭认为可行，并表示这批经费最好由哈燕学社支付。6月7日，正在美国哈佛大学访问的刘书铭告知明义士，哈燕学社同意他们的意见，答应支付520美元。其中170美元支付明义士买书的花费，另外350美元作为明义士捐赠文物藏品的费用。[①] 齐大和明义士本人是否收到这笔经费，不得而知。但哈燕学社对这批藏品格外重视。1939年8月21日，在美国的哈燕学社秘书黄威廉（William Huang）代表学社主任伊里瑟夫（Serge Elisseeff）致信齐大教务长赖恩源（H. F. Lair），询问齐大博物馆中的明义士藏品是否仍完好无损，是否还定期开放并为教学服务。[②] 稍后，黄威廉又致信刘书铭校长询问此事。[③] 10月9日，刘书铭复信黄威廉，告知明义士的青铜器仍然妥善陈列在齐大博物馆中，眼下由林仰山负责。从三封通信中仍然将博物馆陈列品称为“明义士青铜器”来看，哈燕学社似乎并未支付这笔款子给明义士。

明义士在齐鲁大学的文物藏品，在多灾多难的战争年代可谓历经风险。回国前，他将这些藏品存放在他的好友罗维灵医生的房子

① 鲁档J101-01-100，1938年6月7日刘书铭致明义士的信（英文）。

② 鲁档J101-01-100，1939年8月21日黄威廉致赖恩源的信（英文），第182页。

③ 鲁档J101-01-100，1939年9月1日黄威廉致刘书铭的信（英文），第183页。

里。[①] 他把比较重要的殷墟出土的甲骨和青铜器等存放在房子的阁楼上，其他陶瓷器则放置在地下室里。[②] 1942 年，在济南的日本军队占领并关闭了齐鲁大学。为了防止日本人发现这些文物，明义士的朋友们设法将包括博物馆陈列品在内的明义士藏品转移到几个地方，分别存放。其中，一箱子比较重要的甲骨被藏在齐大的金库里，其他文物则被埋藏在校园内。他们制作了两张地图，一张由一位同是来自河南的传教士安德鲁·托马逊（Andrew Thomson）保存，一张寄给明义士本人。从一封托马逊写给明义士的信里，我们得知，大部分的藏匿工作是由一个叫肯尼思·麦考尔（Kenneth McCaul）的人完成的，藏品当时被分散存放在至少五个地方：

（1）在珀珀拉路（Poplar Road）入口西侧，有两株高大的西洋杉。第一个地点就在西面那株杉树西部稍偏南约六英尺的地方。

（2）在茹斯（Ross）和凯迪（Cady）居住的房子之间，篱笆墙入口的东南部，上部埋了一条死狗。

（3）在茹斯房子的西北拐角处，自拐角以西三英尺始，向南与房子的墙基平行。

（4）大约在茹斯房子以东，靠近一东西向杉树篱笆，附近有一废弃的土坑。

---

① 罗维灵于 1888 年来华传教，是加拿大长老会豫北差会的创始人，著名的“河南七贤”之一。1917 年他应邀来到齐鲁大学医学院担任教授，直到 1938 年，由于日本人的占领才被迫离开中国。他的儿子罗光普和两个女儿都曾在中国服务，为中国人民的抗日战争做出过贡献。请参看宋家珩:《把最宝贵的年华献给了中国——记罗伯特·麦克卢尔医生》,《加拿大人在中国》,东方出版社 1998 年版。

② 1936 年 5 月 21 日明义士写给妻子安妮的信（英文），参看 Dong Linfu, *Cross Culture and Faith: The Life and Work of James Mellon Menzies,* Toronto: University of Toronto Press, 2005, p.206。

（5）其余的文物则放置在外国儿童学校楼房的阁楼上，外面砌以砖墙。[①]

事实证明，这些藏匿措施确实是十分必要的。因为在日本对中国长达十四年的侵略战争中，日本军国主义带给中国人民的不只是军事上的野蛮入侵，而且更伴随着文化上的大肆掠夺。当时，山东省官方的文物收藏大都保存在省立图书馆内。日军占领济南前夕，在著名学者、馆长王献唐先生的安排和护送下，大部分文物被辗转运往大后方的四川乐山，使之免遭日本人的劫掠。[②]而留在济南未能运走的历代文物和图书珍藏，则在战争中遭到重大损失。有文章援引山东省图书馆馆长罗唐复在抗战胜利后的总结，这样说道：

> 省立图书馆及所属金石保存所，在抗战初期，总计古籍损失23万2千余册！铜器大小损失320余件！砖瓦损失1200余件！古陶器损失420余种！有文字陶片损失15200余片！字画损失70余幅！其他如银器、石器等种种文物之损不计焉！二十余年之收藏，忽能废于一旦，有不为之痛心疾首者欤！[③]

据说，齐大也在1941年年底为日军所接管，“齐大内的中国文物、古迹，遭到了一场浩劫，所剩无几。诸如齐大图书馆，当时成为日军

---

① 1942年10月5日安德鲁·托马逊致明义士的信（英文），参看Dong Linfu, *Cross Culture and Faith: The Life and Work of James Mellon Menzies,* Toronto: University of Toronto Press, 2005, p.220。

② 《山东省文物志》编辑室：《山东金石文物考古人物传》（征求意见稿），第85~88页“王献唐”条，1989年12月。

③ 张广存：《齐鲁大学与中国古代文物的聚散》，《山东医科大学学报》（社会科学版）1988年第4期。

伤兵医院，济南广智院被改为科学馆，其中所存文物、古籍的损失可想而知。其中大部为随日本侵略军一起到来的所谓‘中国学学者’及各种科学调查团盗往日本”①。与这些被毁坏和遭盗掘的历史文物和图书相比，明义士藏品得以免遭日军劫掠，并妥善保存下来，应该感谢那些为此事尽力的齐鲁大学的外籍人士。

1945 年 8 月 15 日，日本侵略者战败投降，抗日战争以中国人民的胜利而宣告结束。鉴于齐鲁大学已经得知明义士将要回校的消息，他的大部分藏品，除了部分甲骨以外，便被从地下挖出，移入他以前居住的房子里。

然而，由于以蒋介石为首的国民党蓄意挑起内战，刚刚从战争中得到喘息的中国再次陷入战争的深渊。而齐大校园内文物藏品的安危，自然又成为明义士的一块心病。当时，因身患心脏病，他正在美国接受治疗。在一封 1947 年 4 月 28 日写给他儿子明明德的信里，明义士慨叹道:“如果只是通过将东西采取合适的方式捐赠给齐大，使这些藏品适得其所，便意味着我完成了在齐大的使命，那我会很高兴。”②但事实是，明义士对他的研究工作始终割舍不下。他的目的不是占有这些藏品。当时，明义士的两个女儿还都在中国。大女儿玛丽莲服务于联合国世界学生救援组织，曾访问过华北地区多所大学，甚至获准前往解放区工作。他的小女儿弗朗西斯和丈夫埃尔文先是在豫北，后来到四川成都做福音传教工作，直到 1950 年才回到加拿大。③因此，尽管明义士人在国外，却能比较容易地得到有关华北地区的政

---

① 张广存:《齐鲁大学与中国古代文物的聚散》,《山东医科大学学报》(社会科学版)1988 年第 4 期。.

② 1947 年 4 月 28 日明义士致明明德的信（英文），明明德家藏。

③ Barry Till, “Introduction to the Menzies Family Collection”, *Chinese Art from the Rev. Dr. James M. Menzies Family Collection*, Art Gallery of Greater Victoria, 1989.

治形势乃至齐鲁大学文物藏品的最新消息。如果明义士想把这些文物运出中国，对他来说并不是一件难事。然而，他想的是把这些藏品留在中国，留在齐鲁大学。他的愿望是回到中国，把他分藏在各地的文物藏品聚拢在一起，捐赠给齐鲁大学。①

1948 年 3 月，国民党山东省政府主席王耀武通知齐大当局，他已无力保证外籍人士的人身安全，敦促他们尽快撤离济南。齐大当局于 4 月 5 日在上海举行校董会，决定再次南迁。与前次不同的是，这次是迁往福州和杭州，而不是成都。接到这一消息后，明义士请求他在齐大工作的朋友将其藏品托运到南京或上海，以求安全。为此，明义士还写信给正在上海的女儿玛丽莲和在加拿大外交部工作的儿子明明德，他们计划将这些东西送到上海的加拿大领事馆，或者是南京的大使馆。

在济南，具体负责明义士藏品装箱、托运的是伊萨贝尔·麦克特维（Isabelle McTavish）医生。她也来自豫北差会。6 月，在 7 位河南籍医学院学生的帮助下，文物又被重新装箱，共 110 箱。除了一箱甲骨被编为“2+”以外，其他依次从 1 排到 109。尽管身为教务长的赖恩源和执行校长林仰山等都给予了很大支持，但因时间紧急，已不可能按照明义士的意见，将全部藏品悉数运往上海或南京了。伊萨贝尔计划将编号 1 至 40 的箱子，连同那件编号为 2+ 的甲骨箱子先期运往上海；编号 41 至 93 的箱子运往青岛的长老会工作站；而编号为 94 至 109 的箱子则只好存放在校园内奥古斯丁图书馆的地下室里，同明义士藏书放在一起。② 在这种情况下，明义士不得不放弃了将藏品

① 1946 年 6 月 11 日明义士致明明德的信（英文），明明德家藏。见本书附录二。

② 1948 年 7 月 24 日明义士在给明明德的信中转述伊萨贝尔信件的内容（英文），明明德家藏。

“以一种合适的方式捐赠给齐大”的设想。他写信给玛丽莲，让她通知齐大当局接手自己在齐大的藏品，并负责它们的安全，唯独那件编号为“2+”的箱子除外。赖恩源和林仰山一方面秘密地将这些新接收的学校财产安置在外籍教师住宅的地下室里；另一方面，委派高瑞士（Bruce Copeland）将那箱甲骨托运到上海。

1948 年 9 月 24 日，济南解放。作为教会大学，在解放初期的两三年中，齐大的管理权仍然掌握在外籍人士手里。但随着朝鲜战争的全面爆发，国内反帝情绪日益高涨。在齐大的外国人被勒令离开济南。

后来所发生的事，胡厚宣、王宇信等先生反复提到过，已是大家所熟知的了。①

具体情况是，适值 1952 年“三反”运动，将要离开中国的齐大代理校长林仰山向学校当局交出了那份绘制于 1942 年、上面标有明义士甲骨埋藏位置的“藏宝图”，并“交代”出藏匿在地下室的其他 109 箱藏品，两相合并，共 140 箱。1952 年 5 月 16 日，山东省文物管理委员会当即在齐大附近的上新街召开“济南市高等学校‘三反’及思想问题展览会”，“揭露了帝国主义文化侵略的罪行”。当时的报纸还这样写道：“过去我们曾怀疑过我国许多无价宝贵的古物为什么不翼而飞了。现在人们可以清楚地知道，原来许多贵重古物被打着‘友谊’招牌、披着‘牧师’外衣的帝国主义分子盗窃走了。帝国主义分子明义士、林仰山等在齐大任教多年，他们所盗窃的古物难以数计；仅明义士盗窃到手而尚未运走的古物即达 29457 件，其中有甲骨

① 严强、席伟：《甲骨入藏山东记》，《文物天地》1986 年第 1 期；胡厚宣：《甲骨入藏山东补记》，《文物天地》1986 年第 3 期；王宇信：《甲骨学通论》，中国社会科学出版社 1989 年版，第 75 页。

文 8080 片，陶器 4052 件。许多陶、矛、戈（原文误为葛——引者），都是我国商代的贵重古物。”①

这 140 箱古物后来被山东省博物馆收藏。据 1959 年 12 月由该馆工作人员盖子逸先生经手造册的四大本《明义士收集我国文物目录》分类统计，结果如下表所示：

册数	种类	数量（件）	册数	种类	数量（件）
一	石器	1930	二	甲骨	8168（片）
	蚌器	1640	三	金属	8391
	骨角	2115	四	砖瓦	559
二	陶器	3966		瓷器	1020
	玉器	749		杂器	205

以上总计 28743 件。登记结果与报纸所记有所出入，可能是因为明义士藏品中包括有为数不少的残破器物，有些放在大小不一的盒子里或纸包里，造成统计单位出现变化。

1945 年抗战胜利后，胡厚宣先生同齐鲁大学的明义士甲骨藏品之间还曾发生过一个插曲，因胡先生在许多场合提到，不妨在此多费些笔墨。

1945 年 9 月，正在四川齐鲁大学任职的胡厚宣先生向学校当局请求回济南查看明氏甲骨，他写道：“明义士博士，以三十年之精力，致力甲骨，尤为全世界学人之钦佩。此种工作，尚由本人承前贤之绪，继续进行。”“此批重要材料，约二三万片，除二千片外，十之九皆尚

① 田牧:《彻底肃清帝国主义文化侵略的影响——济南市高等学校“三反”及思想问题展览会》,《大众日报》1952 年 5 月 21 日。

未发表，收回之后，拟约明义士博士返校，共同整理。”[①]

胡厚宣先生最后一次提到是在1997年，他是这样说的：

> 1946年秋，我获悉明义士所藏甲骨还留在学校（指齐鲁大学——引者）由医学院外籍院长杜儒德（Dr. Struthers）代管。杜答应函询明义士，待有回信方可参观。不料静候数月，济南城外炮声隆隆，战事又起，形势难测，只好放弃夙愿，赶乘飞机南旋。……明义士所藏的甲骨终于未能得观。倒是50年代末因编纂《甲骨文合集》方把这批甲骨全面系统地研究一遍。[②]

明义士对这一问题的态度，因没有发现文字资料，我们不得而知。我们在山东省档案馆倒是发现一封与此事有关的信函，是吴金鼎先生写给当时齐大校长吴克明的，内容如下：

> 克明吾兄：
>
> 国研所报告昨已奉上，对此弟已尽最大努力，故将今日收到之参考材料寄还。胡福林兄所有私人收藏之甲骨文及拓片不下万片，已不愧为国内收藏家之一。明义士之收藏近三万片，为世界最大一批之甲骨收藏。弟深望胡、明二君将来能合作研究，以其成绩归研究所出版。明义士是否今秋归来，有消息否？若明君不归，而让厚宣兄开箱研究其材料，此则大有碍于学术界之courtesy（礼节），恐将因此而伤胡明二君间之感情，且使兄处于

---

① 鲁档J109-03-8，第32~35页，1945年9月14日胡福林（厚宣）致校方信。

② 胡厚宣口述，蒋迎春整理：《往事琐记》，《中国文物报》1997年7月27日。

万分困难之地位。此点厚宣必能谅解也。好在厚宣私人资料可供十年研究之用，暂时不患无工作。温度甚高，不多叙。此颂

公绥

吴金鼎[①]

由于种种原因，明义士没有能重返齐鲁大学，吴金鼎先生让明义士和胡厚宣二人合作研究甲骨的计划也最终未能实现。这不能不说是一件非常遗憾的事情。

02 南京博物院的明义士甲骨藏品

1951年5月31日出版的第37期《南博旬刊》刊载了尹焕章先生写的题为《本院新获卜辞喜讯》的报道，内容如下：

在二月十二日，南京杨宪益先生交南博木箱一只，钥匙一把，还有信一件。信的大意："这批甲骨是前几天加拿大外侨穰杰德（前加拿大大使馆代办）交给我的，他并且说，他要离开了，他整理前大使馆私人东西，发现木箱一只，内有甲骨文，是以前朋友留下的。我就请他交我处理。现在交送贵院研究一下，一定知道如何妥善处理。"二月十六日杨先生又来信，大意说："几年前明义士采集的甲骨，装了一箱，交加拿大使馆内暂存。明义士回国，老病半身不遂，这批东西，就变做无人要了，我就劝穰杰德交给你们。……如果不趁热拿来，他很可能怕惹麻烦。而不报

① 鲁档J109-03-2，1947年夏吴金鼎致齐大校长吴克明的信。

外侨管理科，或流入古董商人之手，盖不免很大损失。”从这两封信上，我们可以看出杨先生对祖国文化，如何的重视。……据我们清点的结果，确是明义士所著《殷虚卜辞》的实物，字甲、字骨和卜骨，共计2390片。其中没有字的卜骨只有6片。最大的字骨长度为28公分，最小的和人的指头一般大。反正两面都是黄泥。卜辞上没有剔的痕迹，也未经拓印。……我们已清理造册，报上级请示处理，并加了防腐药剂。不久还要去土粘对，分类整理。

现知《南博旬刊》中提到的加拿大方面经手人、当时任使馆代办的穰杰德，就是曾为中加关系正常化做出过重要贡献的加拿大资深外交家、中国人民的老朋友切斯特·朗宁。① 在他写的《中国革命回忆录》中，有《在中国最后的日子》一章，作者以“甲骨文”为标题，就当年这批甲骨入藏南博的经过作了详细记述。② 文章较长，这里只将有关部分翻译如下：

我们都在为撤离做准备，我负责写货物清单。忽然，我意外地发现了在当时看来也许是最精美的一批甲骨。

在一间储藏室里，我们发现了一个很大的箱子。我问保管员里面放的是什么，他只知道这箱子是以前从上海船运过来，同时卸下的还有一些杂货。箱子里装有一只带有两排抽屉的木柜，每排抽屉用铁丝固定，并在顶端加了锁。我们撬开一把锁，打开抽

① 张仁玉:《中国岁月——切斯特·朗宁与中加关系》，宋家珩主编:《加拿大人在中国》，东方出版社1998年版。

② Chester Ronning, *A Memoir of China in Revolution*, New York, 1974, pp.157-160.

屉，发现抽屉被分成四英寸见方的小格，每个格子都覆盖着一层薄薄的棉絮。揭开棉絮，我吃惊地发现那是甲骨片。

在文字发明之后和纸张发明之前一段相当长的时间里，古代的中国人用金属工具作笔，在平整的骨头上写字，用来写字的骨头包括动物的头盖骨、肩胛骨和龟甲等。国王或有势力的人物用这些骨头占卜，然后把所显示的结果和应验与否刻在上面。这就是商代所流行的甲骨文。

我以前从未见过甲骨实物，但曾看到过照片，也读过一些介绍性的文章。我还知道一个叫明义士的加拿大学者一直在收集这些东西。现在在澳大利亚任大使的明明德，就是明义士的儿子。我猜测，明义士博士的这些藏品，可能是通过某种途径被运到了南京大使馆。很久以后我才知道，是明义士的女儿要求在上海的加拿大大使戴卫斯，先把这些东西运往南京，然后找机会运回加拿大多伦多大学。

雇员们围着身兼翻译和仓库保管员的陈子修先生和我，急切地想知道箱子里到底装的是什么。陈先生用英语跟我低语几句，说他不能对这些甲骨负责。我立刻把抽屉盖严，换了把新锁和铁丝，固定好，又将箱子钉死。上锁之前，我对身边的雇员们说里面只是些龙骨之类的中药（当时的老百姓就是这样叫的）。明义士博士最早就是从药店里知道这些龙骨是甲骨，然后才开始收集的。

那天晚上，陈先生反复跟我讲，作为一个仓库保管员，他不能接收库房里的任何东西，除非我把这些甲骨移到别处。我询问了几位尚未离开南京的朋友，他们从未看到或听说过甲骨的事，并一直建议我干脆将它们付之一炬。但我下不了这个决心，因为我知道它们对历史学家们有何等的价值。我的朋友们关心我胜过那些甲骨，劝我说，如果当局一旦发现我携有这些古董，我必会遇到极大的麻烦，就像有些携带古物的外国人所遇到的情况一样。而且，当局不会相信我只发现了这么一只箱子。

第二天，我思来想去，最后决定交给南京博物院，以供学者们研究之用。那天晚上，我拜访了我的朋友。他是一个学者，同南京博物院有联系。他答应可以将甲骨转送到博物院。我立刻将箱子装上他带来的人力车。东西运走了，我才如释重负。

朗宁书中所说明义士欲将这箱甲骨运回加拿大云云，实际上只是猜测之辞。笔者曾在不同的文章中引用此说法。[①] 但据后来找到的新材料来看，此说并非事实。关于这一点，下文还要谈及。

《南博旬刊》提到的另一位经手人杨宪益先生，是我国著名的文学翻译家，夫人叫戴乃迭，是位英国人。他们夫妇将《红楼梦》等多部中国古典名著翻译成英文，在世界文学史上享有盛誉。1997 年 7 月 9 日，在加拿大大使馆文化处的安排下，笔者在北京拜访了杨宪益夫妇。当问起这件发生于 46 年以前的事情时，杨先生对此仍记忆犹新，并说他刚刚写成一篇有关穰杰德（朗宁）的纪念文章，将在山东画报出版社出版的《老照片》杂志上发表。从跟我的谈话中，杨先生得知有关明义士的身世，并说他在文章中认为明氏当时已不在人世，看来是错了。这篇文章后来发表在 1997 年 8 月份出版的第三辑《老照片》上，题目是《我的一位加拿大朋友》。其中有关明义士这批甲骨藏品

① 方辉:《有关明义士藏品的一封信》,《殷都学刊》1996 年第 3 期;《明义士甲骨入藏南京博物院》,《中国文物报》1999 年 3 月 28 日。

的处理经过，杨老是这样记述的：

1949年4月，解放大军渡江，南京国民党政府土崩瓦解，南京很快就解放。西方国家措手不及，当时只有英国和苏联很快就承认我新政府，把大使馆迁到北京。加拿大因同美国接近，还在迟疑不决，后来决定暂时关闭使馆。朗宁当时只好收拾使馆财产档案，准备离开中国。在临行前，他邀请我和我爱人到他家晚餐。饭后他在闲谈中提及他在收拾使馆财物中，发现一只旧木柜，内藏都是纸包的骨片，骨片上多半还有刻写的文字。根据记录，这是一个加拿大传教士存放在使馆的遗物。那位传教士叫明义士，当时早已回国并已去世，他们也不知他的后人在哪里。朗宁怀疑那些骨片是殷商甲骨，也就是说我国古代文物，不应该带出国外。但他当时因使馆就要撤退，个人身份不是外国外交官了，只是一个普通外侨，与我国军管会当局没有联系。如果实在没办法，只能把这些东西交给他熟悉的夫子庙商人，让他们自由处理。他想先征求我的意见。我请他让我看了一两片骨片，肯定那些是殷商甲骨，但是否真品，我不是行家，也不能肯定。我说这些既然可能是古代文物，应该交给研究部门或博物馆。我认识南京博物馆的馆长曾昭燏，可以送到她那里鉴定保存。朗宁立即同意，说“这些甲骨我可以派人送到你家，任你自己处理好了”。

第二天他果然派人送来这一柜子甲骨，我立刻叫了一辆三轮车，把东西送交博物馆。事前当然还打了电话，叫曾昭燏妥善处理这批东西。……

南京博物馆方面后来又同我联系，说这批明义士收藏的甲骨，原来以为早就流到国外，居然还能在国内找到，实是万幸，

> 又说非常感谢我的帮助，甲骨已经交到北京研究保存等等。……

杨宪益先生解释说，穰杰德之所以在文章中未提到他的名字，是因为回忆录出版时正值中国的“文革”期间，穰氏怕因此给杨先生带来麻烦。

穰杰德的父母都是传教士，他本人出生在中国湖北，并在中国长大，是一个地地道道的“中国通”。新中国成立初期，他积极地主张加拿大与新中国建交，并曾做了许多有益的工作。但由于种种原因，他的这一愿望未能实现。上述杨宪益先生的文章对穰杰德有概括的介绍。在谈到穰杰德对这件事情的处理上，他说：

> 朗宁在50年代后期，曾再度访问中国，并去到湖北他的老家。这是我们的周总理邀请安排的。在日内瓦会议期间，他认识了周总理，并交了朋友，所以周总理邀请了他。……我们提到过去给过中国帮助的国际友人，常常提到白求恩，他也是加拿大人。朗宁的名字很少有人知道。明义士收藏的这批甲骨如何又回到我们手中，这件事完全是朗宁的功劳，这也是我们文化史上的一段佳话。

实际上，从穰氏的回忆录可以看到，在交出了那箱甲骨后，他本人和杨宪益都曾经受到了来自中国警方的怀疑。这在处于非常时期的南京，应该说也是正常的。读者若要进一步了解事情的整个经过和有关穰杰德的身世，可阅读刘广太教授所著，由河北人民出版社1999年1月出版的《朗宁传》一书。

现在的问题是，明义士的这批甲骨是如何到了南京的？

原来，这批东西就是原存于齐鲁大学、编号为2+的那箱甲骨。早在1917年，明义士就曾将其整理出版，但因那是摹本，其中有不少错误，并有赝品混入。1936年，明氏打算重新出版它的拓本，以利于学者的使用。他本来计划休假结束后着手此事，但同他的其他一系列研究计划一样，因日军入侵，他的这些计划都成了泡影。抗战期间，明义士委托他在齐大的朋友杜儒德、赖恩源等妥善保管他的藏品，这箱甲骨曾经被埋于齐大校园内。抗战期间，虽然少量文物受到损坏，但这箱甲骨被完好保存下来，并于抗战胜利后被取出，放置在明义士先前居住过的房子里。在1946年6月11日明义士写给明明德的信里，明义士表示过将藏在天津的甲骨运回济南，汇集一起，然后以适当的方式捐赠给齐鲁大学。[①] 1947年6月27日，正在上海的明义士之女玛丽莲写信给齐大的麦克特维博士，要求她将父亲的藏品空运到上海。我在先前所写的文章里，曾将玛丽莲误为明义士本人。[②]现据明义士写给明明德的一封长信[③]，该信乃出自玛丽莲之手。从这封信中，我们还知道，麦克特维于1948年6月间写信给上海的玛丽莲和乔治（Geoge King），通知他们明义士藏品准备由济南空运来上海，让他们二人负责。该信于7月1日到了乔治手上。可能是面临齐大准备南迁，麦克特维才写了这封信。但当时玛丽莲好像不在上海，或者如明义士那封长信所说，她正生病住院。乔治感到责任重大，无法负起这个责任。而且，此前他已从玛丽莲那里知道了明义士已将藏品捐赠给齐大的决定。因此，他当即便给齐大的赖恩源、麦克特维、杜儒

① 1946年6月11日明义士致明明德的信（英文），明明德家藏。见本书附录二。

② 方辉:《明义士的甲骨收藏与甲骨学研究》,《殷都学刊》1994年第1期。

③ 1948年7月24日明义士致明明德的信（英文），明明德家藏。见本书附录二。

德和明义士写信，表明了不能对此事负责的态度。①

1948 年 7 月 24 日，长期在美国华盛顿疗养并时刻准备重返中国的明义士收到乔治的来信，当他得知麦克特维和赖恩源等齐大同事仍准备将自己的藏品运往上海时，他即刻给正在上海的玛丽莲打电话，想赶在玛丽莲回国前进一步阐明自己的本意：除了那箱标有“2+”的甲骨需运到上海外，其他藏品他完全交于齐大处理。②

在上面引述的这封信中，明义士强调了这箱甲骨的重要性。虽然甲骨的摹本早已发表，但本着对学术负责的精神，自己一直计划出版墨拓本。明义士计划很快回到上海或杭州，与南迁的齐鲁大学会合，完成整理和出版的任务。他要求明明德利用自己在加拿大外交部工作的便利，请求加拿大驻华使馆给予协助。他写道：“我想，求助于大使馆处理这件事情应该是合适的。保护文化遗产是具有国际意义的。请给你熟悉的在中国的同事写封信，一旦这批东西运到，请他们妥善处理。”

在明明德的过问下，这箱甲骨最终被转运到南京加拿大驻华使馆。

1949 年初，明义士写信给明明德，表示尽管形势紧张，他还是准备将在当年夏天去中国。明明德在 4 月 24 日给父亲的回信中，说现在与中国国内的通信联络十分麻烦，连明义士写给上海海外传教协会的信都无法送达。③巧得很，也就是在这一天，南京解放。穰杰德受命留守南京，准备开始与中国政府就建交问题进行谈判。但出于种种历史原因，中加两国未能就建交问题最后达成协议。1951 年初，穰杰

---

① 方辉：《有关明义士藏品的一封信》，《殷都学刊》1996 年第 3 期。见本书附录二。

② 1948 年 7 月 24 日明义士致明明德的信（英文），明明德家藏。见本书附录二。

③ 1949 年 4 月 24 日明明德给父亲明义士的家信（英文），明明德家藏。

德奉命关闭在南京的使馆，在整理杂物时意外地发现那箱甲骨。接下来便发生了两位当事人在回忆录中所描写的那一幕。

总之，根据现有的材料，可以认为，明义士安排将这箱甲骨运往上海和南京，并不是为了把它转移出境，而是为了自己来华后研究的便利。只是因为时局的变化，才有了这样一个戏剧性的结果。对于南京博物院来说，这自然是一个意外的喜讯。

03 故宫博物院的意外发现

除了南京博物院以外，从明义士藏品中得到意外之喜的还有故宫博物院。已故的胡厚宣先生曾著文指出，故宫博物院的明义士旧藏分为两个部分。

一部分为故宫博物院原藏，3 匣 17 屉，除一屉为陶丸、陶饼、小螺贝壳等 164 件之外，甲骨共计 870 片。1965 年，为编辑《甲骨文合集》，胡先生他们去故宫博物院选拓甲骨，见明义士甲骨中混有 1924 年 2 月 18 日发自天津寄往北京明义士的信封一个，封面写：

J. M. Menzies B. D.

K. N. C. U. Language School

Peking

知那时明义士曾在北京的华北联合语言学校教书，所以甲骨就存在华语学校内。

故宫所藏明义士旧藏甲骨的第二部分 1974 年在故宫仓库中清出，计 10 匣 25 屉又 167 包共 19494 片。箱子上边都有明义士亲笔写的封条。这部分甲骨，原来也是存在语言学校图书馆内，由中央文化部文物局清出，交由故宫博物院保存。

这两部分甲骨，原来都存放在华北联合语言学校，应该是一批东西。870 加 19494，合共 20364 片。①

华北联合语言学校的校址在北京东四头条 5 号，是一处专门为来华传教士提供汉语培训的教会学校。从胡厚宣先生文中提到的信封来看，早在 1924 年，明义士就同该校有联系。1927~1928 年军阀混战期间，为躲避安阳地区的战乱，豫北差会的传教士纷纷北撤到天津和北京避难，明义士就是在这期间来到语言学校教授汉语的。同时，他始终没有放弃已经持续了多年的甲骨文研究。相比之下，北京的研究条件和学术环境较之安阳要好得多，以至于明义士一度打算在这里长期待下去，在教书的同时，继续自己的学术研究。也是在这里，他结识了容庚和马衡等金石学家，可能是在马衡先生那里，明义士认识了当时在故宫做事的曾毅公，并请他协助自己制作拓片。

1927 年从安阳撤退时，明义士从自己历年的收藏中拣选出重要者，辗转运到了自己在北戴河的家中。据明义士本人的说法，1917 年时，他就已经有将近 5 万片的甲骨，他从中选出 2369 片，以摹本的形式发表在《殷虚卜辞》一书中。到 1927 年，可以肯定地说，他的甲骨藏品数量应超过此数。运到天津的，都是经过挑选的，应当说都是其中的精品，其中还应包括《殷虚卜辞》一书的原骨。留在安阳而未及运出的，则都毁于战乱。后来，明义士曾在文章和信件中多次提到这件事情，但都未明说损失的具体数量。

到北京任教后，出于研究的需要，他将自己急需的甲骨从北戴

① 胡厚宣:《关于刘体智、罗振玉、明义士三家旧藏甲骨现状的说明》,《殷都学刊》1985 年第 1 期。又,《新华文稿》1985 年第 5 期。

河运到北京华北联合语言学校。因为有了上次《殷虚卜辞》只有摹本而不见拓本所带来的诸多遗憾和教训，这次明义士决定，在出版自己的甲骨藏品时要用拓本。但由于要施拓的标本数量多，而甲骨文字的拓片制作也不是一件容易的事，明义士需要一位擅长拓制拓片的能手，来助他一臂之力。曾毅公的到来，极大地方便了明义士这一工作的实施。曾毅公协助明义士，在接下来的两年时间里，集中精力拓制拓片。这期间，最为重要的是完成了“1924 年小屯人因筑墙发现”的“一坑甲骨文字”[①]的拓片工作。明义士将其命名为《殷虚卜辞后编》，准备日后出版。据说，他们二人当时共制作了五份拓本，分赠给马衡、容庚和商承祚等著名学者。[②]在一封写于 1928 年 9 月 4 日给父母亲的信中，明义士写道：

> 你们大概还在关心我的第二本书。我现在正忙于此事，但是在回国休假之前，恐怕是完不成了。我一直在抓紧时间，而且已经完成了大半，但工作的进度比我预想得要慢。到目前，已经完成了 2000 多片甲骨的拓片工作。[③]

1928 年 12 月，明义士一家回国度假。临行前，明义士于 11 月 22 日将自己的甲骨等古物存放在语言学校的保险库里，并作了分类编号。其中第 1 至 11 号为甲骨，第 12、13 和 14 分别是铜鼎、铜爵和陶簋。该校的校长叫 W. B. 彼特斯，是明义士的好朋友，负责照顾它

① 董作宾、胡厚宣：《甲骨年表》“1924 年栏”，中央研究院历史语言研究所，1937 年。

② 胡厚宣：《殷墟发掘》，学习生活出版社 1955 年版，第 33 页。一说只拓了四份，见许进雄：《殷虚卜辞后编》“编者的话”，（台北）艺文印书馆 1972 年版。

③ 1928 年 9 月 4 日明义士致父母的信，参看 Dong Linfu, *Cross Culture and Faith: The Life and Work of James Mellon Menzies*, Toronto: University of Toronto Press, 2005, Chapter 11.

们的安全。1930 年，明义士夫妇从加拿大经日本回到中国，原打算在北京的语言学校继续他们的工作，但因为豫北局势已经稳定下来，在中国的加拿大传教士大多已经回到各差会，尽管不情愿，但他们还是服从差会安排，于 1931 年回到安阳。出于安全的考虑，存放在该校的甲骨等文物，除了几件青铜器和陶器外，明义士仍然把它们留在了学校的地下室中。

在长达八年的日伪占领北京期间，这批甲骨安然躲过了战乱。1946 年，彼特斯写信告诉明义士，他的甲骨安存校中，并被转移到另外一幢楼里。明义士回信请求彼特斯把甲骨运到济南齐鲁大学。“我已经写信请求他将这些甲骨妥善地运送到齐鲁大学杜儒德博士那里，同我在齐大的其他甲骨合在一起。按照我的计划，我将有选择地加以整理和出版。把它们集中存放，无疑是一个最佳选择。而且，我希望把它们捐赠给齐鲁大学。在我看来，齐大可以最大限度地利用这些资料，发挥其应有的学术价值。我也相信，齐大会永久地保持它在甲骨学研究方面的兴趣。”[①] 但不久，彼特斯退休回美国，没来得及履行明义士的请求。临行前，他将明义士的这些藏品交代给新一届学校当局，并嘱咐他们在适当的时机运到济南。然而时过境迁，加之政局不稳，又无人专门对此负责，运送甲骨的事便渐渐被人们遗忘了。至于解放后是如何发现了这些甲骨，又是怎样把它们送到了故宫博物院，只能有待知情者予以说明了。

如上所述，这批甲骨包括《殷虚卜辞后编》的原骨，是一批十分重要的甲骨标本。但该书未能在明义士生前出版发行，也未见明氏本人的任何说明。因此，关于这批甲骨标本的下落，在胡厚宣先生来

---

① 1946 年 6 月 11 日明义士致明明德的信（英文），明明德家藏。见本书附录二。

故宫选拓甲骨以前，海内外学术界曾有各种传闻。如1970年许进雄先生在《明义士收藏的商代甲骨》（*The Menzies Collection of Shang Dynasty Oracle Bones*）一书的序言中说："皇家安大略博物馆的第二批甲骨藏品，是2812件拓片，明义士先生曾编成《殷虚卜辞后编》一书，至今尚未发表。遗憾的是，原物已经被毁。"同年李棪先生在《北美所见甲骨选粹考释》一文中则说："《殷虚后编》所收实物，则留在山东，瘗之土中。"[①] 据许进雄先生于次年在《殷墟卜辞后编》一书《编者的话》中所言，李棪此说实来自明义士夫人。实际上，这批甲骨既没有被毁，也从来没有瘗埋土中，而是完好地保存在北京故宫博物院。倘若明义士在天之灵有知，应该会感到欣慰。

04 皇家安大略博物馆的明义士藏品

中国学者最为关心的自然是明义士藏品在海外的情况。如前所述，皇家安大略博物馆是明义士旧藏最为集中的地方。其藏品如何到了该博物馆？这批藏品数量有多少？要回答这样的问题，还是让我们从头讲起。

明义士在皇家安大略博物馆的藏品，共分两批入藏。

第一批是在1942年12月，明义士将自己早年寄存在该博物馆的文物藏品捐赠给该馆。按照编号，共52件。实际上，它们是分两批被运到多伦多的。第一批，共38件。这是1914年至1915年间在安阳殷墟遗址的采集品，明氏于1915年秋邮寄给皇家博物馆作为借展品，主要是石器，也有少量玉器，器形多为石斧、石镰和玉石戈等；第二

① 香港中文大学《中国文化研究所学报》第3卷第2期，1970年。

批共 14 件，其中 1 件玉戈（NB1890）购自开封，其他均为 1914 年至 1916 年在安阳殷墟的采集品，器形多为石斧等。[①]

第二批，也是比较重要的一批，是在明义士去世之后于 1960 年由明义士夫人和儿子明明德捐赠的。这批东西，国内的说法多认为是在 1936 年明义士离开中国时带走的，但真实情况如何呢？

实际上，现藏皇家安大略博物馆的明义士第二批文物，是明氏的同事于 1948 年 9 月从天津运抵多伦多的。

1947 年春，中国人民解放军南下豫北，卫辉、汲县和安阳等地的传教士纷纷撤离上述地区。6 月，河南境内的加拿大传教士在开封召开会议，永久性地解散了豫北差会。[②]随后，教会和传教士们的财物，包括明义士的部分行李，被运到了天津。7 月 11 日，明义士写信给格兰斯通小姐，请求她妥善保管一件带锁的红漆木盒，因为里面是明义士一家多年间的来往书信，"寄托着我们一家的感情"，并请她将这盒子托运回加拿大。关于他的藏品，他在信中写道：

> 在天津麦克尼士先生的阁楼上，存放着一批很有价值的甲骨和其他文物。它们被密封在主阁楼烟囱的后面。其中有两个大木箱，里面有两个镀锌铁皮盒，甲骨就放在铁皮盒的抽屉里。除了弗朗西丝和埃尔文以外，我谁也没告诉过，因为我一直希望能回到中国。……这些东西应该留在中国。[③]

---

① 明义士 1942 年捐赠品名单，1942 年 12 月。皇家安大略博物馆藏资料。

② 李巍：《加拿大传教士在河南活动述略》，宋家珩主编：《加拿大传教士在中国》，东方出版社 1995 年版，第 55 页。

③ 1947 年 7 月 11 日明义士致格兰斯通小姐的信（英文），明明德家藏。

此后，明义士又写信给差会在天津的两位代表，诺尔曼·耐特（Norman Knight）和吉恩·萨默维尔（Jean Somerville），但没有得到他们的回音。1947 年 12 月 11 日，明义士在给明明德的信中谈到了自己的担心：

> 吉恩·萨默维尔从天津捎回了那个装有家信的小红盒子，我很高兴。但是她和诺尔曼·耐特都没有谈到他们是否已经发现我存放在天津的那些甲骨等文物，其中的甲骨大都没有著录过。我很着急，为此专门给他俩写了一封长信，我想知道到底发生了什么事。我告诉他们，如果天津的那座房子还没有卖掉，甲骨等还在里面的话，最好的办法就是让它们留在原处。但我现在最想知道的是这些甲骨等是否还安全地保存在那里。①

在接下来的几个月里，明义士怎样与诺尔曼、吉恩等取得联系，又是怎样商谈天津古物的处理方法，因缺少必要的材料，我们不得其详。但事实是，存放在天津的共六箱藏品于 1948 年 9 月从天津运抵多伦多。对此，明义士的心情是非常复杂的。按他的本意，这些东西应该留在中国，并同他在齐大的藏品会合在一起。但现实迫使他不得不放弃原先的打算。“在现在的情况下，与其把它们留在天津而无人负起真正的责任，倒不如运回加拿大保存。我很高兴这些文物现在有了一个更好的落脚地。”②“我想，无论是中国的学者，还是西方学者，关心更多的应当是这些文物的安全，而不是非得把它们存放在中

① 1947 年 12 月 11 日明义士致明明德的信（英文），明明德家藏。

② 1948 年 9 月 1 日明义士致明明德的信（英文），明明德家藏。

国。保存在加拿大，显然更安全些。”[①] 当时的明义士对重返中国抱有很大的希望。因此，他便将这六大箱古物寄存在多伦多一个叫路灵森（Rawlinsons）的出租货仓里，随时准备启程运往中国。[②]

由于历史的原因，明义士未能实现重返中国的愿望，这些文物便一直存放在仓库内。明义士曾经考虑把它们捐赠给皇家安大略博物馆，但几年前在该博物馆的不愉快经历常使他感到伤心。尤其是怀履光，当时对博物馆远东部仍然有很大影响力。这使明义士在捐赠藏品的问题上一直犹豫不决。因心脏病再次发作，明义士于 1957 年 3 月 16 日病逝。去世前，他将自己珍藏了大半生的藏品交由他的妻子安妮·贝拉和儿子明明德。

如何处理这批藏品，使安妮和明明德颇感为难。他们商量把这些东西捐赠给皇家安大略博物馆，但这样做似乎有违丈夫和父亲的遗愿。同年 12 月，明明德写信给父亲在美国的生前好友恒慕义和富善，询问对这些文物藏品的处理意见，信中写道：

> 父亲生前没有留下任何处理意见。我和母亲特致信讨教关于这些藏品最好的处理办法。……父亲从未出售过任何藏品。他从不赞成传教士从事这类文物买卖的事情。母亲和我也丝毫没有从这些藏品上获取任何经济利益的想法。但为了尽可能地使父亲生前的工作得以延续，我们应该想出一种最佳的处理方式。

恒慕义和富善均建议将明义士的藏品捐赠给美国的研究机构或大学。但身为加拿大人，尤其是明明德当时已经在加拿大外交部供职多

① 1948 年 12 月 13 日明义士致明明德的信（英文），明明德家藏。

② 1948 年 10 月 2 日明义士致明明德的信（英文），明明德家藏。见本书附录二。

年，这项建议对他们母子来说显然不太适合。婉言谢绝了他们的建议后，明明德在写给母亲的信里说道："我想，还是像最初我们计划的那样，将它们捐赠给皇家安大略博物馆吧。"

1958 年 1 月 18 日，安妮和明明德就捐赠明义士藏品之事与皇家安大略博物馆考古部主任图圣汉（A. D. Tushingham）博士接洽。①6 月 23 日，图圣汉代表博物馆正式回函，表示皇家安大略博物馆愿意出资 4 万加元，接受明义士的藏品和图书。资金原则上用于该馆中国文物的研究经费，有关交接的具体事宜由双方进一步协商解决。②经过协商，双方最终于 1960 年 3 月达成协议，完成了交接手续。

据笔者在皇家安大略博物馆所查到的卡片档案，明义士在该博物馆的藏品数量按质地统计如下：

青铜器：710 件。多为殷墟出土的青铜礼器、兵器和工具等。

骨器、象牙器：580 件。以骨器为主。

甲骨：5170 片。其中有字甲骨 5000 片。

陶器、瓷器：639 件。尤以商周时期的陶器和陶片为多。

石器、碑刻、造像：87 件。

书画：7 幅。

玉器：253 件。

漆器：10 件。

印章、十字押：74 件。

总计 7530 件。

需要说明的是，明义士捐赠的甲骨文拓片、书籍和古钱币等尚不

① 1958 年 1 月 18 日明明德致图圣汉的信，转引自 1967 年 2 月 20 日明明德致楚布那（Trubner）的信（英文），明明德家藏。

② 1958 年 6 月 23 日图圣汉致明义士夫人安妮·贝拉的信（英文），明明德家藏。

包括在内，其具体数量不详。根据捐赠协议，接受赠品的博物馆一方设立“明义士基金”，其用途有二：一是用于明义士博士论文《商戈》一书的出版，二是资助对捐赠品中的甲骨拓片和其他未经发表过的甲骨片进行整理和研究。《商戈》一书最终于1965年由多伦多大学出版。关于甲骨文和甲骨拓片的整理，博物馆方面决定邀请台湾“中央研究院”历史语言研究所的董作宾或屈万里前来完成。最后，几经协商，博物馆聘请到屈万里及其助手许进雄，来到多伦多，负责整理出版的工作。①在许进雄博士的努力下，3176片甲骨已被编成两卷本的《加拿大皇家安大略博物馆藏明义士甲骨卜辞》，于1972年出版；2805片拓本也以明义士《殷虚卜辞后编》原名于同年出版。

其他文物中，只有少量的青铜器和陶器等在有关期刊杂志上发表，而大量的藏品仍有待整理和著录。本书后面所要介绍的明义士青铜器藏品，便大多选自该博物馆。它们都带有铭文，其中大多数为首次发表，相信会引起学术界的重视。

05 维多利亚艺术博物馆的明义士藏品

维多利亚艺术博物馆坐落在加拿大西海岸风光秀丽的维多利亚岛上，以收藏众多精美的亚洲古代艺术品而著称于世。1989年，该馆又迎来一批珍贵的中国古代艺术品，这就是明义士的家庭收藏。

这批文物共200余件，包括商代甲骨和历代的青铜器、玉器、陶器、瓷器、造像、壁画、书画和善本书籍等。用该博物馆拜里·梯尔

① 1967年2月20日明明德致皇家安大略博物馆东亚部主任亨利·楚柏诺（Henry Trubner）的信，提到了自捐赠协议签署直至1967年初双方就邀请学者前来加拿大整理资料的具体事宜。明明德家藏。

（Barry Till）博士的话来说，“它们是中华近四千年以来文明进程的一个缩影”[1]。这批文物都是明义士生前当作生日和节日礼物馈赠给他的夫人和三个孩子的。孩子成家后，作为私人藏品，它们分别被收藏在各自的家中。1983 年，明明德曾将两幅据说是来自敦煌、年代为公元 670 和 828 年的壁画捐赠给该馆。[2] 而其他大部分艺术品的入藏，却归功于上面提到的那位叫拜里・梯尔的年轻学者。

1977 年，梯尔作为较早来华的加拿大留学生，与当时任驻华大使的明明德先生相识。梯尔学成回国，恰在多伦多皇家安大略博物馆东亚部任职。这里丰富而精美的“明义士藏品”，成了梯尔每天观摩和研究的对象。此后，明明德任期结束回国，梯尔也来到维多利亚艺术博物馆任职，在维多利亚和温哥华，两人又有过两次会面的机会。1985 年，博物馆为筹集资金，组织了一次到中国的观光旅游，明明德夫妇欣然应邀，而博物馆方面安排的陪同人员就是这位梯尔。在随后的几年中，梯尔又有机会结识了明明德的两位姐姐玛丽莲和弗朗西斯。他筹划着以明明德姐弟三家的藏品为主，在博物馆举办一个“中国古代艺术展”，得到了他们的首肯。1989 年 3 月，一个题为“明义士家庭收藏的中国古代艺术品展”在维多利亚艺术博物馆开幕。不久，明明德姐弟将这些藏品正式捐赠该馆。

从为配合展览而出版的《明义士家庭收藏的中国古代艺术品》一书来看，展出文物共 197 件。分类统计结果：甲骨文，5 片；青铜器，45 件；玉器，36 件；骨角器，12 件；陶器，24 件；瓷器，65 件；书画，4 件；古籍善本，6 件。

---

① Barry Till, “Acknowledgements”, *Chinese Art from the Rev. Dr. James M, Menzies Family Collection*, Art Gallery of Greater Victoria, 1989.

② Audrey Johnson, “Gift Adds to Chinese Collection”, *Entertainment*, February 26, 1983.

另有部分绘画作品早在1982年就被借展到该博物馆。如，有3件据说是来自敦煌的绘画作品，曾经在该馆于1982年12月9日至1983年2月13日举办的“加拿大收藏的中国绘画展”上展出。[①]据目验过这些藏品的敦煌研究院院长段文杰先生鉴定，它们分别属于北周、唐代和宋代，并非来自敦煌，但却具有很高的艺术和史料价值。[②]

06 送给山东大学的礼物

在经历了60余年的风风雨雨之后，明义士藏品似乎都有了最终的归宿。有谁会想到，在明义士去世42年后的1999年，明义士藏品中的最后部分顺着当年从济南到多伦多的航线，从大洋彼岸的加拿大又回到了济南。作为齐鲁大学后继者之一的山东大学，有幸成为这批藏品的接受者。资料的捐赠者，就是明义士之子、曾出任加拿大第二任驻华大使、为中加友好做出过积极贡献的明明德先生。

作为捐赠的倡议者和当事人，笔者为藏品的回归而感到高兴。固然，这批捐赠品因为没有有形可见的实物，而同保存在其他各处的明义士藏品在价值上不可同日而语，但其中的金石拓片、照片、书籍、信件以及明义士本人的日记和手稿等，仍然有较高的研究价值。

加拿大驻华使馆和山东大学对这次捐赠非常重视。捐赠仪式分两个步骤进行。首先是于1999年6月3日，在北京加拿大驻华大使馆，贝祥（Howard Balloch）大使亲自将三个箱子及钥匙交予前来接受捐

① Robert Amos, “Chinese Treasures—From A Cave Sealed in the 11th Century Comes the Best Chinese Art Show Ever Assembled in Canada”, *Entertainment*, February 26, 1983.

② 1990年10月1日梯尔致明明德的信（英文），明明德家藏。

赠品的山东大学代表；此后于6月10日，在青岛举行的“加拿大—山东（青岛）周”举行了隆重的交接仪式。山东大学校长曾繁仁教授从贝祥大使手中正式接受了象征性捐赠品，并给明明德大使赠送了礼品和感谢状。国内外多家媒体对此作了报道。笔者自始至终参加了捐赠的全过程，为了使读者了解捐赠品的内容和捐赠过程，笔者组织了下面一组文章，以飨读者。其中笔者写的《捐赠侧记》曾发表在《加拿大研究通讯》1999年第3期上；明明德的录像讲话和曾繁仁校长的讲话则刊登在加拿大出版的*Bout de Papier*第16卷第3期上。其中明明德先生的录像讲话是笔者翻译的。谨此说明。

捐赠侧记

1999年6月3日的北京是一个晴明的日子。这天下午，一个简朴而热烈的捐赠仪式正在加拿大驻华大使馆举行。受加拿大前驻华大使明明德先生委托，加拿大现任驻华大使贝祥先生向山东大学移交了明义士博士生前有关中国古代历史文化研究方面的藏书、手稿和拓片等资料。除贝祥大使外，参加捐赠仪式的还有加拿大驻华使馆文化参赞乐静宜和文化处工作人员贺新、段美德等。代表山东大学参加移交仪式的有外办主任佟光武、副主任郑倩、图书馆馆长苏位智、加拿大研究中心主任宋家珩教授和我本人。

移交仪式于下午2时30分在北京加拿大驻华使馆举行，现场大厅里陈放着刚从加拿大运抵北京的三大箱捐赠品。贝祥大使首先讲话，他高度赞扬了明义士、明明德父子在促进中加文化交流和中加关系友好方面所做的贡献，并希望山东大学能很好地利用这批资料，这是对明义士博士最好的纪念。当我代表山东大学从贝祥大使手里接过箱子上的钥匙时，心情非常激动。这已是我第三次看到这三只古色古香的木箱。前两次是在加拿大首都渥太华，这次则是在祖国首都北京，因此心里感到十分亲切。

第一次看到它们是在1994年，我受SACS项目资助首次访问加拿大，所做的课题就是研究加拿大传教士明义士，他因在中国商代甲骨文的研究上做出杰出的贡献而闻名。经宋家珩教授介绍，我与明明德先生建立了通信联系，并在这年的6月前往渥太华拜访明明德夫妇，为我的研究课题收集资料。明明德夫妇热情接待了我，安排我住在他们的家里。在那里，我一住便是五天，每天的工作便是从这三个“聚宝箱”中寻找资料，结果自然是满载而归。但由于许多资料是明义士博士当年的日记和书信，大多是手写体，认读比较困难，事后便留下不少的遗憾。临走时，我同明明德先生谈到将这批材料捐赠给我校的可能性。

第二次见到这三只木箱，是在四年以后的1998年5月，我作为CCSEP资助者访问加拿大期间。还是在渥太华明明德先生家里，还是在同一间房子里，我同样是住了五天时间。但此时明明德先生的夫人已于半年前故去，他本人因年事已高（82岁），平时居住在他女儿家中，只是偶尔回到自己的家里处理些事务。为了我的来访，老先生回到渥太华家中。白天我阅读箱子里的材料，晚上看完电视新闻节目后，我们一起聊天，他不时回答我的提问。这次，在详细询问了山东大学考古系的情况后，他主动提出将这三箱资料捐赠给山东大学，以发挥它们应有的价值。在一个晚宴上，明明德先生把他的这一想法告诉了即将来华上任的乐静宜女士。没想到，新参赞上任不到半年，老先生的愿望就实现了。现在，三只箱子就摆放在眼前，我怎么能不为之激动不已呢？

在简短的发言中，我简要回顾上述经历，最后致辞："这次，明明德先生将其父生前的藏书、手稿和拓片等资料捐赠给山东大学，为中加文化交流续写了新的篇章。山东大学向以文史见长，这批资料入藏山东大学，对于我校古代史和考古学的教学和研究工作，都将起到积极的促进作用。对于明明德先生的捐赠和加拿大使馆的大力帮助，我们表示由衷的感谢。"最后，大使同与会者一起在木箱前合影留念。整个仪式持续了约三十分钟。

6 月 7 日，在山东大学图书馆一楼的大厅里，举行了简单而热烈的开箱仪式。山东大学校长曾繁仁教授亲手打开了三只木箱，并仔细观看了其中的明义士手稿和青铜器铭文拓片等资料。

作为"加拿大—山东（青岛）周"的活动之一，正式仪式于 6 月 10 日在青岛举行。仪式上播放了明明德先生寄给加拿大的录像讲话。当曾繁仁校长从贝祥大使手中接过象征性的赠品时，全场爆发出阵阵热烈的掌声。曾繁仁校长讲话，表示要很好地利用这批珍贵资料，不辜负明明德先生的厚望，并向明明德先生赠送了感谢状和其他礼品。

明明德先生在"加拿大—山东（青岛）周"向山东大学捐赠明义士考古资料仪式上的录像讲话

尊敬的李省长、王市长、贝祥大使、女士们、先生们：

很高兴能通过这盘录像带，从远在大洋彼岸的加拿大首都渥太华家中送去我的祝贺。

我于 1916 年出生于河南省的安阳。我的父亲明义士是一位加拿大传教士，他于1910年来中国，在学习了两年汉语后，于1912年被派往河南安阳传教。记得小时候，我经常跟随父亲在乡村的小路上散步。最常去的地方是洹河岸边和一个叫小屯的村子。他早就注意到，在刚翻耕过的田边地头，经常可以拣到陶片和小块甲骨，有的甲骨上还刻着文字。小屯村就坐落在商王朝（约1300 B.C.~1000 B.C.）最后一个故都、一处被称作“殷墟”的遗址之上。刻有文字的甲骨，当时叫“龙骨”，通常被卖到安阳和北京的中药店。1899年，一位中国学者辨认出那些刻在骨头上的符号实际上是中国最古老的文字，甲骨文才被人们所知。

作为一名传教士，我的父亲买不起那些大片的甲骨，但他可以用很少的钱，经常从村民手里买些小片甲骨。因此，他的甲骨藏品多达3万余片，现为多家博物馆所收藏。直到今天，我仍能清楚地回忆起父亲当年坐在小书房那盏明亮的台灯下，伏案研读细小的甲骨文字的情景。他向我讲解，这些契刻在甲骨上和熔铸在青铜器上的文字，是当时所知道的中国最早的文字形态。

1932年，我的父亲被设在济南的齐鲁大学聘为第一位考古学教授。那时，我在日本港口城市神户的一家加拿大海外学校读书。每逢假期，我总是先乘船由神户到青岛，再由青岛坐火车到济南，与在那里的父母团聚。我喜欢在齐鲁大学校园里踢足球，也喜欢在校园南边的山坡上漫步。我还去登过泰山，到曲阜参观孔子的故居。1935年7月，我同父亲一起回到安阳。头年的冬天，中央研究院历史语言研究所刚发掘了商代王陵。当然，这次故地重游，我们也忘不了访问小屯遗址。

我于1935年8月回到加拿大，在多伦多大学完成大学学业。之后，进入哈佛大学研究生院学习远东史。我一生的职业是在加拿大外交部工作。1976年到1980年，因我有中国出生和生活的背景，荣幸地出任加拿大驻中华人民共和国大使。当时，正值邓小平领导的中国向世界打开久已封闭的大门。我先后几次访问青岛和济南，并在60岁时，再次登临泰山。当然，我不是在这里夸海口，因为邓小平先生在他70岁高龄时，还登上了黄山呢！

山东大学历史系副主任宋家珩教授于1980~1982年来加拿大里贾纳大学做访问学者，回国后教授加拿大史，写有几部关于加拿大和中加关系的专著，并任山东大学加拿大研究中心的主任，为中加两国人民的友好做出很多贡献。

山东大学考古系讲授商周考古学的方辉博士于1994年来加短期访问，同我会面；1998年他来加拿大皇家安大略博物馆做访问学者，再次来我家小住，并研究我父亲留下的有关资料。方博士已经写了几篇关于我父亲的研究文章，并于1996年，在中国出版了我父亲任教于齐鲁大学期间于1933年撰写的《甲骨研究》一书。

方博士说，我父亲留下的这些关于中国考古学的材料将有助于山东大学的学术研究工作。因此，在征得了我姐姐的同意后，我们决定把父亲留下的这三大箱书籍和研究资料等捐赠给山东大学。父亲敬慕中国的悠久历史和文化，并为此贡献了自己的一生。相信这些资料的回归，也是他老人家的心愿。

在此，我要感谢加拿大航空公司将这三只箱子免费托运到中国。他们向来有为公众服务的传统。这次义务服务，又是这一传统的具体体现。

我希望这些捐赠品能够进一步促进加中两国人民和学者之间的友好联系。我想，这无疑也是父亲的意愿和期望。

山东大学校长曾繁仁教授在捐赠仪式上的讲话

女士们、先生们：

首先，请允许我代表山东大学，向远在加拿大的明明德先生和为此次捐赠做了大量工作的贝祥大使、乐静宜参赞等表示衷心感谢！也向组织这次捐赠活动的山东省外办、青岛市外办等单位表示谢意！

加拿大传教士明义士是少数几个在商代甲骨文研究领域里做出过重要贡献的西方汉学家之一。1932 年至 1936 年，他任教于济南的齐鲁大学，与许多著名的学者一起，把齐鲁大学国学研究所办成了一个在国内学术界享有盛誉的学术机构。1936 年他休假回国，未曾想由于日军的入侵，从此再没能回到中国。但他始终没有放弃对中国文化和历史的研究，直至 1957 年因病去世。

像许多加拿大传教士的后代一样，明义士的三个子女都曾致力于中加友好。他的儿子明明德先生曾于 1976 年至 1980 年出任第二任驻华大使，为中加友好关系的发展做出了重要贡献。离任之前，他就曾将自己在北京大使馆中的藏书捐赠给山东大学历史系，为我校加拿大研究中心的发展起到了积极作用。这次，他又将明义士博士当年的手稿、甲骨文和青铜器拓片、照片、日记和图书等捐赠给我校，为我校历史学和考古学研究增添了新资料，也为中加文化交流续写了新的一页。

山东大学是一所具有近百年历史的学校，素以文史见长。作为捐赠品的受益者，我们有责任、有义务充分利用这批材料，发挥出其应有的学术价值。

谢谢各位！

至此，明义士的所有藏品都有了最终的归宿。出于对本国文化遗产的关爱，相信大多数中国读者对于围绕这些藏品所发生的一桩桩传奇经历感兴趣的同时，自然也会为它们在战乱年代所遭受的无可挽回的流失而深感痛心。设若没有日本人的入侵，设若明义士能如愿以偿回到令他魂牵梦萦的中国，设若中加两国在50年代初期顺利建交，明义士的这些藏品很可能就会像明氏本人当初所设想的那样，收藏在齐鲁大学或它的后继者的博物馆中了。

第七章 藏品选粹

明义士的藏品数量庞大，种类繁多，几乎涵盖了中国古代艺术品的各个门类。然就资料刊布和研究情况而言，却是极不平衡的。具体来说，其中的甲骨经明义士和许进雄两人的整理工作，已经先后刊布出版，并在甲骨学界产生了很大影响。但甲骨以外的其他各类明氏藏品，无论是国外还是国内各家的收藏，却未得到应有的重视。[①] 在对明义士的研究过程中，因专业的关系，笔者对其中的青铜器藏品给予了较多的关注，觉得有义务将它们介绍出来，以发挥其应有的学术价值。

明义士的青铜器藏品主要收藏在山东省博物馆和加拿大皇家安大略博物馆，维多利亚艺术博物馆也有少量收藏。藏品的年代，上迄商代早期的二里冈期，下至清代末年以至民国之初；藏品的种类，则包括礼器、兵器、车马器、日用器具和宗教用品等。最具有学术价值的，当是商周时期的青铜礼器和兵器。之所以有这样的认识，并不是说其他藏品不重要，只是因为这些商周青铜器有着明确的出土地点。而这一点，对于考古研究来说，实在是非常重要的因素。

明义士藏品中的青铜器，绝大多数出自安阳殷墟遗址。正如明氏自己所说，限于自己的经济收入，他不可能购买到要价很高的精品，

① 明义士在多伦多皇家安大略博物馆中的部分玉器藏品近年来已被介绍到国内，见曹楠：《加拿大皇家安大略博物馆明义士藏中国古代玉器》，《文物》2016 年第 11 期；曹楠：《加拿大皇家安大略博物馆明义士收藏的几件殷商玉石器》，《中原文物》2017 年第 6 期；沈辰、古方主编：《海外博物馆藏中国玉器图集之一——加拿大皇家安大略博物馆藏中国古代玉器》，文物出版社 2016 年版。

而只能是从当地村民手中以低廉的价格收购那些不为别人看好的普通器物。因此，他的藏品相对来说缺少具有美术价值的精品。这也许正是它们长期以来未能引起西方美术史学者重视的原因所在，但这不等于说明氏的青铜器藏品不具有学术价值。以下 40 余件器物是笔者从明义士的上千件青铜器藏品中精选出的部分标本。这些青铜器大多铸有铭文。尽管这些铭文多是族徽，缺少记事性质的长篇文字，但因为它们都有着明确的出土地点（只有 1 件购自上海，其他皆出自殷墟及其附近），可以为我们研究商代晚期王畿范围内曾经存在过的族氏，提供直接的证据。并且，通过与其他地区出土同类族徽的系联，还可以考察这些族氏繁衍分迁的历史。对族徽的研究近年来有不少佳作问世。[①] 这批材料的公布，也会对这一问题的研究有所助益。个别没有铭文的器物，因为其器形特殊，对于商文化中诸种文化因素的分析，也是很有参考价值的实物资料。

这 40 余件青铜器都是从加拿大皇家安大略博物馆和山东省博物馆藏品中选出的，其中只有极少数曾在英文杂志上作过介绍[②]，而大多数则是首次著录。凡是已经刊布过的器物，我将尽自己所知，在文中予以说明，以便读者查考。在每件器物说明之后，笔者都作了简短的考证。考虑到本节的重点是为学术界介绍新资料，因此，这些考证也只是以辑录已发表的相同或相似的铭文为主，以为更进一步的考索做准备。当然因为自己所见有限，文中必然有不少疏漏及错误之处，尚

---

① 葛英会:《殷墟基地的区与组》,《考古学文化论集》(2)，文物出版社 1989 年版；张振林:《对族氏符号和短铭的理解》,《中山大学学报》1996 年第 3 期；张懋镕:《试论商周青铜器族徽文字独特的表现形式》,《文物》2000 年第 2 期。

② Barbra Stephen, "Some Chinese Archaeological Discoveries in the Menzies Collection", *Art and Archaeology Division*, Annual, 1962. Royal Ontario Museum, University of Toronto. Barbra Stephen, "Early Chinese Bronzes in the Royal Ontario Museum", *Oriental Art*, 1962, Vol 2.

祈读者不吝指正。

为行文的方便，文中凡是皇家安大略博物馆的藏品，均在馆藏编号前标明该馆的英文缩写“ROM”，而山东省博物馆藏品则注明“鲁博”字样，以示区别。

觚　鲁博 6.1267

通高 31.8 厘米，口径 16.5 厘米，足径 9.7 厘米。

侈口，体细长，腹部不显，圈足，足切地处成直角。腹及圈足各有四条扉棱。腹饰饕餮纹，圈足饰蝉纹，腹的上下两端各饰凸弦纹两周。圈足内壁铸铭文“㶣”，为族徽（图版壹，1；图一，1）。

铭文从矢，从宁，或释为“㶣”，为商代族氏。或作“矠”，如下文将要介绍的 ROM960. 234.4、ROM960. 234.24 和《商周金文录遗》392 等，应为同一族徽的不同写法。除殷墟外，出土地点明确的还有陕西礼村出土的一件方鼎，铭作“矠父乙”①，“父乙”为受祭者称谓及日名。

觚　鲁博（无编号）

通高 25 厘米，口径 14 厘米，足径 8 厘米。

侈口，体细长，腹部略鼓，圈足，足切地处成直角。腹及圈足均饰饕餮纹和连珠纹，腹的上下两端各饰两周凸弦纹。圈足内壁铸阳文“”（图版壹，2；图一，2）。

铭文“”应是一复合族徽。所从者有“丁”“冉”和“八”等。不见于以往著录。

觚　鲁博 6.1239

残高 21.5 厘米，足径 8.7 厘米。

---

① 陕西省考古研究所等:《陕西出土商周青铜器》(一)，文物出版社 1979 年版。

口残。腹略鼓，圈足，足切地处下折成直角。腹上下两端饰凸弦纹两周，腹部有四条扉棱，圈足及腹饰以云雷纹为地纹的饕餮纹，圈足内壁铸阳文“”（图版贰，1；图一，3）。

铭文作“子荷戈”，为商代族氏。见于以下著录：《商周金文录遗》285 著录 1 例；《金文编》附录上 084 著录 5 例。

觚　鲁博 6.1247

残高 18 厘米，足径 8 厘米。

口残。体细高，腹微鼓，圈足，足切地处下折成直角。腹上下端各饰两周凸弦纹，腹及圈足均有对称的扉棱，并各饰两组饕餮纹。圈足上端铸有两个对称的不规则形镂孔。圈足内壁铸阳文“”（图版贰，2；图一，4）。

铭文“”为商代族氏。除该器外，有出土地点者有山东胶州西庵遗址所见“父癸”爵。①

觚　鲁博 6.1240

残高 17.5 厘米，足径 8 厘米。

口及腹的上半部残缺。腹部外凸，圈足。腹有扉棱，通体素面。圈足内壁铸阳文“”（图版叁，1；图一，5）。

铭文“”为商代族氏，同铭的器物见于《三代吉金文存》14.17.1“觚”。下文所要介绍的 ROM960. 234.6“父丙”爵与其属于同一族氏。二者很可能为同组器物。

觚　鲁博 6.1243

残高 23.5 厘米，足径 10 厘米。

口及上腹部残缺。腹外凸，圈足。腹及圈足均饰有云雷纹作地纹

① 山东省昌潍地区文物管理组：《胶县西庵遗址调查试掘简报》，《文物》1977 年第 4 期。

的饕餮纹，腹的上下则各饰凸弦纹两周，连珠纹一周。圈足内壁铸有铭文“共”（图版叁，2；图一，6）。

铭文“共”为商代族氏，见于《三代吉金文存》16.10.1“共父丁爵”。1952 年殷墟出土类似的徽文。[①]

觚　鲁博 6.1238

残高 18.5 厘米，足径 7.8 厘米。

口及上腹部残甚。体粗矮，腹外鼓，圈足。腹饰饕餮纹。圈足内壁铸铭文“父甲”（图一，7）。

铭文“”为商代族氏，1985 年版《金文编》附录上 196 著录 3 例；也见于《商代金文录遗》432“亚爵”。

觚　鲁博 6.1244

残高 23 厘米，足径 9 厘米。

体细高，腹不显。圈足。腹饰云雷纹及饕餮纹，圈足之上有两个对称的“十”字形镂孔。圈足内壁铸铭文“享”（图版肆，1；图一，8）。

铭文“享”为商代族氏，1985 年版《金文编》附录上著录 14 例，说明这是商代的一支望族。下文将要介绍的鲁博 6. 1014 铜戈与此同铭。除此之外，还见于下列遗址：（1）殷墟刘南 M63：4“已父享觚”、M63：2“已父享爵”，属殷墟四期[②]；（2）山东长清小屯遗址出土的“享鼎”[③]；（3）河南新乡地区也有发现同样铭文[④]。

① 朱爱芹：《安阳市博物馆藏商代有铭青铜器》图一六，《文物》1986 年第 8 期。

② 安阳市文物工作队等：《安阳殷墟青铜器》八二、八三，中州古籍出版社 1993 年版。

③ 山东省博物馆：《山东长清出土的青铜器》，《文物》1964 年第 4 期。

④ 唐爱华：《新乡馆藏殷周铜器铭文选》一文图一、二：38，《中原文物》1985 年第 1 期。

觚　鲁博 6.1242

残高 21 厘米，足径 10 厘米。

口残。体细高，腹不显，圈足。腹及圈足均饰有云雷纹及饕餮纹，腹部上下各饰凸弦纹两周。圈足内壁铸阳文“叔”（图一，9）。

铭文可释作“叔”。1984 年山东新泰市发现一属于商末周初的残墓，出土带此族徽的青铜器 3 件，铭文均作“叔父癸”。①

觚　鲁博 6.1245

残高 21 厘米，足径 8.5 厘米。

口残。体细高，腹部不显。圈足。腹及圈足上均饰云雷纹和饕餮纹，腹部上下两端各饰两周凸弦纹，圈足上端铸有两个对称的“十”字形镂孔。圈足内壁铸有铭文“癸”（图二，1）。

在商周青铜器铭文中，“癸”多作为纪日，或者是作为日名出现，《金文编》2377 收录多例。但仅铸一“癸”字，以往似不多见。此应仍视为作器者或其先祖之日名。

觚　ROM960.234.24

通高 30 厘米，口径 18.1 厘米，底径 10.8 厘米。

侈口，腹不显，圈足，足切地处成直角。圈足上部有两十字形镂孔。全器锈蚀严重。腹上下两端分别饰两和三周凸弦纹，腹及圈足下部饰兽面纹。圈足内壁铸阳文“矦”（图二，2）。

“矦”为商代族氏。说见鲁博 6.1267 觚铭。

觚　ROM960.234.21

通高 33 厘米。

侈口，体较粗，弧腹，高圈足。圈足的上部有两十字形镂孔。腹

① 魏国:《山东新泰出土商周青铜器》,《文物》1992 年第 3 期。

之上下方各有凸弦纹两周，腹饰兽面纹，并有扉棱。圈足部饰夔龙纹。圈足底部铸一铭文，为族徽。明义士自注说购自上海（图版肆，2；图二，3）。

“[illegible]”为商代族氏。像两手抓举一容器。与此类似的铭文见陕西渭南县南堡村出土的“父乙”簋。[1]唯后者容器作封口状。上面提到的鲁博 6.1243 觚，铭文第二字亦与此近似，二者之间应有联系。

爵　鲁博 6.1231

通高 19 厘米，流尾间长 17.2 厘米。

窄流，长尾，卵形腹，圜底，三足呈三棱形。双柱较矮，立于流折上，柱帽为伞形。腹饰饕餮纹，柱帽饰涡纹。条形鋬。鋬内腹壁上有铭文“[illegible]”，（图版伍，1；图二，4）。

“[illegible]”，或释作“[illegible]”，为商代著名族氏。双目，应即饕餮纹之简化，而铭文的下部，应为以手持爵鋬之形。其早期形态，见郑州杨庄出土的一件属于商代中期的爵。[2]《金文编》附录上 502 收录同铭青铜器 5 例。早年山东的诸城、潍县出土过同铭的鼎。[3]近年出版的《欧洲所藏中国青铜器遗珠》[4]图版陆也著录 1 件。1991 年，河北定州北庄子商代墓地出土一批该族氏的青铜器，说明那里曾是该族聚居之地。[5]另外两个出土带有“[illegible]”字族徽的地点是：（1）陕西省麟游县九成宫镇后坪村出土的“[illegible]父癸尊”[6]；（2）陕西省长安县大原村出土的

---

① 左忠诚：《陕西渭南县南堡西周初期墓葬》，《文物资料丛刊》（3），文物出版社 1980 年版。

② 曹淑琴：《商代中期有铭青铜器初探》，《考古》1988 年第 3 期。

③ 吴式棻：《攈古录》卷二，第 1 页；卷一，第 15 页。

④ 李学勤等：《欧洲所藏中国青铜器遗珠》，文物出版社 1995 年版。

⑤ 刘超英、裴淑兰：《河北商代带铭铜器综述》，《三代文明研究》（一），科学出版社 1999 年版。

⑥ 麟游县博物馆：《陕西省麟游县出土商周青铜器》，《考古》1990 年第 10 期。

"史卣"[①]。

爵　鲁博 6.1219

通高 18 厘米。

窄流，腹壁较直，圜底，三棱形足。双柱较矮，立于流折处，伞状柱帽。条形鋬。尾残。上腹部饰三周凸弦纹。鋬内腹壁铸铭文"戈"（图版伍，2；图二，5）。

戈族为商代晚期和西周早期颇为活跃的族氏，《金文编》2029 著录 20 多例。从新中国成立以来发现的有明确出土地点的带有"戈"字族徽的青铜器看，该族的足迹遍及河南、陕西、山西、北京、山东和湖南等地，而尤以河南、陕西两省最为集中。近年发表的陕西泾阳高家堡戈国墓地，时代在商末周初，表明这里是当时戈族聚居地之一。[②]其他的发现主要有：（1）安阳殷墟出土的"戈簋"[③]；（2）殷墟郭家庄 M1 出土的"戈觯"[④]；（3）陕西武功发现的"戈母丁簋"[⑤]；（4）陕西出土之戈甗[⑥]；（5）山西灵石县旌介村出土的"戈尊"[⑦]；（6）北京地区征集的"戈"[⑧]；（7）山东长清小屯出土的"戈觯"[⑨]；（8）湖南宁乡出土的"戈壶"[⑩]。

---

① 王长启：《西安市文物中心收藏的商周青铜器》，《考古与文物》1990 年第 5 期。

② 陕西省考古研究所：《高家堡戈国墓》，三秦出版社 1995 年版。

③ 朱爱琴：《安阳市博物馆藏商代有铭铜器》，《文物》1986 年第 8 期。

④ 中国社会科学院考古研究所安阳工作队：《1987 年夏安阳郭家庄东南殷墓的发掘》，《考古》1988 年第 10 期。

⑤ 段绍嘉：《介绍陕西省博物馆几件青铜器》，《文物》1963 年第 3 期。

⑥ 参见《陕西出土商周青铜器》（一），文物出版社 1979 年版。

⑦ 戴尊德：《山西灵石县旌介村商代墓和青铜器》，《文物资料丛刊》（3），文物出版社 1980 年版。

⑧ 北京市文物管理处：《北京市新征集的商周青铜器》，《文物资料丛刊》（2），文物出版社 1978 年版。

⑨ 山东省博物馆：《山东长清出土的青铜器》，《文物》1964 年第 4 期。

⑩ 徐中舒：《殷周金文集录》第 947 器，四川人民出版社 1984 年版。

爵　鲁博 6.1220

通高 16 厘米。

窄流，深腹，腹下部内收，圜底，三棱状足。双柱细高，立于口沿近流折处，柱帽作伞形。兽首条形鋬。上腹部饰云雷纹和饕餮纹。鋬内腹壁铸铭文“□毕”（图版陆，1；图二，6）。

“毕”为商代族氏，《金文编》附录上 418 著录 6 例。“□毕”当为一复合族徽，不见于以往的著录。

爵　鲁博 6.1222

通高 17.8 厘米。

窄流，深腹，腹下部微内收，圜底，三棱状足。双柱较矮，立于流折之上，伞形柱帽。尾残。兽首形鋬。腹饰饕餮纹，柱帽饰涡纹。鋬内腹壁铸铭文“斿”（图版陆，2；图二，7）。

“斿”为商代著名族氏，《金文编》1104 著录多例。《商周金文录遗》347 为“亚中斿父己觚”，器现藏德国科伦东亚艺术博物馆[①]，表明该族成员曾出任较高官职。北京市曾于 20 世纪 70 年代征集到一件带有“斿”字徽文的铜觚。[②]

爵　鲁博 6.1228

通高 20 厘米。

窄流，尖尾。深腹，腹壁近直，圜底。三棱状足。双柱细高，立于流上，柱帽为伞形。条带形鋬。器于流折处残断。腹饰凸弦纹三周。鋬内腹壁铸铭文“萬父己”（图二，8）。

“萬”系商代族氏，《金文编》2135 著录 8 例。与此件同铭的器物

---

① 李学勤等:《欧洲所藏中国青铜器遗珠》图版 26，文物出版社 1995 年版。

② 北京市文物管理处:《北京市新征集的商周青铜器》，《文物资料丛刊》（2），文物出版社 1978 年版。

见于《三代》16.16.2 爵。20 世纪 60 年代初山西翼城凤家坡出土一件“萬父己卣”，亦与此同铭。①

爵　鲁博 6.1221

通高 21 厘米。

窄流，尖尾。深腹，腹壁近直，圜底。三棱状足。双柱较高，立于流上，柱帽为伞形。兽首形鋬。器于流折处断裂。腹饰饕餮纹及云雷纹。鋬内腹壁铸铭文“冉先”（图版柒，1；图二，9）。

该铭文是由“冉”“先”两个徽号组成的复合族徽，似未见于以往的著录。

爵　ROM960.234.4

通高 19 厘米，流尾长 15.4 厘米。

窄流，深腹，圜底，三棱足，条形鋬。两柱近流折，柱帽为伞形。腹上部饰凸弦纹三周。鋬内器外壁铸一铭文“矤”（图版柒，2；图三，1）。

“矤”为商代族氏。说见鲁博 6.1267，二者同出殷墟，当属同组器物。

爵　ROM960.234.6

通高 22.4 厘米，流尾长 17.3 厘米。

流部短阔，腹相对较浅，圜底，扁三棱足，兽首形鋬。两柱较高，立于口沿之上，柱帽呈长方形，上饰凹弦纹两周。腹中部饰凸弦纹两周。柱及口沿位置铸“叔父丙”三字铭文（图版捌，1；图三，2）。

“叔”为商代族氏，同铭器物见于上文介绍的鲁博 6.1240 铜觚，

① 李发旺：《翼城县发现殷周青铜器》，《文物》1963 年第 4 期。

“父丙”乃受祭者称谓及日名。明义士注曰“Shaiwan31.3.25”，应是1931年3月25日得自叫Shaiwan的地方。

爵　ROM960.234.7

通高19厘米，流尾长16.2厘米。

窄流，深腹微鼓，圜底，三棱足，条形鋬。两柱在流折上，柱帽呈伞形，上饰涡纹。腹上部有凸弦纹三周。鋬内铭文“举”（图版捌，2；图三，3）。

明义士自注：“商代铜爵。素面（只在颈部有简单装饰）。铭文可上溯至公元前1200年前后。明义士《商代青铜文化》No.2031B因L2有同样铭文。还见于明义士《商戈》No. 134。”

该铭文为商代著名族氏。该铭的写法有多种，此为简化形式，对于铭文的释读，宋代人释为“析子秋”，丁山、郭沫若释为“冀”[①]；于省吾释为“举”[②]，秦建明等释作“子”[③]。学术界一般采用省吾先生的说法。李伯谦曾有专文考证该族的分布和播迁情况[④]，所收资料齐备。近年又有新的出土地点：陕西麟游县后坪村出土“举”鼎[⑤]；西安市老牛坡出土的“举父癸”豆和“举母己”觯盖[⑥]；安阳殷墟刘家庄商代墓葬出土带有“举”字徽文的爵、鼎和觯等，报告作者认为刘家庄为“举”族在殷墟晚期的墓地[⑦]。

---

① 丁山：《甲骨文所见氏族及其制度》，中华书局1988年版；郭沫若：《殷周青铜器铭文研究》，科学出版社1961年版。

② 《释㠯》，《考古》1979年第4期。

③ 《释㠯》，《考古与文物》1984年第6期。

④ 《㠯族族系考》，《考古与文物》1987年第1期。

⑤ 麟游县博物馆：《陕西省麟游县出土商周青铜器》，《考古》1990年第10期。

⑥ 王长启：《西安市文物中心收藏的商周青铜器》，《考古与文物》1990年第5期。

⑦ 安阳市文物工作队：《1983~1986年安阳刘家庄殷代墓葬发掘报告》，《华夏考古》1997年第2期。

爵　ROM960.234.8

通高 21 厘米。

器残。流较宽，深腹，圜底，三棱足，牛首形鋬。腹饰云雷纹及兽面纹。鋬内有铭文“戈且己”（图版玖，1；图三，4）。

明义士自注：“这件爵于 1930 年与其他遗物一同购自林来锋（音）。据说出自洛阳附近。成套的部分器物有族徽。罗振玉《三代吉金文存》未收录这件，但同套其他族徽则被收录。明义士谨记。1954 年 7 月 6 日。”

“戈”为商代著名族氏，说见上文鲁博 6.1219。“且”为行祭者对受祭者的称谓；“己”则为受祭者之日名。

爵　ROM960.234.9

通高 20 厘米，流尾长 15.8 厘米。

流较宽，腹相对较浅，圜底，扁三棱足。双柱近流折，柱帽较高，上饰凹弦纹两周，圆柱形鋬，上饰牛首。腹中部饰一周由蕉叶纹组成的纹饰带。柱及腹上部铸铭文“乍从戈”三字（图版玖，2；图三，5）。

铭文“乍从”与“戈”之间有一定间隙，当为由这两个徽文组成的复合族徽。该爵与 ROM960.234.15 铜爵形制、铭文全同，当为同组。类似的铭文见《商周金文录遗》486“乍从彝族”盘。

爵　ROM960.234.10

通高 21.5 厘米，流尾长 17 厘米。

流较宽，腹相对较浅，圜底，扁三棱足。双柱在流折后方，柱帽较高，上饰凹弦纹两周。圆柱形鋬，上有牛首。腹中部饰凸弦纹两周。柱下近鋬处有铭文一字“”，鋬下铸铭文“父丙”二字（图版拾，1；图三，7、8）。

族徽“”为商代族氏，“父丙”为受祭者称谓及日名。《金文编》附录上231著录6例，《商周金文录遗》128著录1例。鲁博6.1279铜簋器底内外壁与此同铭，可能为同组器物。

爵 ROM960.234.11

通高19厘米，流尾长16.5厘米。

窄流，腹略鼓，圜底，三棱形足。双柱在流折处，柱帽呈伞形，上饰涡纹。条形鋬。腹饰三周凸弦纹。鋬内铸有铭文“甲，𠆢”（图版拾，2；图三，6）。

铭文由两字组成，其中“𠆢”为商代常见族氏，“甲”当为受祭者或致祭祀者日名。但按照常例，日名多位于族徽之下方，而这件铭文族徽和日名的位置则正好颠倒过来，其原因不明。关于族徽“𠆢”，《金文编》附录上298记录12例。而出自科学发掘之资料，见于以下各处：（1）安阳殷墟南区苗南墓地，该墓地出土铜礼器的墓仅4座，而其中有3座墓葬中的5件铜器上有此族徽，故学者认为苗南墓地是该族在殷墟的族墓地①；（2）安阳殷墟戚家庄东地一件器盖上发现此徽号②；（3）安阳殷墟东八里庄村东出土一带此徽号的铜爵③；（4）陕西出土有“𠆢”壶④；（5）陕西出土“𠆢”鼎和“𠆢且丙”爵⑤；（6）辽宁喀左三湾子出土“𠆢父甲”盘⑥。明义士藏品中的这件爵和下文还要提到的ROM960.234. 90A铜爵，可能同殷墟苗南墓地有关。

---

① 安阳市文物工作队等：《安阳殷墟青铜器》，中州古籍出版社1993年版，第19页。

② 安阳市文物工作队：《殷墟戚家庄东258号墓》，《考古学报》1991年第3期。

③ 安阳市文物工作队：《安阳市殷代墓葬发掘简报》，《华夏考古》1995年第1期。

④ 《陕西出土商周青铜器》一，文物出版社1979年版。

⑤ 《陕西出土商周青铜器》三，文物出版社1980年版。

⑥ 喀左县文化馆等：《辽宁省喀左县三湾子出土商周青铜器》，《文物》1977年第12期。

爵　ROM960.234.15

通高 19.8 厘米，流尾长 15.7 厘米。

流较宽，双柱在流折后方，腹相对较浅，圜底，扁三棱状足。圆柱形鋬，上有牛首形装饰。柱帽呈长形，上饰凹弦纹两周。柱及口下近鋬处有铭文“乍从戈”三字（图版拾壹，1；图三，9）。

该器物的形制、铭文与 ROM960.234.9 爵相同，应为同组。说见上文。

爵　ROM960.234.90A

残高 13.3 厘米。

残甚，锈蚀严重。窄流，深腹，圜底，条形鋬。双柱近流折，柱帽呈伞形。三足尽失。鋬下铸铭文一字“宀”（图版拾壹，2；图四，1）。

“宀”为商代著名族氏，说见 ROM960.234.11 爵。

爵　ROM960.234.270

通高 20.3 厘米，流尾长 16.5 厘米。

流较宽，腹壁近直，圜底，三棱状足。柱形鋬，上有牛首形装饰。双柱在流折后，柱帽作伞形。腹中部饰兽面纹。鋬下铸有铭文“戈，且丁”三字（图版拾贰，1；图四，2）。

“戈”为商代著名族氏，说见鲁博 6.1219；“且丁”为受祭者称谓及日名。

斝　ROM 960.234.12

通高 24.8 厘米，口径 14.2 厘米。

侈口，长颈，扁圆腹，圜底，三袋足中空，条带形鋬，双柱呈三棱形立于口沿之上。颈的下部饰有一条由三角纹及“×”纹组成的纹饰带。

明义士自注:“商代铜斝的早期形态。得自安阳县学贾格村(Chae K'o Hsun)。据说发现于1912~1913年，地点在彰德火车站北15里，铁路西侧。用桐油漆过。局部破损，1914年我用白蜡修复。”(图版拾贰，2)

该器虽然没有铭文，但形制特殊，笔者称这类铜器是带有浓厚的岳石文化风格的器物，而与中原夏商系统的同类器有别，时代可早到二里头文化四期，晚至二里冈上层。[①]笔者所用资料之外，应补充以下两条:(1)湖北黄陂杨家湾发现的二里冈期铜斝[②];(2)山西垣曲古城南关商代城址出土的二里冈下层期的铜斝[③]。从明义士自注看，他本人早就认识到这类铜斝属于早期形态。值得注意的是，在该铜斝出土地点附近地区，自1999年以来考古工作者发现了一处面积达4.7平方公里、年代早于殷墟文化的商代中期城址——洹北商城。[④]这件铜斝的年代应不晚于商代中期。

该器物曾见于以下西文著录:

Bagley，R.，“P'an-lung-ch'eng：A Shang City in Hubei”，*Artibus Asian*, Vol. 39，1977，p.203fig.23.

Fontein，J.& Wu，T.，“Unearthing China's Past”，*Boston Museum of Fine Arts*，1973，p.20.

Stephen，B.，“Early Chinese Bronzes in the ROM”，*Oriental Art*，1962，#2 Vol.，pp.62-67.

---

① 方辉:《岳石文化的分期与年代》,《考古》1998年第4期。

② 郭冰廉:《湖北黄陂杨家湾的古遗址调查》,《考古简讯》1958年第1期。

③ 中国历史博物馆等:《1988~1989年山西垣曲古城南关商代城址发掘简报》,《文物》1997年第10期。

④ 中国社会科学院考古研究所安阳工作队、中加洹河流域区域考古调查课题组:《河南安阳市洹北商城遗址2005~2007年勘察简报》,《考古》2010年第1期。

簋　鲁博 6.1280

通高 13 厘米，口径 18 厘米，底径 14 厘米。

方唇，卷沿，侈口，束颈。鼓腹。圈足，足切地处下折成直角。颈及腹上部饰凸弦纹三周，并有两个对称的兽首。圈足上部有两个不规则的镂孔。器内底铸铭文“妇好”（图版拾叁，1；图四，3）。

妇好为武丁配偶，见于殷墟甲骨卜辞。1976 年发掘的安阳殷墟妇好墓，出土带有“妇好”铭文的青铜器达 48 件之多。[①] 值得注意的是，在妇好墓以外，著录有“妇好”铭文的只有 2 件，作“妇好，正”[②]，单独作“妇好”二字的铭文，这是妇好墓以外所仅见的。此器当为妇好本人所有，后因其他原因而未能随其下葬者。“妇好”簋的发现，为武丁时代增加了一件年代明确的标准器。

簋　鲁博 6.1279

通高 11.5 厘米，口径 18 厘米，底径 11.5 厘米。

圆唇，卷沿，口微侈。腹壁近直。高圈足。颈部饰云雷纹一周。圈足上部有两个对称的横长方形镂孔。器底的内外壁分列铸阴文和阳文族徽“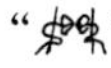”（图版拾叁，2；图四，4、5）。

“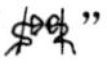”系商代族氏。说见上文 ROM960. 234.10。

簋　鲁博 6.1278

通高 12 厘米，口径 17.5 厘米，底径 14 厘米。

圆唇，卷沿，侈口。圈足。通体素面。器内底铸铭文“刀，子示，系”（图四，6）。

铭文是由“刀”“子示”“系”三者组成的一复合族徽。与此相同的徽号，见《三代吉金文存》3.3.16“刀，子示，父癸”鼎。“刀”单

① 中国社会科学院考古研究所：《殷墟妇好墓》，文物出版社 1980 年版。

② 于省吾：《商周金文录遗》256.1 和 256.2，科学出版社 1993 年版。

独作族徽，《金文编》附录上著录2例；“子示”徽号，见于《金文编》附录上278、279；“系”字为族徽者，见于《金文编》2094之“系，父王”爵。

上举各例和下文将要提到的鲁博6.1276和6.1277两例中，“子示”是最为常见的一种族徽。而考古发掘出土的“子示”徽号，数量也不在少数，而尤以安阳殷墟为多，计有：（1）安阳殷墟郭家庄出土之“子示”爵[①]；（2）安阳殷墟苗圃北地M54出土的“目，子示”爵[②]；（3）安阳殷墟刘家庄M1出土之“子示”觯、“子示”爵[③]等。此外，河南新乡也出土有“子示”爵[④]。这里的“子”，有学者认为是爵称，其下一字，可解释为私名[⑤]。

方彝　ROM960.234.1

口长边11.2厘米，底长边9.9厘米，通高21.5厘米。

长方形，有盖。盖作屋顶形，脊部有一盖钮。器体由口至底逐渐内收，底和足交接处形成一小台。圈足，四边各有一拱形缺口。通体素面。器内壁铸有一族徽“子，，天”（图版拾肆，1；图四，7）。

铭文系由三个徽文组成的复合族徽。也可能如某些学者所说，“子”在这里用作爵称，其下一字为私名。该铭文未见于以往的著录。

鬲　ROM960.234.3

口径11.5厘米，通高15.1厘米。

① 安阳市博物馆：《安阳郭家庄的一座殷墓》，《考古》1986年第8期。

② 中国社会科学院考古研究所安阳工作队：《1980~1982年安阳苗圃北地遗址发掘简报》，《考古》1986年第2期。

③ 安阳市文物工作队：《1983~1986年安阳刘家庄殷代墓葬发掘报告》，《华夏考古》1997年第2期。

④ 唐爱华：《新乡馆藏殷周铜器铭文选》图二：54，《中原文物》1985年第1期。

⑤ 张懋镕：《试论商周青铜器族徽文字独特的表现形式》，《文物》2000年第2期。

侈口，卷沿，束颈，三袋足中空，无实足尖，两耳立于口沿之上。颈部饰凸弦纹两周。颈沿内壁铸有铭文二字“亚”（图版拾肆，2；图四，8）。

铭文首字当为作器者私名，而“亚”当如学者所说，是一种较高级别的职官的标志，并且，很可能是武官的象征。[①] 此类形制的铜鬲在商代晚期不多见，带铭文者更是罕见。

鼎　ROM960. 234.33

通高 10.7 厘米，口径 9.1 厘米。

方唇，窄沿，腹壁近直，圜底，三柱状足，口沿立两耳。上腹部有一周夔纹带。器内壁铸铭文“，且丁”三字（图版拾伍；图四，9）。

铭文首字为族徽，与之相似者，《金文编》附录上 454 著录 2 例；《商周金文录遗》222.2 著录 1 例。“且丁”为受祭者称谓及日名。

箕形器　鲁博 6.1277

高 8 厘米，通柄长 30.5 厘米。

箕形。直壁，平底。有柄，中空。通体素面。柄部正面铸铭“子示，单”三字（图版拾陆，1；图五，1）。

该铭文是由“子示”和“单”组成的复合族徽。与该铭文相同的青铜器，《金文编》附录上 279 著录 1 件爵；河南新乡地区曾征集到 1 件“子示，单”爵。[②]

勺　鲁博 6. 1276

高 8.5 厘米，通柄长 19 厘米。

直口，深腹，圜底。有柄，中空。柄部有一圆孔。通体素面。柄

① 张懋镕：《试论商周青铜器族徽文字独特的表现形式》，《文物》2000 年第 2 期。

② 唐爱华：《新乡馆藏殷周铜器铭文选》，《中原文物》1985 年第 1 期。

部正面铸铭文“子示，单，天”四字（图版拾陆，2；图五，2）。

铭文为“子示”“单”和“天”三个徽文组成的复合族徽，不见于以往著录。有关“子示”和“单”的解说，已见上文鲁博 6.1277 和 6.1278。

戈　鲁博 6.1014

长 22.9 厘米，宽 6.5 厘米。

直内戈。上下出阑。援部较短，中部起脊。内部有一“n”形凹槽，其间铸一铭文“享”（图版拾柒，2）。

铭文“享”为商代族氏。说见鲁博 6.1244 铜觚。

戈　鲁博 6.1015

长 23.4 厘米，宽 6.2 厘米。

直内戈。内部后缘有一突刺。上端出阑。援部教长，中部起脊，但不明显，内部正反面均铸有“n”形凹槽，其间铸铭文“子”（图版拾捌，1）。

铭文“子”金文中常见，或谓其为商代族氏。考古发掘所见者，遍及河南、山西、山东和安徽等省，计有：（1）安阳殷墟戚家庄东地发现的“子”爵[①]；（2）殷墟西区出土之“子”爵[②]；（3）河南辉县褚丘出土的“子”觚[③]；（4）河南新乡征集的“子”觚、“子”锛等[④]；（5）河南舞阳县吴城北高村出土的“子”爵[⑤]；（6）山西石楼义牒村

---

① 安阳市文物工作队等：《安阳殷墟青铜器》三二，中州古籍出版社 1993 年版。

② 中国社会科学院考古研究所安阳工作队：《1969~1977 年殷墟西区墓葬发掘报告》，《考古学报》1979 年第 1 期。

③ 齐泰定：《河南辉县褚丘出土的商代青铜器》，《考古》1965 年第 5 期。

④ 唐爱华：《新乡馆藏殷周铜器铭文选》，《中原文物》1985 年第 1 期。

⑤ 朱帆：《河南舞阳县吴城北高遗址出土铜爵》，《考古》1984 年第 5 期。

出土的“子”觚[①]；（7）山东滕州龙堌堆遗址出土的“子”爵[②]；（8）安徽嘉山县泊岗出土的“子”斝[③]。近来学者指出：“‘子’是一种爵称，一种身份地位的标识，因此器主常将其铸于器上，以显荣耀。‘子’单独出现或仅与日名同出，应视为子某的省略式。”[④]可备一说。

戈　鲁博 6.137

残长 11.7 厘米，宽 3.1 厘米。

为一直内戈的内部。一面铸铭文“”（图版拾柒，1）。

铭文“”为商代族氏，《金文编》附录上 149 著录两件相似者。“”为族徽，“亚”则为职官地位的象征。说见 ROM960.234.3 铜鬲铭文。

戈　鲁博 6.1034

长 30 厘米，阑宽 7.5 厘米。

曲内戈。形体硕大。阑部上下突出，援部中间起脊。内部正反面均铸夔纹，一面铸有铭文“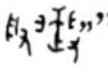”二字（图版拾捌，2）。

铭文首字可能是族徽，与此相似者见《商周金文录遗》473，其下一字则为私名。

戈　鲁博 6.1021

长 25.4 厘米，宽 6.6 厘米。

銎内戈。后端有双翼。有脊。内部铸铭文“子”（图版拾玖，1）。

“子”字解说见鲁博 6.1015 戈。

---

① 石楼县文化馆：《山西石楼义牒发现商代铜器》，《考古》1972 年第 4 期。

② 陈庆峰等：《山东滕州出土商代青铜器》，《考古》1994 年第 1 期。

③ 南京博物馆：《南京博物院藏安徽文物选介》，《东南文化》1991 年第 2 期。

④ 张懋镕：《试论商周青铜器族徽文字独特的表现方式》，《文物》2000 年第 2 期。

戈　鲁博 6.1020

长 24 厘米，宽 6.9 厘米。

銎内戈。内部后缘有一突刺。援部起脊。内部正反两面均铸有“n”形凹槽，其间铸铭文“□”（图版拾玖，2）。

“□”，为商代族氏，不见于以往著录。

戈　鲁博 6.1024

长 20.7 厘米，宽 61. 厘米。

銎内戈。内部后缘平直。援部较短，中间起脊。内部正反两面均铸铭文“□”（图版贰拾，1）。

“□”为商代族氏，《金文编》附录上 249 和《商周金文录遗》543 都有著录。有明确出土地点的有 2 例，即（1）殷墟西区墓葬出土的“□”戈[①]；（2）山西石楼诸家峪出土的“□”戈[②]。值得注意的是，无论是传世器，还是出土器物，这种铭文都出现在铜戈之上。不知是出于巧合，还是有意为之。

矛　鲁博 6.61

长 25 厘米，宽 6.9 厘米。

方形筒，中空。双翼尾端有两孔。前锋锐利。筒部铸有铭文“□”（图版贰拾，2）。

“□”为商代族氏，似未见于以往著录。

---

① 中国社会科学院考古研究所安阳工作队：《1969~1977 年殷墟西区墓葬发掘报告》，《考古学报》1979 年第 1 期。

② 杨绍舜：《山西石楼褚家峪、曹家垣发现商代铜器》，《文物》1981 年第 8 期。

附　录

一、论殷墟出土的明氏鹿即古代的麋

明义士 著，方辉 译

1924年春，笔者将殷墟出土的动物标本交给苏厄毕先生作动物学的鉴定和研究。最近，这一鉴定成果终于在1933年9月出版的《中国科学美术杂志》（*China Journal*）第三期发表。在此，我要对苏厄毕先生表示感谢！

殷墟位于河南彰德（今称安阳），我在1914年首次访问过该遗址。自1928年以来，中央研究院历史语言研究所考古组一直在那里进行发掘工作（参考《安阳发掘报告》第1册，第3页）。

在苏厄毕先生的文章中，根据生物学上以发现者名字命名新种属的原则，他将我发现的新鹿种命名为“明氏鹿”，学名Cervus（Rucevus）Menziesianus。实际上，这种鹿的鹿角同其他共存的鹿角和骨骼一样，在殷墟遗址中十分常见。通常，这些东西都会被当作所谓的“龙骨”，卖给中药店。即使是在售价很低的今天，这些东西除了药店以外，似乎也没有其他的去处。苏厄毕报告中的图1-5鹿角是1923年秋小屯村村民在西北冈附近整平土地时出土的。出土地点较遗址的平均高度低出大约10码。华北地区的农民往往在秋收后的闲暇时间整平土地。这次是在一块沙地的南端挖一宽约3码、深5码的沟，以便把挖出的土壤运到低地整平。取土的地方，小屯人称作“十四亩地”，恰好位于《安阳发掘报告》第2册地图4标有最高高度97.5米等高线数字的北边，鹿角发现于沟的底部。据目测，海拔大约93米。当时，最大的那件明氏鹿的鹿角已被卖给彰德府的古董商人齐国迅（音，Chae K'o Hsun），他雇用的蓝保光（Lan Mao Kuang），是一位伪刻甲骨的能手，他刻在骨头和象牙上的字，曾使不少内行人士上当受骗。当我闻讯赶去收求时，上面已经被他刻上了字。我想指出的是，斯德哥尔摩远东古物博物馆（Museum of Far Eastern Antiquities）第2期《通讯》上的所谓“男性生殖崇拜”象征的“石祖”，上有刻文，后来被高本汉（Bernard Karlgrens）在一篇题为《中国古代丰产的象征》文章中所采用（图4a和4b，图版二），也是出自蓝保光之手。蓝保光的伪作我见到过成百上千件，我可以很容易地识别出来。高本汉在第22页的脚注和图版说明中说这件“石祖”出自“黄河北岸不远的河南省商丘县”，以此蒙骗读者。但刻文是假的，而且是蓝保光的“杰作”。蓝氏很聪明，他的刻文都是模仿殷墟出土的甲骨文。这件东西可以说是器真铭伪，但并不是高本汉所说的“石祖”。我见过殷墟数以千计的出土物，但从未见到过什么象征男根的遗物。这件“石祖”，只不过是一件器物的捉手而已。如果说它是石祖，殷墟应该有更多的石祖才对，因为甲骨文反映出商代的祖先祭祀是一项非常重要的活动。之所以谈起这些，是因为这件事情同我们正在讨论的鹿角伪刻性质是一样的。这些刻文，字体或大或小，或粗糙或精细，都是毫无意义的伪刻。我赶到时，他们刚刚刻完，字的结构错误百出。还需指出的是，据我听知，甲骨以外的刻辞非常罕见，大约只有万分之一。

这些鹿角的用途，正如苏厄毕先生所认为的那样，不是用来占卜，而是用来加工成适合日常使用的各种器具的骨角料。出于使用目的的不同，这些角和骨的头端先被锯割成大小不等的角料和骨料，然后再加工成器。半成品和废弃的材料也常可见到。在中央研究院历史语言研究所发掘之前，像这件未经切割且保存完好的明氏鹿鹿角是不容易见到的。鹿角在卖给药店时通常是被切割或锯成小块，以斤两论价。这样做也是为了便于捆包携带。明氏鹿的残片在殷墟遗址非常多见，也比较容易鉴别。据我在当地生活二十多年的经验，可以确定这种鹿在商代安阳地区最为普通和常见。

根据中国文献典籍，古代生活在湿热地区最为普通的鹿类叫“麋”。但“麋”却被误作在中国已经灭绝了的“四不像”，学名叫 Elaphurus Davidianus。这个错误源于墨林道夫（O. F. von Mollendorff）博士在 1877 年第 VI 卷《皇家亚洲学会会刊》上的文章。当时，一些西方人在北平南部一处称作“南苑”的地方发现了这种鹿的踪迹，而同种的鹿在英格兰的贝得夫茨（Bedfords）公园也有少量生存。墨氏遂将其称为“麋”，唯一的原因是这种鹿生活在沼泽地，并有着一条长尾巴。一般来说，鹿角是鉴定鹿的种类的关键，但在这里我们就从这条长尾巴入手。大家知道，在商代的文字中，古人往往通过对动物尾巴的描写来对不同的动物进行分类。比如，经常被用作牺牲的猪和狗这两种动物，猪是短尾，而狗的尾巴则是长而上卷的。虎的尾巴也被描绘成长而上卷，马则以鬃毛表示其特点。因此，就让我们看看，所谓 Elaphurus Davidianus，或称长尾鹿，在古文字中的形象吧！当看了甲骨文中的“麋”字，你就会发现，这显然是一种有着短尾巴的鹿。

因此，我认为，被命名为“明氏鹿”的新种，实际上就是古代文献上经常提到的麋鹿，其根据是：

（1）明氏鹿和麋鹿都很常见；

（2）它们的习性都是生活于湿热的沼泽地；

（3）从甲骨文中的“麋”字可知，这种鹿有一条稍稍上翘的短尾，而不是如墨氏所说的长尾。

由此可见，明氏鹿在商代是一种非常普通的鹿种，这一点可由殷墟出土的大量此类鹿的鹿角佐证。而且，我认为，许多用作占卜的鹿肩胛骨就是来自明氏鹿。中央研究院史语所已经发掘出土不少此类鹿角。《安阳发掘报告》第2卷第224页图版陆，反映的是第12号大十字深坑内一处深9.5米的灰坑，其中就有这种鹿角出土。在安阳二十多年的生活中，我看到过无数次为了挖“龙骨”而发现这类鹿角的情况。

麋鹿在古代文献中也经常被提及。如《春秋·庄公十七年》：“冬，多麋。”杜预注：“麋多则害稼，故以灾书。”孔颖达《正义》曰：“麋，泽兽，鲁所常有，是年暴多，多则害五稼，故言多以灾书也。”以前，在加拿大，当冬天来临，森林食物不足的情况下，群鹿也常常会闯入农田寻找食物。我想，这也许可以作为上述文献所说鹿多成灾的注脚。

像《诗经》和《孟子》等先秦典籍，也都经常提到麋鹿。至于商代甲骨文中对麋鹿的记载，那就更多，可谓不胜枚举。

二、书信十二则

这里所选十二封有关明义士的书信，与明义士及其藏品有关的内容，都写于明义士1936年回国以后。因此，对于研究明义士回国以后在加拿大和美国的生活情况，有一定的帮助。其中，曾毅公、董作宾两人致明义士的几封书信，对于研究甲骨学史和考古学史，可提供有益的资料（稍感遗憾的是，曾毅公的几封书信只写有月日，而没有注明具体在哪一年，有的只能根据信的内容作一推测，为使用者造成不便。俟将来发现线索时加以补足）。有几封信涉及明义士本人对自己藏品的态度和处理意见，对于认识明义士其人，有重要参考价值。

曾毅公致明义士书信五则

之一

子宜牧师：

因温先生向学校请毅到济南，虽家事不能分身，但学校所委，不能不遵，已定七月初到济。现平又到新书数种，阁下欲购，请即示之，以便赴济时，与阁下携上也。

《卜辞通纂》：四册，郭沫若著，定价拾贰圆，邮费六角。

卜辞通纂一卷，所集拓本计殷虚书契前后编、戬寿堂所藏殷虚文字、菁华、之余、甲骨文字……及中央研究院所藏卜辞拓片，何遂氏藏甲骨拓片，及日本各处所藏之甲骨影片。已做一番整理工夫。

考释三卷，新获甚多。

索引一卷。

《福氏所藏甲骨文字》：一册，商承祚编，定价贰元五角，金陵大学出版。计收拓本三七片，附商氏考释。

特此即颂

道祺

曾毅　六月九日[①]

之二

子宜师：

前次通信到现在又数月了，想您和明太太现在正在过快乐的圣诞节。

国学研究所自栾先生辞职赴山东大学后，后来就请了马宗芗先生作了主任。《齐大季刊》和《国学汇编》也请马先生主编。

毅在开学时，校长派我担任二学分的戏剧史，因学生不足，未能开班。在此半年中，除去写了《殷虚卜辞汇考》二卷约十余册、卡片六百余页外，《山东曲作家小传》附提要、《校殷虚书契后编》二文，初稿已完成；黄石崖北魏造像，林牧师的调查记已经出版，我请了一位学生帮助我译出中文来，成了一小册。不过我觉得关于考证方面，只据了《历城县志》，似嫌不足。所以我现在再收集些材料来补充。自殷墟到山东，除去龙山的城子崖黑陶器外，在历城县政府（现移王舍人庄）以东，也发现了，并且自黑陶器时代到东周，那里的遗迹都有。我曾见了一陶罍，器上

① 此“六月九日”当在1937年。

的文字和陶质也正是东周的。明天圣诞节有三天的休息，我利用这时候，到那里去看一看。这里是春秋的鲍邑，隋的营城，材料是收得差不多，再得些实在的证据，这文章也就成了。

关于商地理，在殷墟东方的，也得了一些新知识。从您的《征人方考》得的启示尤多。可惜所识的不多，并且还没有系统，太零碎，现在正画一略图，按图上道里，再详细考一考。如果能有成就，当先写一过，呈上请正。

关于山东的汉画像，除了嘉祥的武氏祠、肥城的孝堂山、滕县的以外，在阑山还有一大批，现在正在找拓本，如果能得到，又是一件好材料。

我每天除了写汇考用四五点钟以外，余下的二三点钟，是读金文和山东的地志或者是金石书关于地理者。

学校方面，一如旧贯，精神方面比以前则进步很多。关于交通方面，从校友门以前，到南圩门新修了一条马路，新建门内南新街和医学院广智院双龙街都修了柏油路。以后行路，不至再有所苦了。

不过，在多难的中国里，时时感到不安定，以致关于工作、思考上，也常受到环境压迫，而无所成就。尤其是我，得的效果不太多。

圣诞节已经来临了，我才给您们贺节。我想，等您见到这信，已经过了一个月。请您恕我的迟缓。

敬贺

圣诞并新年快乐

曾毅公拜

十二月二四日

之三

子宜师：

上礼拜六由办公楼转来您的信，快慰之至。我所要说的话，和承询回答的话，分段一一的写出来。

1. 国学研究所

自年前马竞荃（宗芗，Tsung Hsiong）先生继主任后，在本季开学，国研所比起前一年来，精神上很好。又由校长的主持，把房子粉饰了，又多做了几个书架。关于工作人员，又增加了孙蔚西、张心田二先生（都是老校友）。

我的《殷虚卜辞类考》，到六月底止，预算可以写到第十二，现在卡片上所搜集的材料，已一千余片。自下月起，搜集材料的工作暂停，只写释文和排比等等。一俟此一千卡片写完后，再收集材料。

关于商地理，现在又发现了一些，不过太零碎，整理得相当时日。在殷墟以东，如河北的南部，河南的北部，安徽、江苏的北部和山东，商人的活动，最低的限度，也是受辛伐人方、盂方、林方、叡方的时候。我把您那《攸侯喜考》和《人方考》的材料又搜了好多。

2. 济南附近的黑陶器

在这半年来，龙山并没有什么新发现。在龙山西郭店、王舍人庄两车站之间，有一个韩仓。从这儿往北，在梁庄、纸庄一带，有陶器的发现。不过比黑陶器时代要晚些（有的或者是黑陶器系下，已经发生了变化）。这些陶器有的据我看是在春秋或战国的，曾拓了一个罍，可惜只有一份。现在我找照相馆晒一份，和书一并给您寄去。

3. 梁思永琅邪一带的考查

梁氏在诸城等沿海几县考查的黑陶器，据报纸上的记载，他们收获了不少，一部分存在图书馆里，可是我们所能知道的只是在诸城沿海几县也是属于黑陶器时代，至于报告书现在尚没有。

4. 中央研究院

在最近出了一本《田野报告》，是商务印书馆出版的。很不巧在济南尚未来到。据说是快来，我得到了立刻也给您寄去。至于在安阳最近发现所得（以下一行不清楚——引者），我在济南听到的消息，都是很晚，甚至有的还不知道。

日人梅原末治的《河南安阳发现的遗物》，是最新的研究侯家庄一带墓葬品的好文章；中央研究院的《田野报告》还没有葬品的报告（有浚县滑县的）。唐兰有二篇文章，一是商代的文学和甲骨文学；二是关于龟右尾甲。还有几种，因为济南没有，所以都到北京去买，来了就寄上。

历史语言研究所集刊已出了六本四份。关于金文的几篇，甲骨有一篇，我都买了。只拣有关系的三册，连《柏根氏甲骨文字》三册，《震旦人与周口店文化》《征途考古记》《新中华》《先秦天道观之进展》各一册分作四包寄上，想早收到了。中华书局出了一册向达译的《西域考古记》，我想现在您不用，不过因为正在卖特价，所以也买了，连集刊三册，不给您寄去，以省邮费。

商务印书馆出了一册《张菊生先生七十岁纪念论文集》，只有一篇吴其昌的文章是关于甲骨文的。量的一方面不太多，定价六元，我觉着贵一点，所以我没买。您如果要，来信时再买也不迟。

前从会计赖先生手拿了三十元，一部（分）已买书和邮费，一部分给北平，寄北平去买。等北平的书完全寄到，开一总单给您和赖先生，单据也寄上。

古器物室，仍和从前一样，平时是不开门，俟有参观的人才开开。我一周中到那里巡视一次。因为去年校长说，不必一礼拜开三次，如果有人看的话，再开。

前面所说罍，已经归了省立图书馆（开价四十元）。我所拓的，已经晒了一份，将随书寄上。

省立图书馆新书楼已落成。在楼的一隅，辟了一个古器物室，有很多新出土的东西。龙山附近新出的爵、戈等等，更可（了解）铜器（与）黑陶器等的关系了。在龙山附近有很好的资料，预备去研究，很可惜我没有多的工夫到这一带去旅行调查。我很盼望您在回来时，向校中当局建议，从研究所提出一部分款子作为山东境内旅行调查之用。据我所知，在山东境内需要调查的古地方很多很多。您想以为如何？

罗振玉氏印《三代吉金文存》二十册已出了五册，预约价约 180 元。容希白的《善斋吉金录》《汉武梁祠画像考》亦已出版。

合间都很平安，请勿远念。您何时回来？是在暑假中？是十月前？我很盼望知道。请您事先示知。

祝您

安康

曾毅

之四

子宜师：

克会长来，得到您的信。谢谢。

现在报告您我在这三四年的景况和工作情形。当一九三六年夏，您回国后，在第二年春季，曾有两次致候。至一九三七夏，一年中，《殷虚卜辞汇纂》已写至十二卷上。暑假回平，即遇卢沟桥事变，留平二三月，曾佐校中在平招生事，于九月间由海路返校。惟战况紧张，无心工作，校长又命至“齐中”代课数周。战事更急，校中即停课，同仁四散。毅则再返津平（此时校中每月发百分之十二点五生活维持费）。如此一年余，在北京只为衣食奔走，未暇研理旧业，但《汇纂》稿，已将十四卷几几完业矣。一九三八年秋，研究所再开，校中函招，时自平至济，火车虽通，而种种皆感困难。于八月中起程，至沧州一带，知济南又生变动，又退回天津。下车时，因检查行李中所携之书，备受诘问，又以有华北古代地图，备商代地理考用者，问更严。图为所裂，书稿亦受相当损失。因惊再回平，已不再作返校想。十月中又接约函，于十一月中旬始行返校。时闻刘校长已入川，齐大在华西开学，吾研究所在济，由马竟荃先生主持。关于出版研究作品，限一九三九年一月底交稿，而《国学汇编》第三册亦须出版。毅将《殷虚书契续编校记》旧稿整理，排入《国学汇编》中。而《商地理考》关于经史中之地理，尚未整理就绪，甲骨文之地理，亦未辑全。故将甲骨中地名先作一通检。二书均于一九三九年六月底出版，已由校中寄美国哈佛燕京学社矣。您所委作之《卜辞汇纂》，则于晚间及暇时，已将十四卷补足。惟《殷虚卜辞后编》部分，尚付阙如。又将柏根氏、福氏甲骨文字之检字，亦已附入卡片中。一九三九年秋，所中出版各书，承马先生之命，助张王二君结束印刷事，又忙二月。十月时，王熙如及林森牧师，为所中购斋旧藏之砖瓦、金文、刀范等拓片，命毅整理类次，至今尚未完毕，计写成《瓦当文字目》《砖甓文字目》《金文目》三种。《瓦当文字》尚在粘贴中。毅本年度拟计划作《山东先秦青铜器铭文研究》及补足《商代地理考》二种工作。此数年来出版书籍中，甲骨方面，如郭沫若之《殷契粹编》（善斋藏甲骨一部分）、孙海波之《甲骨文录》（河南博物馆所藏）、孔德图书馆之《铁云藏龟零拾》、金祖同之《殷契遗珠》（日本各家所藏。此书似尚未出版，只见广告）。金文方面，如罗振玉之《三代吉金文存》、孙海波之《睿县彝器》《新郑彝器》（河南通志馆出版）、郭沫若之《两周金文辞大系考释》等，均其中之著者。今年研究所出版者，则有马竟荃之《尔雅本字考》《释宫室》；周干庭之《老子音释》《安丘土语志》；张立志之《山东文化史研究甲编》；范迪瑞之《古代农民运动研究》《隋唐农民运动研究》；张维华之《古今语》（上册）及毅之《甲骨地名通检》并《国学汇编》第三册等十一种。今将毅个人之两种及王敦化（熙如）一种及《汇编》一册奉上，请指正为盼（此均为各人所有者）。古器物室之钥匙，仍由林牧师保管。毅之钥匙，则于事变前回平时，已交校长手收。研究所同仁中，甚望您早日归来也。内人及小女等，则于今年二月始来济，现即寓校中十六号，一切平安。您归来时，明太太及小姐们同来否？颇以为念。何日归来，望早日赐信为盼。专此敬颂

撰安并祝

圣诞及新年万福

曾毅拜启

十二月十九日[①]

再在去年来(济)时，即欲通信报告，因赖尔博士未将您的寓址找出，故迟至今日也。又及。

随函附书二包。计《甲骨地名通检》二册、《殷墟书契续编校记》一册、《明版书经眼录》一册、《古今语》一册、《国学汇编》一册、《中国农民运动》二册、《老子音释》一册、《山东史》一册、《安丘土语志》一册、《释官室》一册、《尔雅本字考》一册等。请收阅为荷。是皆一九三八年之出版品也。

之五

子宜师：

不通信差不多快一年了。有多少次要写信给您，老有些不知的事给阻住了。这次的信，关于我工作一方面的事，暂且先不谈。有一件事，在我良心上不能不对您说。虽然您看了，也是很惊异的，不过稍我一点心罢了。事实是如此的：

我在去年出了一本《山东金文集存》(先秦编)，送了一本给容希白(庚)先生，请他指正。在他给我回信的时候，信末曾问到您现在何处，《殷虚卜辞后编》为何十余年来，至今尚未出版？

① 根据信中提到的几处年代数字，此“十二月十九日”当在1939年。

当时我给他回信时，把您的行踪告诉他，《后编》之是否出版，则以不知答之。这是在去年十一二月间的事，不过是朋友间的普通的酬答和关心罢了。但是，我在新年寒假中，因须到北京尊古斋调查他们所藏的古量器，和参观容希白先生的藏品，并且请求测量他藏的几个勺的容量，和在厂甸看一看书摊和古玩摊。当我到北京的第二天，拜访《甲骨文编》的著者孙海波先生（和他讨论古文字），在谈话中，孙先生也问到“明先生的甲骨何以尚不出版？……如不出版，闻有人将要代他出版了”。当时我听了很惊奇，但是是何人为明先生出版呢？孙先生不肯明白的谈，此事就暂时放着。当我和孙先生约定一天去访容先生时，容先生见面时对我说：“你要借看的明先生的甲骨拓本，我已经把它和其他的拓本和于省吾先生换了一个‘戈头’。”当时容先生就取来一个锦匣，里面放着一个“水磨锈”“错金书”特别精致的“许白戈”。这戈是双剑誃藏品中四个精品之一（山东出土）。容先生说：“你看了这戈算是代了甲骨拓本罢！”当时我曾说：“听说有人要出版这批甲骨吗？”但是容先生答复得很不清楚。以后，又讨论请教了其他的问题，就过去了。后来又在孙先生家和容先生等聚餐，又谈到您这批甲骨拓本的问题。容先生说：“这批拓片，在此十余年来很受了若干的麻烦。曾寄往上海借给已故的叶玉森看过，又曾寄到日本借给郭沫若，其他在北京的唐兰、陈梦家等（唐兰的《天壤阁甲骨文存并考释》、陈梦家《商代的巫术》《商代帝王考》都引用过）。东借西借，实无法应付，所以把它换了那个‘戈头’。因为我是研究金文的人，甲骨文字，还是请你们研究甲骨的人用吧。至于出版的问题，我和省吾选出重要的部分，预备由北京图书馆出版。”当时我曾提出此批甲骨既为明先生所有，而明先生为齐鲁大学国学研究所主任，此甲骨文字似由齐大出版为宜（此语乃我大胆的话，因在当时，我既不能代表您，更不能代表齐大，尤其是我更不能负如此重大的责任。不过，因我和您的关系，不能不使我作如此的试探，聊表寸心）。容先生对此也未有任何的表示。当容先生离去后，曾和孙先生谈此问题，关于拓片之让归齐大或请在未付印前有使您知道此事的机会，或归齐大出版等等。如有可议，我愿从中奔走，虽然不是我的责任。但是孙先生仿佛是无能为力。孙先生说："听说按版权法，一个稿本在十五年中作者如不自行出版，在十五年后时别人就可以出版。"关于您的事，是在这次我回北京时如此的经过，一点也未漏的完全报告给您。

这事归济后，与林仰山牧师谈及，他也以为应当让您知道此事经过的情形。

学校研究所的情形，还是照旧。不过，马宗芗主任被辞，栾调甫先生又回来作主任。这事我想您已经知道了。但是有人担忧（我也是一分子）以后出版作成绩报告时，绝对不如马宗芗时代量数之多，或者恢复到数年出二本《国学汇编》的程度。

您在坎拿大去年说有古兵研究著作，不知出版否？能赐一份吗？

关于我的工作，我另外再写信给您。

敬颂

平安

曾毅公顿首拜

二月二十日[①]

---

① 据林仰山于1941年2月25写给明义士的信（明明德家藏），曾毅公的这封信是同林氏的信一同发出的。因此，这里的"二月二十日"当在1941年。

之六

董作宾致明义士书信一则

子宜老兄：

大示及惠寄庐氏铜器书、照片玉斧一张，均奉到。感谢之至！

关于甲骨文字研究，老兄不但是西方学者第一人，也是在中国研究最早之一人。弟素常敬佩的！弟之殷代文化讲义，请老兄多加指教，万勿客气！承过于推奖，实不敢当。前天会见葛德基先生，听他说您不久可到中国去，非常高兴，希望过芝加哥时能够一谈。如果中国政局安定，我们能在中国共同研究甲骨文，是最所盼望的！我对于福利尔博物馆所藏的玉戈文字，我也疑心是伪刻的，大约仿铜器的铭文，字体、文法都是周代，而原物则是商代的。不知老兄意见如何？庐氏铜器铭文，有许多好资料，俟将来细看一过，如有新发现，再为奉告。

秋间弟打算到东部一游，届时老兄若未走，当再图一会。芝城天气已充满春意，东部想亦桃红柳绿、樱花盛开了。即祝

健康

弟董作宾

三十七（一九四八）、四、二十三

之七

乔治·泰勒（George E. Tayler）致阿姆斯特朗（A. E. Armstrong）的书信一则

1946年6月24日

致 加拿大联合教会

海外传教协会 阿姆斯特朗牧师

亲爱的阿姆斯特朗牧师：

谢谢您的善意，在刚刚过去的战争期间准许明义士博士离开加拿大联合教会的工作而来到美国国务院战时新闻局（Office of War Information）任职。明义士博士先是在旧金山，后来又在华盛顿供职。明博士讲一口流利的汉语，是一个地道的中国通。他对中国和中国人民的了解给我们的工作带来很大的便利。他不但与中国的领导层，而且与普通的百姓之间都有着广泛的联系。尤其是他主持的对中国的无线电广播节目，对我们的工作贡献甚大。正是通过这个渠道，我们鼓励陷入战争深渊的中国人民保持必胜的信心，并使中美两国的知识界保持着公开的联系。

明义士博士在国务院的具体工作是负责与中国在文教方面的友好往来。他的工作非常出色。他对工作尽心尽责，做事从来是不遗余力，而且为人朴实，易于合作。他给我们这些在战时新闻局工作的每一个人都留下了深刻印象。我们将不会忘记他在这一位置上所做出的贡献。

明义士博士为同盟国做出了很大贡献，我很乐意让您也享受这一喜讯。美中不足的是，因为在这里连续几年的工作非常辛苦，以致他最近积劳成疾，得了心脏病。让他在这里的同事们稍稍感到高兴的是，目前他的身体状况正在很快地得到恢复。他让我在这封信里带去他本人对您的感谢，感谢您在这危难的非常时期，允许他放下教会的工作而来到美国为同盟国服务。

您忠诚的

乔治·泰勒

美国国际信息与文化事务处

远东地区执行长官

之八

1948年7月1日乔治·金（George King）致赖恩源（H. P. Lair）、麦克特维（I. MacTavish）和明义士等人的信①

亲爱的朋友们：

今天我刚刚收到麦克特维博士寄自济南的信。信里说她已将明义士博士的财物——甲骨和其他文物藏品装箱，准备空运来上海。并说她知道那总数为110箱的货物将由马丁斯（Mardens）转交给明义士·玛丽莲小姐或我本人，由我们两人中的一人负责

① 此信曾以《有关明义士藏品的一封信》为题，在《殷都学刊》1999年第3期上发表。当时翻译中有不少错误，在这里一并改正，并向读者致歉。

货物到达上海后的管理。麦克特维博士所说将这批货物运抵上海的安排，是不久前她同明义士·玛丽莲小姐商量过的。但是自那以后，情况发生了一些变化。

玛丽莲小姐告诉我，明义士博士在信中说过，除了有一箱甲骨以外，他不打算再过问保存在齐鲁大学的其他文物藏品，也没有兴趣将它们运出中国，并希望最终把它们捐赠给齐鲁大学文理学院（Cheeloo School of Arts and Science）。就是说，对于这些物品的归属，他现在完全听任齐大校方的安排。这就是玛丽莲告诉我的大致意思。她还说已将此意告知了齐大有关部门。

因此，在目前情况下，我不能对运抵上海的这批货物负责。我资历浅，也缺少足够的经济来源，没有能力对明义士博士做出承诺。鉴于整个形势的不稳定，我觉得我承担不起对此事的责任。这是我同玛丽莲小姐达成的最后协议。

我过去，当然也包括现在，都愿意尽我所能为你们提供帮助。此次给身在济南处于百忙之中的各位增添麻烦，我觉得对不起大家。但是我想，这样能避免由误解而产生的不必要的麻烦。

你们忠诚的，

乔治·金

之九

1946年6月11日明义士致明明德的信（节选）

……

你也许想知道一点我的病情。医生昨天刚来过。现在他每周来两次。他说我恢复得很好，气色也不错。弗朗西斯还和我们待在一起，但她很快就要到纽黑文（New Haven），帮助埃尔文收拾行李。埃尔文希望在本月19日完成课程和考试后，尽快返回加拿大。

我不久前收到W. B.彼特斯5月11日发自北平的信。他说我当年存放在联合语言学校地下室中的甲骨藏品安然无恙。在日本占领期间，校方将其转移到大楼的另外一个地方，因而日本人没能发现。我已经写信请求他将这些甲骨妥善地运送到齐鲁大学杜儒德博士那里，同我在齐大的其他甲骨合在一起。按照我的计划，我将有选择地加以整理和出版。把它们集中存放，无疑是一个最佳选择。而且，我希望把它们捐赠给齐鲁大学。在我看来，齐大可以最大限度地利用这些资料，发挥其应有的学术价值。我也相信，齐大会永久地保持它在甲骨学研究方面的兴趣。

我们还在焦急地等待玛丽莲的消息。自她3月9日到达上海后，我们只收到她一封来信。最近，我们两次托人给她捎信。我在信中告诉她你添了个男孩，她听到后会十分高兴的。我和你妈再次向你们表示祝贺，并为你们祷告。

之十

1947年12月11日明义士致明明德一家的信（节选）

亲爱的亚瑟、希拉和肯尼斯：

我和你妈最近都得了流感。你妈卧床十多天了，我被传染也有三天了。医生给开了些药，我们都在服用。星期天我照常去教堂做礼拜，但仍感觉头晕眼花。星期一还有些头疼，并老是打喷嚏。不过，我已经可以读些中文书籍。我刚从国会图书馆借到一本董作宾新近完成的书稿。现在，他正在芝加哥的昆特研究所（Quental Institute）做访问学者。你在哈佛大学的同学滕遂玉（音，Teng Sui Yu），现在也在这个研究所任职。还有恒慕义的小儿子，恒安石，也在芝加哥读书。董作宾不会讲英语，要讲学，一时半会儿也不能奏效。恒慕义说，是顾立雅为他做翻译。但恒慕义在有些问题上并不同意董作宾的观点。

董作宾留在国会图书馆的这部手稿看起来是他的备课笔记，题目叫作《殷代文化概论初稿》，扼要讲述了迄今为止殷墟考古的发现和殷商文化的基本特征。较之他以往的观点，有不少新的发现和论述。我已经写信给他，请求复制一份。或者，我想做些摘录，以便更好地吸收书中的观点。书稿共 45 页，如果全部翻拍复制，要花不少钱。顺便说一下，我现在正在修改、扩充我的博士学位论文《商戈》。我已经让国会图书馆将这篇论文制成缩微胶卷，保存在他们的档案中。书稿共 610 页，花了我大约 100 美元。

董作宾将在圣诞节期间来华盛顿，我正期待着与他的会面。

约翰·考科思（John Cox）不久前向我出示了一份地下出土材料的复制件。文字铸在铜刀或器盖上，据说出自一座属于公元前 3 世纪的古墓，字体是秦始皇时代以前的古文。铭文有 700 多字，内容是关于“五行”的。这本身就是难以理解的。他并说这件东西在日本占领期间曾经遗失。大部分文字我能释读，但我看不出它与“无行”有任何联系。器物的边缘还有残缺的人形图案。

每当我研究起这类的中文资料，我就感觉身体好多了，觉睡得好，饭也吃得香。这也使我对重返齐鲁充满了希望。

今天，安妮转来玛丽莲的一封信和一张纸条。信中说，他们访问团一行将于12月12日上午8时抵达天津。我将此信转给你，请看完后即刻寄回。因为有些事情还得用得着它。我很高兴露丝·英格拉姆（Ruth Ingram）与他们同行。她经验丰富，中文也讲得很好。

玛丽莲与杜儒德在11月底见了面。他当时南下上海向联合国救援组织（The United Nations Relief and Rehabilitation Organization，简称UNRRO）领取物质补给，并准备用火车运抵山东。从一封写于12月13日的信里（写信人名字拼写潦草，不识——译者），我得知当第一辆列车抵达济南时，他们还为此开了个宴会。信中还提到开封的战事吃紧，局势摇摆不定。

今天我给亲戚和朋友发了几张贺年片。天气太冷，即便是在房间里，也干不成什么事。我们到现在还没有收到阿姆斯特朗等人的音信，因此不知道联合教会到底允不允许我们重返中国，或给我们做怎样的安排。因为感冒，这些天也没怎么收拾行李。你可能注意到，安妮12月13日写的那张纸条上说，正在中国访问的联合教会代表团有个叫洁乐·加拉赫（Jayler Gallagher）的，可能取代阿姆斯特朗出任联合教会的秘书。看起来她是一个很有用的人。记住安妮在上海的住址。加拉赫目前正在上海。抽空写封信给她。

吉恩·萨默维尔从天津捎回了那个装有家信的小红盒子，我很高兴。但是她和诺尔曼·耐特都没有谈到他们是否已经发现我存放在天津的那些甲骨等文物，其中的甲骨大都没有著录过。我很着急，为此专门给他俩写了一封长信，我想知道到底发生了什么事。我告诉他们，如果天津的那座房子还没有卖掉，甲骨等还在里面的话，最好的办法就是让它们留在原处。但我现在最想知道的是这些甲骨等是否还安全地保存在那里。我收到一封威斯汀思（Whelstines）的来信。他是弗朗西斯和埃尔文在耶鲁大学的同学。从信中得知，目前在北平的中文学院（The College of Chinese Studies，Peiping），仍有200多学生在读。规模最大的组织是路德奥斯（Lutheraus）（原文如此——译者）。从北平坐火车去长城，乘三等车厢，只花了3个美分。因此，你可以看到，在北平，生活看上去一切都很正常。

这可能是圣诞节之前给你的最后一封信了。我想告诉你，我们是多么地思念你们。祝你们圣诞快乐！……

之十一

1948年7月24日明义士致明明德夫妇的一封信（节选）

你可能已经收到玛丽莲因感冒住院期间写来的最后那封信了。现在给她写信恐怕来不及，因为她已经在绕道欧洲回国的路上。我收到她转来的伊萨贝尔·麦克特维博士的信，是关于我在济南的考古标本的。她们正计划把这40箱标本从济南空运到上海。看来她们是误解了我的意思。你转来的乔治·金的信，也是跟这事有关。所以，今天下午我打电话给玛丽莲，想在她动身之前澄清我对这件事的安排。我指望她在离开上海前妥善处理好此事，遗憾的是她人已经走了。我想把事情说清楚，为此我将要解释：

玛丽莲写信给齐鲁大学的麦克特维博士，让她把我的考古标本空运到上海。她不知道我那些标本到底有多少！麦克特维博士是个热心肠的人。她叫来医学院的 7 名河南籍学生帮忙，把存放在房子里的东西全都装回了原来的箱子里。原放在阁楼上的箱子已经被打开了，标本散落了一地。我不清楚到底有多少东西遗失了。显然，这次失窃是日本人撤退之后发生的。其他不易受潮的箱子堆放在地下室里。（1947 年）6 月 21 日，她来信告知："刚刚清点了一下箱子，大大小小，总共是 118 箱。我们计划把有些小箱子装在大箱子里面。其他箱子的尺寸在 1×1×2 和 3×3×2.5 之间。最大的几箱并不太重，因为里面装的都是大件陶器，本身占去很大的空间。我们在陶器周围又摆放上一些小件标本。当然，因为时间紧迫，我们不便打开每一箱查看，因此，我们没有列出货物清单。我会付给学生们一些工钱。"

在麦克特维博士通过玛丽莲转来的另一封信中，她这样写道："你也许听说了，我们把考试时间提前了，最晚是在 12 月 18 日。我 16 日就完成了我的课程考试。第二天，我叫上河南的那 7 位同学，在法雷斯（D. K. Frais）的房子里忙活了一整天。"法雷斯的房子与我的房子连在一起。我的房子是大、中、小三个套间，过去麦克罗尔（Robert B. McClure）医生住过。因他们年龄相当，两人情愿住在一起，便都搬进了法雷斯的房子里了。我离开济南的时候，我把自己的家具和考古标本全都集中存放在那座房子里。大部分放在地下室，但有些怕潮湿的标本同家具一起放在阁楼上。法雷斯有很多家具，屋里经常是满满当当。齐大复校后，我的东西被重新归置过。我不在的时候，法雷斯曾在1939年搬进去住。

麦克特维博士继续写道："也许你已经知道，那间房子曾被打开过，阁楼上的箱子有一半被撬开，东西堆满了一地，有些东西破碎了。我们无法知道到底丢失了什么。但据我看，丢失的东西不会很多。因为箱子大都没被挪动过。我已经将它们重新装箱，捆扎好。有些东西我还能认得出，因为当年在彰德时，你父亲应邀到齐大任教，我就曾帮助他装过箱。有几件东西很漂亮，如爵杯、花瓶、铜铃和存放在地下室里大小不一的雕像，等等。还有一些大箱子，里面装的是精致的陶罐。有些零碎的东西我没法估量其价值，所以我统统装进箱子里。这样箱子的重量便很可观了。眼下局势琢磨不定，随时都可能撤离。所以，我们赶紧把这些事情处理完，以便准备起运。林仰山先生和赖恩源先生都将留下来处理一些事务。玛丽莲近来为联合国国际学生救援组织（The World Student Relief）服务，林仰山先生对此很感兴趣。"

以上是麦克特维博士就玛丽莲要求将我的藏品空运到上海所回复的第一封信函。此后，我写信告诉玛丽莲，除了那箱标有"2+"的甲骨之外，我打算将其他所有藏品交与齐鲁大学处理。齐大可以将它们留在济南的校图书馆，也可随其他的设备一道南迁。那箱标有"2+"的甲骨，按照你先前的建议，可托付给加拿大驻华大使馆的人负责一下。我不知道你同驻南京的大使或者其他工作人员熟不熟悉。我想，求助于大使馆处理这件事情应该是合适的。保护文化遗产是具有国际意义的。请给你熟悉的在中国的同事写封信，一旦这批东西运到时，请他们妥善处理。如果玛丽莲在那里，她可以解释并处理好此事。但她现在离开了，我不想再麻烦其他人卷入此事。

现在我把麦克特维博士6月29日寄自齐鲁大学的第二封信摘录如下：

“我正准备启程去南京，然后去上海，再乘船及飞机去福州，亚瑟·布莱登（Arhur Brydon）和劳拉·埃弗伦（Lalla Iveroon）医生现在正在上海，为齐大医学院的设备搬迁而忙碌。我们本希望能在本月底完成，但是一场洪水打乱了我们的计划。我们不得不推迟原来的计划。昨天，那位叫库寿（Cousul）的英国人从青岛来济南，让我们无论如何，必须在7月中旬以前撤离。

“亲爱的玛丽莲，我现在谈谈你父亲的藏品。……箱子从1到109，都按顺序编了号。那箱写有‘2+’的甲骨仍保持了原号码，因为我想把它放在学校运走的第一批货物里，这样便于辨认。据我看，第一批货物将被直接运往上海，暂时存放在那里。我想费用会很高。尼尔森（Nelson）先生为首架飞机准备了1500件货物，这几天就要启程。我将把这个箱子列入大学教职工的私人货物，这样应该是可以的。但我对上海方面的海关一无所知。杜儒德博士、赖恩源博士和林仰山先生都很热心，但他们都太忙，眼下不能抽出时间过问此事。大学的教职工或去上海，或去福州。我建议这箱甲骨最好跟随他们，不要分散开。要把它从这里运往南京，那是很难的。”

此后，麦克特维博士在6月30日的信里说：

“今天早上我跟他们三人（杜儒德、赖恩源和林仰山）谈了你父亲的关于这些藏品的处理方案。我将把箱子清单留给赖恩源博士，或者寄给你。他们的意见是，把标有2+的那箱甲骨和第1至40号箱子运往上海，费用大约是150美元；第41至93号箱运往青岛的长老会工作站，大约要140美元；第94至109号箱同你父亲的书刊一起，存放在奥古斯丁图书馆的地下室内。

"你知道，当年Godfrey，Gale和Ken McCall埋在地下的标本仍然原地未动。林仰山先生说他要给我一张埋藏位置图，我会把它寄给你或者你的父亲，尽管他可能已经有一张这样的图（我确实有一张草图——明义士自注）。现在回到托运的问题上来。他们认为分散开来运输比较好。如果把第一批标本从青岛通过水路运往上海，花费可能少些。我说过，从济南运往青岛的路费，暂且由我来垫付。正如你所知道的，这些藏品仍然属于你父亲的私人藏品，学校当局不能对它们的安全负责。至于原来陈列在古物博物馆中的标本，林仰山先生说将由哈佛—燕京项目经费中开支。好了，亲爱的玛丽莲，情况就是这样。目前我们所能做的，也只能是这样了。"

随信附上乔治·金的来信。他拒绝对运抵上海的东西负责，而麦克特维马上要将货物发往上海。这些东西还被认为属于我个人，我感到非常迷惑，也很担心。请以我的名义，尽快电告他们我的计划安排，即只将那个标有"2+"的箱子运往上海。电报花费约5美元，你先垫付。

我建议你打电报给加拉赫，电报费我来支付。请求她在那些箱子运抵上海后，将那箱标有"2+"记号的甲骨就地存在上海，直到我回到中国亲手整理并发表甲骨的拓本。这批甲骨的摹本早年已发表过，但临摹有不少失真之处。我一直计划编辑出版拓本，并加上自己的评论及解释。收到信后请即刻照办。玛丽莲离开得这样突然，我不知道现在那边的情况究竟怎样。

那些箱子也许已经运抵上海，也许仍留在济南未动。我希望这一两天能收到玛丽莲的电报，给我一个明确的答复。麦克特维博士或许已经离开济南。她打算乘火车而不是乘飞机南下，但局势不稳，一切都可能发生变化。我得到的印象是，医学院将迁往福州，麦克特维博士、特纳（Turner）太太和杜儒德博士等外籍人士也将随迁福州，而科美学院和神学院还没有最后确定。赖恩源博士和林仰山博士将留守济南。如果科美学院迁往别处，如杭州、南京或上海，那么明年我就去中国与他们会合。富善建议我现在就去福州，与他们会面。我的意见是，文理学院的设备将迁往上海，那40箱标本很可能与它们同行。厄尔·克瑞塞（Earl Cressey）和其他同事已表示，东西运到上海后，他们愿意负责它们的安全。之后，我们可再做打算。

我指望玛丽莲，结果她离开了；乔治·金的来信表明他基本上指望不上；高瑞士从来不愿帮别人的忙；诺曼·耐特现在在华西。我赞成已经做出的安排，即：1—40号箱运往上海；41—90号箱运往青岛；其他的存放在齐大奥古斯丁图书馆。

我想给林仰山博士写信，请他将我的一些书寄给我（如果可能的话）。

收到玛丽莲的回音后，我会在星期一或星期二的早上8点左右给你打电话。

我要是现在在上海，身体感觉会更好些，我甚至可以整天工作。现在，我每天只是读点书。现在天气热了，你妈身体又不太好。……信很长，但都是我们关于中国方面事务的细节，让你帮忙的地方也挺多。

问候希拉和孩子们好！

之十二

1948年10月2日明义士致明明德的信（节选）

亲爱的亚瑟、希拉和肯尼思：

今天收到了你们的来信。我和你妈都很好。近来这里天气不错，我还是像往常一样，在花园里干些活儿，散散步，不再敢过多地连续工作了。不过，这几天我还得花些时间整理我那些书籍。这些书堆满了卧室和客厅，我必须把它们打好包，以便随时动身。我从国会图书馆借到很多关于甲骨文研究的资料，我自己也有许多藏书，但现在我不敢把它们放在随手可得的地方。尽管如此，自从我离开多伦多以后，我得到许许多多关于甲骨学研究方面的信息，学科的发展确乎超出我的设想，尽管是处于战争年代。恒慕义因前列腺手术住进了医院，所以我最近也不经常去国会图书馆了，但我从那里借了很多书。恒安石（Auther Hummel）回芝加哥了，约翰·斯坦利（Jobhn Stanley）去了哈佛，那位经常问起你的卡门（Ki Cammann），写了一篇关于铜镜的文章，将在《东方社会》（*Oriental Society*）杂志上发表。张（H. Y. Chang）将要开设“乡村中国”方面的课程，不久前从多伦多来信向我询问一些问题。

……我计划出版一本书，题目就叫《甲骨文和它的来历》，专为那些不懂中文的西方公众阅读。中国学术界对西方古典世界和历史背景非常了解，为什么西方人就不能研究中国的甲骨文？要知道，中国文明和苏美尔文明、埃及文明一样古老。如果你愿意，我想你可以作为我的第一位读者。

……关于运到上海的甲骨，我至今没有得到确切的消息。鲍里奇（Ballaehey）通过加拿大皇家银行，从玛丽莲账户上支取了200美元现金。我不知道玛丽莲还委托他做了些什么，除了那箱甲骨外，是否还有其他的花费，比如从济南到青岛的火车费？尽管我并没有让她那么做。我猜测，那些原计划运往上海的标本现在仍在济南。我希望把它们运往上海，麦克特维博士在她离开济南前也已经做好了托运的准备。但是很明显，在玛丽莲、鲍里奇和乔治·金之间出现了误会。

从北平寄往多伦多金斯敦（Kingsent）的8个箱子已经发出，随信附上一封诺曼·耐特寄来的清单。他通过快件和慢件各寄来一份，我将其中的一份给你。这些标本我过去做了分类整理，都是供科学研究的第一手资料。这些东西是以日军返还的加拿大外侨的私人物品为名义出入海关的。在过去的20多年的时间里，它们确实是我个人的收藏品。……为了使这些货物安全通过海关，我得去趟多伦多。我打算把它们暂时寄存在路灵森货场，直到我们明确到底该去往何地。我至今仍希望回中国，无论是在杭州，还是在其他什么地方，齐鲁大学都有我的位置。现在看来，这至少要到明年的秋天。但究竟是去中国，还是彻底放弃这一想法，现在还定不下来。……

三、引用甲骨著录书目及简称

刘　鹗	《铁云藏龟》	《铁》
罗振玉	《殷虚书契前编》	《前编》
罗振玉	《殷虚书契菁华》	《菁华》
罗振玉	《铁云藏龟之余》	《之余》
罗振玉	《殷虚书契后编》	《后编》
明义士	《殷虚卜辞》	《明》
姬佛陀	《戬寿堂所藏殷虚文字》	《戬寿》
林泰辅	《龟甲兽骨文字》	《林》
王　襄	《簠室殷契征文》	《簠文》
罗振玉	《殷虚书契续编》	《续编》
商承祚	《殷契佚存》	《佚存》
方法敛	《库方二氏藏甲骨卜辞》	《库》
罗福成	《传古别录二集》	《别录》
商承祚	《福氏所藏甲骨文字》	《福氏》
黄　濬	《邺中片羽初集》	《邺中》
郭沫若	《殷契粹编》	《粹编》
唐　兰	《天壤阁甲骨文存并考释》	《天壤》
方法敛	《金璋所藏甲骨文字》	《金璋》

参考文献

中文文献

明义士:《殷虚卜辞》，上海别发洋行 1917 年版。

明义士:《柏根氏旧藏甲骨文字》，齐鲁大学国学研究所，1935 年。

董作宾、胡厚宣:《甲骨年表》，中央研究院历史语言研究所，1937 年。

卫聚贤:《中国考古学史》，商务印书馆 1937 年版。

曾毅公:《殷契缀存》，齐鲁大学国学研究所，1939 年。

董作宾:《殷历谱》，中央研究院历史语言研究所，1945 年。

曾毅公:《甲骨缀合编》，北京修文堂书店 1950 年版。

胡厚宣:《殷虚发掘》，学习生活出版社 1955 年版。

陈梦家:《殷虚卜辞综述》，科学出版社 1956 年版。

王国维:《观堂集林》，中华书局 1959 年版。

李学勤:《殷代地理简论》，科学出版社 1959 年版。

吕振羽:《史前期中国社会研究》，生活·读书·新知三联书店 1961 年版。

明义士著，许进雄编:《殷虚卜辞后编》，(台北)艺文印书馆 1972 年版。

严一萍:《柏根氏旧藏甲骨文字考释》,（台北）艺文印书馆 1975 年版。

董作宾:《董作宾先生全集甲编》,（台北）艺文印书馆 1977 年版。

罗振玉:《三代吉金文存》，中华书局 1983 年版。

郭沫若:《卜辞通纂》，科学出版社 1983 年版。

吴浩坤、潘悠:《中国甲骨学史》，上海人民出版社 1985 年版。

容庚编著，张振林、马国权摹写:《金文编》，中华书局 1985 年版。

格林·丹尼尔:《考古学一百五十年》，黄其煦译，文物出版社 1987 年版。

王宇信:《甲骨学通论》，中国社会科学出版社 1989 年版。

李济:《安阳》，中国社会科学出版社 1990 年版。

萧兵:《楚辞文化》，中国社会科学出版社 1990 年版。

刘起釪:《古史续辨》，中国社会科学出版社 1991 年版。

宋新潮:《殷商文化区域研究》，陕西人民出版社 1991 年版。

章开沅、林蔚主编:《中西文化与教会大学》，湖北教育出版社 1991 年版。

刘玉建:《中国古代龟卜文化》，广西师范大学出版社 1992 年版。

宋家珩、董林夫:《中国与加拿大——中加关系的历史回顾》，齐鲁书社 1993 年版。

饶宗颐:《梵学集》，上海古籍出版社 1993 年版。

于省吾:《商周金文录遗》，中华书局 1993 年版。

安阳市文物工作队等编著:《安阳殷墟青铜器》，中州古籍出版社 1993 年版。

陶飞亚、刘天路:《基督教会与近代山东社会》，山东大学出版社

1994 年版。

李学勤:《走出疑古时代》，辽宁大学出版社 1994 年版。

宋家珩主编:《加拿大传教士在中国》，东方出版社 1995 年版。

陈星灿:《中国史前考古学史》(1895~1949)，生活·读书·新知三联书店 1997 年版。

宋家珩主编:《加拿大人在中国》，东方出版社 1998 年版。

章开沅主编:《社会转型与教会大学》，湖北教育出版社 1998 年版。

明义士:《甲骨研究》，齐鲁书社 1996 年版。

刘广太:《朗宁传》，河北教育出版社 1999 年版。

张光直:《中国考古学论文集》，生活·读书·新知三联书店 1999 年版。

蔡凤书:《中日交流的考古学研究》，齐鲁书社 1999 年版。

王宇信、杨升南主编:《甲骨学一百年》，社会科学文献出版社 1999 年版。

英文文献

George E. Hartwell, *Granary of Heaven*, Committee on Missionary Education of the United Church of Canada, 1939.

James Mellon Menzies, *The Shang Ko: A Study of the Characteristic Weapon of the Bronze Age in China during the Period* 1311−1039 *B. C.*, Far Eastern Department of the Royal Ontario Museum, University of Toronto, 1965.

Lewis C. Walmsey, *Bishop in Honan*, University of Toronto Press, 1974.

Chester Ronning, *A Memoir of China in Revolution*, Pantheon Books,

New York, 1974.

Alvyn J. Austin, *Saving China*, University of Toronto Press, 1986.

Peter Stursberg, *The Golden Hope—Christinans in China*, The United Church Publishing House, Toronto, 1987.

Barry Till, *Chinese Art from the Rev. Dr. James M. Menzies Family Collection*, Art Gallery of Greater Victoria, 1989.

Royal Ontario Museum, *Homage to Heaven, Homage to Earth: Chinese Treasures of the Royal Ontario Museum*, University of Toronto Press, 1992.

Dong Linfu, *James Mellon Menzies: Sinology and Missionary Methodology in Canadian Presbyterian Missions to China*, York University, Canada. Paper for NAMP Forum, 1998.

此外，本书还参考了多种中、英文期刊，恕不俱引。详情请参阅书中的脚注。

后　记

当七年前最早接触明义士这一研究课题的时候，我并没有出版一本专著的计划，也未曾想到从收集资料到撰述成书，竟陆陆续续花了六七年的时间。因为在当时，我的脑子里还存在着一些顾虑。顾虑之一，是如何对明义士这样一位有争议的人物做出适当评价的问题；顾虑之二，便是觉得这个课题同自己的专业之间存在着一定的距离，心底深处总有一种脱离了“主战场”的感觉。

就是在本书即将付梓的今天，这两种顾虑也并未完全消除。只是，随着资料的日渐丰富，两种顾虑在自己心里的位置与先前已大不一样。对于前者，因为资料的积累，使自己的研究有了坚实的凭借，对于所得出的结论，心里是很自信、踏实的；也正是因为在这许许多多的第一手资料中，除了明义士本人的著述和手稿以外，百分之七八十都是些书信档案一类的材料，其背景大都发生在 20 世纪 30 年代至 50 年代。当处理这些材料时，萦绕在脑子里的，经常是发生在近代的事情，没有一点“考古”的感觉。因此，心里所想的，就是赶快将稿子脱手。当看到清样即将送印刷厂时，我确实有一种如释重负的感觉。

这种游离于“主战场”之外的感觉，相信许多像我一样的年轻学人都曾遇到过。实际上，作为对学科发展和真理的追求，学术研究本不应该存在主次之分。我曾将上述的担心向师友们袒露，得到的是肯定与鼓励。看来，这种忧虑也是一种多余之举。

书是出版了，但因笔者的才识疏浅，书中肯定存在着这样那样的不妥和错误之处。尤其是对主人公在学术上的贡献，尚有进一步发掘之必要。好在有主人公本人的论著行世，读者可从中做出自己的判断。

本书的前六章草稿，承蒙蔡凤书先生过目，并指出行文中的错讹之处；明明德先生、李学勤先生和王宇信先生的序言，更为本书增色不少。各位前辈奖掖后学的善举使我感动，并在此表示衷心的感谢！

1997年以来，因写作的需要，我曾在加拿大做长达一年的访问学者，回国后又频繁地来往于课堂与田野之间，大量的家务和抚养孩子的重任都由妻子杨波一人承担。在繁忙的工作之余，她还为我收集了山东省博物馆所藏明义士青铜器藏品资料，这是我心怀感激的。

作　者

2000年6月25日

拓片与图版

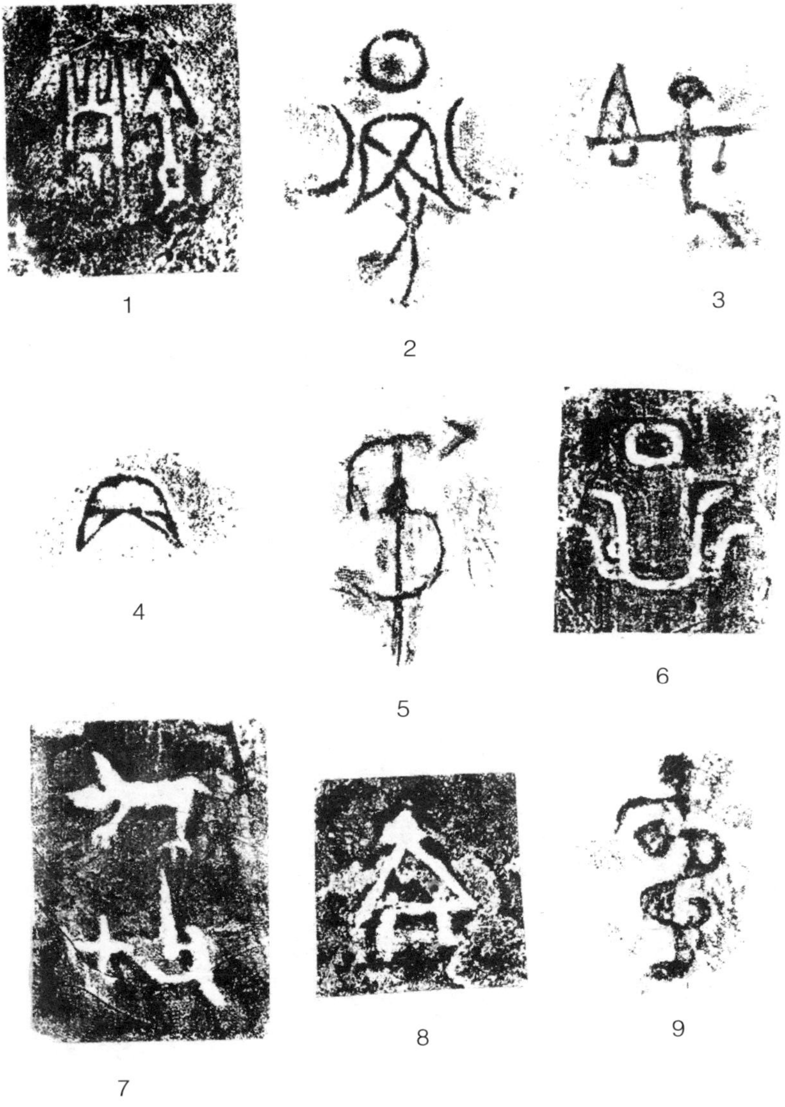

图一

图二

1

2

3

4

5

6

7

8

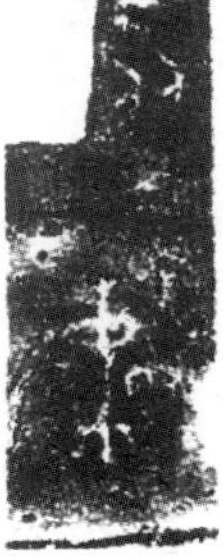
9

图三

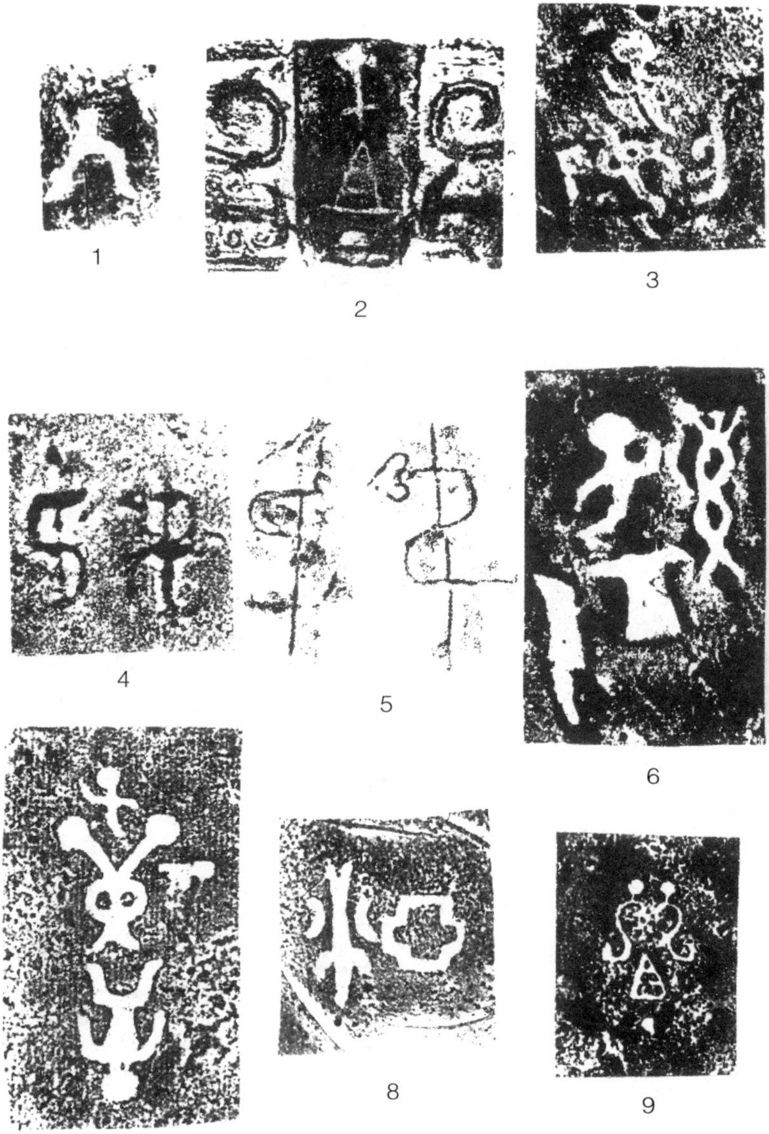

图四

1

2

图五

1

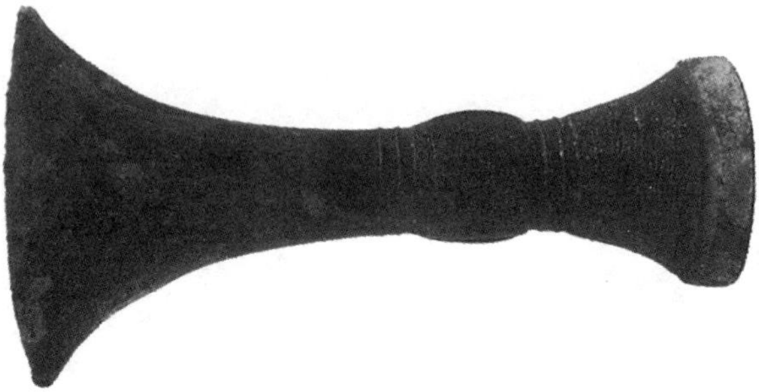

2

图版壹

2

1

图版贰

1

2

图版叁

1

2

图版肆

1

2

图版伍

1

2

图版陆

2

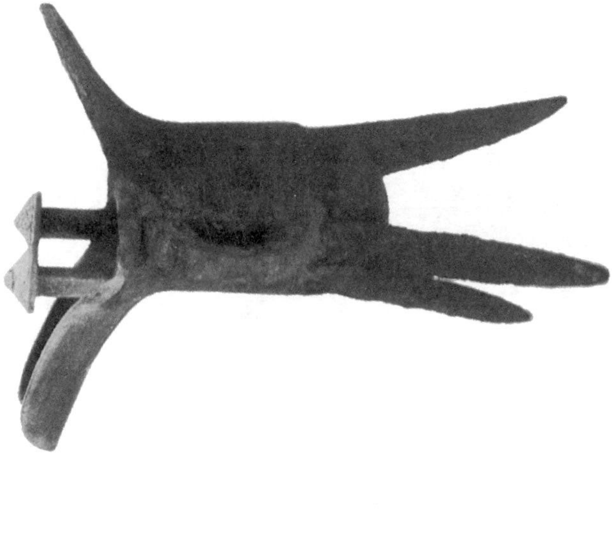

1

图版柒

1

2

图版捌

图版玖

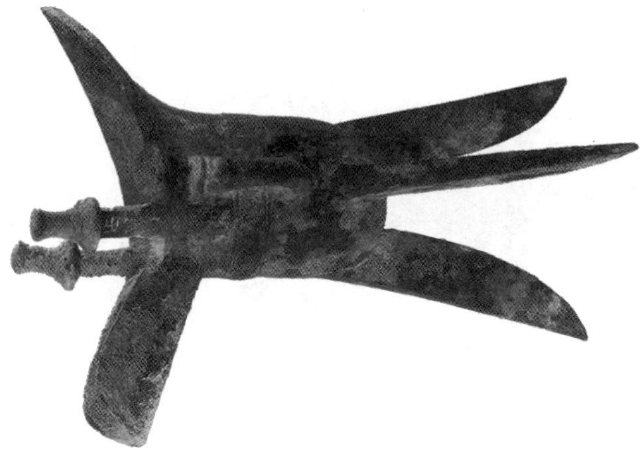

2

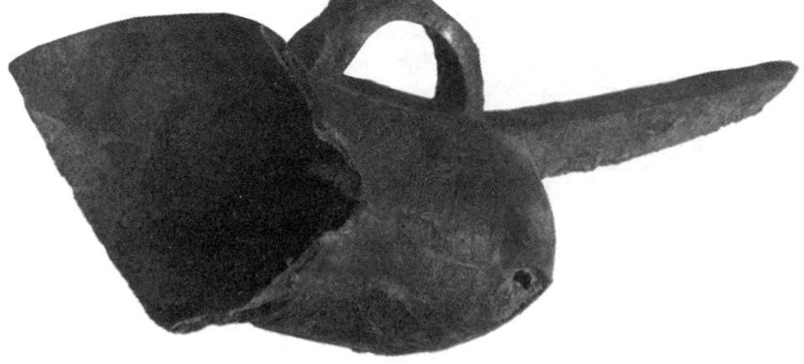

1

1

2

图版拾

图版拾壹

2

1

1

2

图版拾贰

1

2

图版拾叁

1

2

图版拾肆

图版拾伍

1

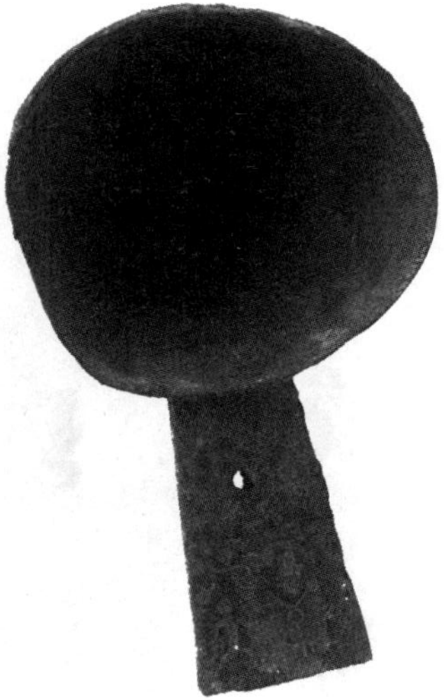

2

图版拾陆

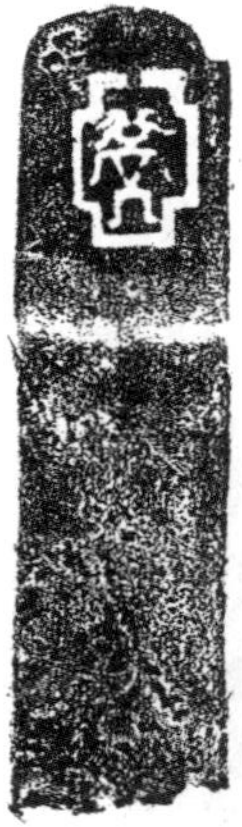

1

2

图版拾柒

1

2

图版拾捌

图版拾玖

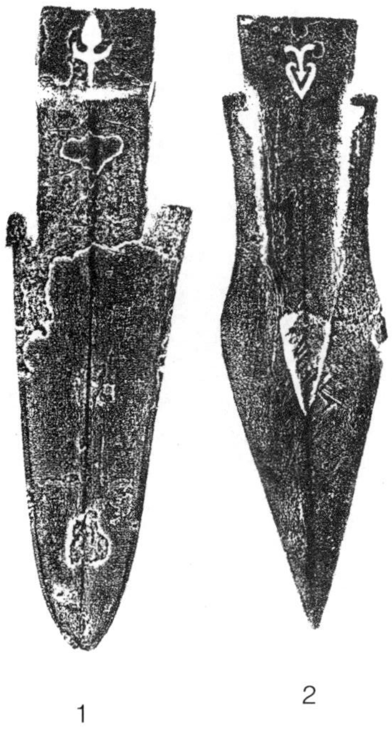

图版贰拾